权威·前沿·原创

皮书系列为
"十二五""十三五""十四五"时期国家重点出版物出版专项规划项目

青年发展蓝皮书

BLUE BOOK OF YOUTH DEVELOPMENT

福建青年发展报告
（2024）

ANNUAL REPORT ON DEVELOPMENT OF YOUTH IN FUJIAN

(2024)

主　编／朱四海　邵雅利
副主编／方晓斌　陈　浩

社会科学文献出版社
SOCIAL SCIENCES ACADEMIC PRESS（CHINA）

图书在版编目（CIP）数据

福建青年发展报告 . 2024 ／朱四海，邵雅利主编 .
北京：社会科学文献出版社，2025.8（2025.8 重印）. --（青年发展蓝
皮书）. --ISBN 978-7-5228-4099-4

Ⅰ.D432.6

中国国家版本馆 CIP 数据核字第 20248FW905 号

青年发展蓝皮书

福建青年发展报告（2024）

主　　编／朱四海　邵雅利
副 主 编／方晓斌　陈　浩

出 版 人／冀祥德
责任编辑／张　媛
责任印制／岳　阳

出　　版／社会科学文献出版社·皮书分社（010）59367127
　　　　　地址：北京市北三环中路甲 29 号院华龙大厦　邮编：100029
　　　　　网址：www.ssap.com.cn
发　　行／社会科学文献出版社（010）59367028
印　　装／北京盛通印刷股份有限公司

规　　格／开　本：787mm×1092mm　1/16
　　　　　印　张：19.25　字　数：287 千字
版　　次／2025 年 8 月第 1 版　2025 年 8 月第 2 次印刷
书　　号／ISBN 978-7-5228-4099-4
定　　价／158.00 元

读者服务电话：4008918866

主要编撰者简介

朱四海 博士、研究员、公共政策专家，福建江夏学院党委常委、副校长。主要研究方向为政府公共政策，福建省委宣传部福文化专家，福建省发展改革委、交通运输厅、自然资源厅、住房和城乡建设厅、工业和信息化厅等省直部门专家，福州市、漳州市、莆田市等地方政府顾问，具有6年国有企业、7年基层政府、13年政府高端智库工作经历，多次荣获中国发展研究奖、福建发展研究奖、福建省社会科学优秀成果奖、福建省委重点课题优秀调研成果奖，多次荣获福建新闻奖，出版专著3部、发表论文100多篇，多项成果转化为党和政府决策。

邵雅利 教授，硕士生导师，福建江夏学院公共事务学院心理教研室主任，兼任福建省心理学会监事长，福建省学校心理健康教育指导委员会高校专委会委员，福建江夏学院青少年事务研究中心主任，获福建省优秀教师称号。主要研究方向为青少年发展、幸福心理学。近年来主持教育部社科课题"以人民为中心的新时代获得感、幸福感和安全感研究"，福建省社科基金等厅级以上各类课题30余项。出版《以人民为中心的幸福：理论·测量·实践》《解码幸福家庭教育》等专著4本，主编《大学生积极心理教育》《大学生创业心理学》等教材4本，发表学术论文40余篇。研究成果获福建省社会科学优秀成果二等奖和三等奖，多份研究报告获福建省省长、副省长肯定性批示。

前　言

2018 年 12 月，福建印发《福建省中长期青年发展规划（2018—2025年）》，明确提出福建青年发展的总体目标：到 2025 年，福建省青年发展政策体系和工作机制更加完善，广大青年思想政治素养和全面发展水平明显提升，不断成长为志存高远、德才并重、情理兼修、勇于开拓，堪当建设"机制活、产业优、百姓富、生态美"的新福建，实现中华民族伟大复兴中国梦历史重任的有生力量。

习近平总书记指出，要深入研究当代青年成长的新特点和新规律，把准方向、摸准脉搏。为进一步精准把握福建青年的发展态势，福建江夏学院青少年事务研究中心采用定量与定性相结合的方法，开展福建青年发展状况调查研究。调查对象为在福建省内工作、学习和生活的 14~35 周岁青年，大致包含"90 后"和"00 后"这两个年龄段青年，划分为中学生、大学生和职业青年三类群体。调查范围涵盖福建省 9 个设区市与平潭综合实验区，采用分层抽样、多阶段随机抽样、等概率整群抽样与非随机配额抽样相结合的方法进行抽样。截至 2024 年 3 月，共回收有效问卷 15831 份，其中大学生有效样本为 1977 人，中学生有效样本为 2330 人，职业青年有效样本为 11524 人。抽样调查过程及样本情况详见附录。

编写组全体成员共同努力，结合抽样调查数据结果以及相关专题的文献资料，全面、系统、深入地研究分析福建青年发展特征，形成最终研究成果。全书由总报告和分报告组成。总报告概要回顾了党的十八大以来，福建青年工作的决策部署以及福建青年发展事业取得的显著成效，在探讨福建青年发展新特征与新情况的基础上，提出扭住目标不放松奋勇争先开启福建青年新征程的对策建议。分报告围绕《福建省中长期青年发展规划（2018—2025 年）》，从福建青年思想道德、教育、健康、婚恋、就业创业、文化、社会融入与社会参与、青少年权益保护、青少年违法犯罪预防、社会保障等十大领域开展实证性研究。

摘　要

《福建青年发展报告（2024）》在全省抽样调查的基础上，深入研究中国式现代化实践中的福建青年发展特征，客观反映青年发展状况。研究结果显示，福建青年牢记嘱托、感恩奋进，用青春谱写中国式现代化福建篇章。中国式现代化实践中的福建青年，坚定不移听党话、跟党走，积极进取，理想信念更加坚定；坚持锻炼，乐观向上，身心素质健康良好；热爱学习，练就过硬本领，综合素养不断提高；积极主动，挺膺担当，迸发创新创业活力，成为中国式现代化福建实践的先锋队和突击队。

2024年是中华人民共和国成立75周年，也是习近平总书记亲自擘画"机制活、产业优、百姓富、生态美"新福建宏伟蓝图10周年。在扭住目标不放松、一张蓝图绘到底的新征程上，福建要深入贯彻党管青年工作原则，加快探索建设青年发展型省份，夯实创新富有福建特色的青年工作品牌，不断健全完善青年发展支持体系，引领全省广大青年不断展现青春作为、彰显青春风采、贡献青春力量。

关键词： 福建青年　中国式现代化福建实践　青年优先发展

目 录

Ⅰ 总报告

B.1 中国式现代化实践中的福建青年……………… 邵雅利 曹 彦 / 001

    一 在新福建建设中大力推进青年工作 ………………… / 003

    二 中国式现代化实践中的福建青年发展特征 ………… / 010

    三 福建青年发展的新机遇新特征新情况 ……………… / 016

    四 扭住目标不放松，奋勇争先开启福建青年工作新征程

    ………………………………………………………… / 019

Ⅱ 分报告

B.2 2024年福建青年思想道德研究报告 ………… 张小平 万 菊 / 028

B.3 2024年福建青年教育研究报告 ……………… 杨小丽 方晓斌 / 053

B.4 2024年福建青年健康研究报告 ……………… 孟迎芳 唐雅君 / 079

B.5 2024年福建青年婚恋研究报告 …… 邵雅利 周爱萍 张欢欢 / 104

B.6 2024年福建青年就业创业研究报告

    ………………… 周 芳 姜金花 宋文玲 陈超敏 / 135

B.7 2024年福建青年文化研究报告 ……………… 隆 颖 徐 秋 / 159

B.8　2024年福建青年社会融入与社会参与研究报告
　　……………………………………… 陈盛淦　苏海贵 / 188

B.9　2024年福建青少年权益保护研究报告
　　……………………………… 王明磊　吴　彬　朱艳钦 / 214

B.10　2024年福建预防青少年违法犯罪研究报告
　　……………………………………… 吴　乐　欧渊华 / 232

B.11　2024年福建青年社会保障研究报告………… 涂富秀　黄亚南 / 253

附　录
福建青年发展状况调查技术报告 ……………………… 曹　彦 / 281

后　记………………………………………………………… / 288

皮书数据库阅读使用指南

总报告

B.1
中国式现代化实践中的福建青年

邵雅利 曹彦*

摘 要： 党的十八大以来，福建省委、省政府深入贯彻落实以习近平同志为核心的党中央关于青年工作的决策部署，积极践行青年优先发展理念，出台实施了一系列惠及青年发展的政策措施和关爱行动，推动福建青年发展事业取得明显成效。福建青年牢记嘱托、感恩奋进，用青春谱写中国式现代化福建篇章。中国式现代化实践中的福建青年，坚定不移听党话、跟党走，积极进取，理想信念更加坚定；坚持锻炼，乐观向上，身心素质健康良好；热爱学习，练就过硬本领，综合素养不断提高；积极主动，挺膺担当，迸发创新创业活力，成为中国式现代化福建实践的先锋队和突击队。在新时代新征程上，福建要深入贯彻党管青年工作原则，加快探索建设青年发展型省份，夯实创新富有福建特色的青年工作品牌，不断健全完善青年发展支持体系，引领全省广大青年不断展现青春作为、彰显青春风采、贡献青春力量。

---

* 邵雅利，福建江夏学院公共事务学院，教授，硕士生导师，研究方向为青少年发展、幸福心理学；曹彦，福建江夏学院金融学院，讲师，研究方向为人口统计、经济统计。

关键词： 中国式现代化　福建青年　青年优先发展　新福建建设

习近平总书记指出：明天的中国，希望寄予青年。青年兴则国家兴，中国发展要靠广大青年挺膺担当。年轻充满朝气，青春孕育希望。广大青年要厚植家国情怀、涵养进取品格，以奋斗姿态激扬青春，不负时代，不负华年①；奋力书写为中国式现代化挺膺担当的青春篇章②。党的十八大拉开了中国特色社会主义新时代的大幕，中国式现代化与中国青年同频共振。以习近平同志为核心的党中央从党和国家事业发展全局出发，高度重视青年、热情关怀青年、充分信任青年，对青年工作倾注了大量心血，提出必须加强党对青年工作的领导，明确青年工作的战略地位、中国青年运动的时代主题、青年工作的职责使命、青年一代健康成长的正确道路、青年工作的路径方法、共青团改革发展的目标任务，不断推动我国青年发展事业实现全方位进步，具有中国特色的青年发展政策体系和工作机制初步形成并逐步完善，中国青年发展取得了历史性、开创性成就。党的二十大报告强调"全党要把青年工作作为战略性工作来抓"。③党的二十届三中全会通过的《中共中央关于进一步全面深化改革　推进中国式现代化的决定》，提出"完善青年创新人才发现、选拔、培养机制，更好保障青年科技人员待遇"④，对培养用好青年科技人才作出重要部署。

福建深入学习贯彻习近平总书记关于青年工作的重要思想，加强政治引领，引导广大青年坚定理想信念；紧扣习近平总书记擘画的"机制活、

---

① 《国家主席习近平发表二〇二三年新年贺词》，新华社，http：//www.xinhuanet.com/2022-12/31/c_1129248100.htm，2022 年 12 月 31 日。
② 《习近平寄语新时代青年强调　奋力书写为中国式现代化挺膺担当的青春篇章　向全国广大青年致以节日祝贺和诚挚问候》，新华社，http：//www.news.cn/20240503/507f49c71547416a830969b7019056f6/c.html，2024 年 5 月 3 日。
③ 习近平：《高举中国特色社会主义伟大旗帜　为全面建设社会主义现代化国家而团结奋斗——在中国共产党第二十次全国代表大会上的报告》，人民出版社，2022。
④ 《中共中央关于进一步全面深化改革　推进中国式现代化的决定》，https：//www.gov.cn/zhengce/202407/content_6963770.htm？slb=true，2024 年 7 月 21 日。

产业优、百姓富、生态美"新福建宏伟蓝图和"在加快建设现代化经济体系上取得更大进步，在服务和融入新发展格局上展现更大作为，在探索海峡两岸融合发展新路上迈出更大步伐，在创造高品质生活上实现更大突破"的"四个更大"重要要求，扭住目标不放松，一张蓝图绘到底，团结引领青年在新福建建设中挺膺担当、贡献力量；聚焦急难愁盼，着力解决青年关注的就业、教育、婚恋等问题，增强青年的获得感、幸福感、安全感；大力推进青年发展型城市建设，坚持因地制宜，积极先行先试，在城市规划、建设、管理等过程中体现青年元素，打造具有特色的城市名片；形成了党委领导、政府主责、共青团协调、各部门齐抓共管的工作机制，出台实施了一系列惠及青年发展的政策措施和关爱行动。福建青年在进一步全面深化改革、奋力推进中国式现代化福建实践中，充分发挥了先锋队和突击队的重要作用。

一 在新福建建设中大力推进青年工作

以习近平同志为核心的党中央从党和国家事业薪火相传、后继有人的战略高度，将青年成长成才纳入治国理政与民族复兴的总体布局。福建紧密结合为党育人的主责主业、习近平同志对福建工作的一系列重要讲话重要指示批示精神，大力传承弘扬习近平同志在福建工作期间开创的重要理念和重大实践，不断带领全省广大青年踔厉奋发、勇毅前行，共同书写为中国式现代化福建实践挺膺担当的青春篇章。

（一）规划引领，青年工作实效持续提升

2018年12月，福建印发《福建省中长期青年发展规划（2018—2025年）》（以下简称《规划》），从原则到理念、从政策到机制，全面描绘了新时代新福建青年发展蓝图，是福建青年发展事业的重要里程碑，为新时代福建青年发展提供根本政策指引，推动福建青年发展事业取得了新进步、新成就。

一是加强促进青年政策落地见效的制度设计。福建省委、省政府历来高度重视青年工作、关心青年成长，加强制度设计，为广大青年营造了更完善、高质量的政策环境。各级党委、政府和相关职能部门有效回应广大福建青年重大关切事项，修订出台一系列促进青年发展的政策和举措。2022年10月，福建省委宣传部、省发展改革委、团省委等21部门联合印发《关于开展福建省青年发展型城市建设试点的意见》，开展省级青年发展型城市建设试点，促进青年高质量发展，让城市对青年更友好，让青年在城市更有为，明确了福建省青年发展型城市建设的指导思想、基本原则、适用范围和目标任务；其中，福州市、漳州市、宁德市等3个设区市被确定为省级青年发展型城市建设试点，晋安区、思明区、湖里区、翔安区、龙海区、南靖县、石狮市、沙县区、涵江区、邵武市、新罗区、蕉城区等12个县（市、区）被确定为省级青年发展型县域试点。2024年8月，《中共福建省委关于贯彻党的二十届三中全会精神　进一步全面深化改革　奋力推进中国式现代化福建实践的决定》明确提出"探索建设青年发展型省份"工作部署，进一步凝聚共识，全面促进青年优先发展。

二是稳步推进规划工作任务的部署落实。在规划引领下，具有福建特色的青年发展政策体系和工作机制不断完善，福建青年发展各项工作实现新提升。"深入实施福建省中长期青年发展规划"被写入省委常委会工作报告，"深入实施中长期青年发展规划""推进儿童友好城市、青年发展型城市创建"被写入省政府工作报告。各设区市、平潭综合实验区①将建设青年发展型城市写入政府工作报告，实现全覆盖，为青年发展提供广阔空间、给予保障和支持。共青团福建省委有力推动出台青年发展政策，打造理论研究、监测指标、协作配合、宣传引导等四大体系，把抓落实体现在服务青少年成长发展的具体成效上，全面推动规划全省落地实施。厦门、泉州、莆田、龙岩等地市参照省级《规划》，结合实际编制本地区青年发展规划，加强与经济社会发展整体规划、相关专项规划衔接；其他地市制定落实省级《规划》

---

① 在本书各分报告的图文中，将"平潭综合实验区"简称为平潭。

的实施方案。

三是青年工作联席会议机制实现省、市、县三级全覆盖。2019 年，福建通过《福建省青年工作联席会议议事规则》，建立了由省委领导同志担任第一召集人、省政府负责联系共青团工作的领导同志担任召集人、52 个成员单位组成的青年工作联席会议机制。树立"一盘棋"意识，聚焦重点工作，强化部门协同，以服务青年需求为导向，推进专题会议、双方多方沟通协商会议等制度化、规范化开展，先后召开六次省青年工作联席会议，提高议事协商决策效能，推动完善省级联席会议机制。全省 9 个设区市和平潭综合实验区以及 83 个县（市、区）已全部建立青年工作联席会议制度，推动各级党委、政府在同级之间跨部门协作，系统梳理各行业各领域出台的青年政策和项目，整合执行资源，加大执行力度，为福建青年发展搭建平台，初步形成齐抓共管青年工作合力。

（二）多措并举，青年发展环境有效优化

福建用心用情夯实青年工作，关注青年所思、所忧、所盼，围绕青年就业创业、交友婚恋等方面的操心事、烦心事，为全省广大青年营造"人人皆可成才、人人尽展其才"的良好环境。

一是创造更高质量发展条件。新时代福建青年的物质发展基础日益厚实、更为坚实。福建拥有经济特区、自由贸易试验区、平潭综合实验区、21 世纪海上丝绸之路核心区、生态文明试验区、两岸融合发展示范区等"多区叠加"的先行先试政策优势。在习近平总书记亲自擘画"机制活、产业优、百姓富、生态美"的新福建建设十年间，福建经济总量从 2.49 万亿元增加到 5.44 万亿元，居全国第八位；人均 GDP 从 6.37 万元增加到 12.99 万元，居全国第四位。加快产业升级步伐，关键业务环节全面数字化企业占比居全国第三位，全省研发经费投入增长超 2 倍，2023 年全省国家级高新技术企业突破 1.2 万家，增长 35.00%，为福建青年提供了越来越充足的发展底气。新时代福建青年的精神成长空间更为富足、更有高度。福建持续推动公共文化设施硬件再造、软件更新，持续完善公共文化服务体系，提高公

共文化服务品质。全省范围内所有公共图书馆、文化馆（站）、博物馆、美术馆均免费开放，并创新性打造城市书房等新空间超过 700 个。① 福建青年享受的公共文化服务水平显著提高。

二是加快培养更多青年人才。福建着眼实现高水平科技自立自强引人才、育人才，因地制宜建设吸引和集聚人才平台，一体推进教育发展、科技创新、人才培养，加速人才链与创新链、产业链深度融合，加大海外引才力度，深化闽台人才融合发展，为青年人才提供了更加广阔的舞台。2024 年11 月，福建省委办公厅、省政府办公厅出台《关于加强和改进青年科技人才工作的若干措施》，从青年科技人才培养、引进和使用等多个方面，激发青年科技人才创造创新动能。青年就业创业服务举措更加有力。近年来，福建省委组织部、省委统战部、共青团福建省委等深入开展"千校万岗"就业帮扶等行动，共开展线上线下招聘会 164 场，累计组织 1.4 万余家企业提供就业岗位 34.9 万余个，吸引 16.6 万余名高校毕业生报名参加。2023 年 6月，福建省人社厅、省教育厅、省财政厅出台《促进 2023 年高校毕业生等青年就业创业十条措施》，全力促进高校毕业生等青年高质量充分就业。聚焦新业态、新模式等新质生产力发展需求，福建在全省范围内逐步建立相应的从业标准、技能培训和人才培养体系，组织开展人工智能、无人机、碳排放、全媒体运营师等新职业工种培训，为青年成长出彩提供更多可能。共青团福建省委联合各单位持续开展"创青春"福建省青年创新创业大赛、福建省返乡大学生创新创业大赛等，以赛促创，着力构建青年创业生态圈，为更多青年"筑梦搭台"。

三是完善更全面支持保障体系。福建为青年成长成才提供了坚实的权益保障和社会保障。近年来，福建省总工会指导各级工会开展青年职工婚恋交友活动 750 余场，惠及单身青年职工 4 万余人。全省共有 80 个婚姻登记机关设立婚姻家庭辅导室，为青年提供法律咨询、情感辅导、心理疏导等服务，推动全省青年婚育服务水平不断提高。青年孕期、产假、哺乳期享有的

---

① 《"活优富美"千帆竞》，《福建日报》2024 年 12 月 2 日，第 1 版。

法定权益得到保障，延长生育津贴发放天数至 128 天。开设福建省 12355 青少年服务台，致力于为广大青少年提供心理咨询与法律援助等相关服务，被团中央等 15 个部门确定为 2023～2024 年度全国维护青少年权益岗创建单位。针对住房问题，福建实施住房公积金政策，并通过提供政府公租房、廉租房、保障房以及人才公寓等多种方式，帮助青年解决住房困难问题，有效促进青年住房保障。深入贯彻落实涉及青少年权益保护的法律法规，构建家庭、学校、社会、网络、政府、司法"六位一体"的未成年人保护格局。在全国率先调整建立省、市、县未成年人保护工作协调机制，形成上下衔接贯通、部门协调联动的未成年人保护工作体制机制。在全国率先出台《福建省农村留守儿童关爱保护办法》《福建省人民政府关于加强农村留守儿童关爱保护工作的实施意见》《政府购买农村留守儿童和困境儿童关爱服务项目暂行实施办法》等政策措施，2024 年出台《福建省农村留守儿童和困境儿童关爱服务质量提升三年行动实施方案》，加强对农村留守儿童和困境儿童的保护与关爱。

（三）重点突破，建功新福建青春力量彰显

共青团是党联系青年的桥梁和纽带。共青团福建省委坚定不移沿着以习近平同志为核心的党中央指引的方向阔步前进，深化拓展"深学争优、敢为争先、实干争效"行动，扎实开展学习贯彻习近平新时代中国特色社会主义思想主题教育，加强思想政治引领，主动服务"国之大者""省之大计"，扎实促进青年发展，团结引领全省广大团员和青年坚定不移听党话、跟党走，在新福建建设中贡献青春力量。

一是加强思想政治引领，激发青年蓬勃力量。扎实开展"青年大学习"行动。把握中国共产党成立 100 周年、党的二十大召开、建团 100 周年等重要节点，近五年来举办主题学习团队日活动 40 余万场，组织动员全省青少年广泛参与，带动各级青联、学联、少先队、青年社团同步学习，深入学习宣传贯彻党的二十届三中全会精神，进一步引导全省广大青少年自觉做习近平新时代中国特色社会主义思想的坚定信仰者和忠实实践者。深入挖掘

全省各地青年在传承弘扬"马上就办、真抓实干"优良传统作风、"晋江经验"精气神等方面的生动实践，开展重走领袖足迹、先进事迹巡讲等活动2000余场，覆盖青年近10万人，线上覆盖超400万人次。全面落实"青年马克思主义者培养工程"（以下简称"青马工程"）部署。2021年，共青团福建省委联合省委教育工委等部门印发《福建省青年马克思主义者培养工程规划（2021—2025年）》，构建"遴选、培养、使用"衔接递进的链条，推动全省62所高校出台"青马工程"文件，83所高校举办校级青马班，创新开展"青马工程"国企班、农村班培训，覆盖高校青年大学生、国有企业员工、社会组织工作人员、少先队辅导员和农村青年15万余人次。发挥"青春福建"融媒体中心作用，通过推出新闻报道、开设学习专栏、采写青年反响等方式，全方位、多层次开展宣传，营造浓厚学习氛围。福建全省广大团员和青年从党的创新理论中汲取智慧、收获力量，激发出紧跟党奋进新征程、建功新时代的热情和动力。

二是实施青春建功行动，激励青年奋发有为。主动对接全省重大战略和重大任务，拓展丰富"青"字号品牌时代内涵，组织动员广大青年积极投身中国式现代化福建实践，在中国式现代化建设中奋勇争先。助力青年科技创新，举办"挑战杯"大学生课外学术科技作品竞赛，吸引61所高校2657件作品参赛，引导青年投身科技创新实践。在全省1580个重点项目中成立青年突击队1838支、覆盖青年职工15276人，开展"安全生产月""青年文明号开放周"等活动22957场，激励青年立足岗位、创先争优。涌现出默默守护福厦高铁建设的福州铁路公安处莆田车站派出所，秉持"中西医并行"理念、将三明医改进行到底的将乐县总医院康复科，为重点项目发展提供"硬核"支撑的中建海峡基础设施总承包公司等一批青年文明号集体和青年突击队，青年建功立业的勇气和激情竞相迸发。助力全面推进乡村振兴。开展"银团合作"，截至2022年累计为农村创业青年发放小额贷款159.77亿元，创建"农村青年创业金融服务站"1530家，举办"送金融知识下乡"活动11097场次，培训农村创业青年9.9万余人次。"银团合作"作为共青团福建省委和福建省银保监局在全国首创的工作品牌，主要提供

"融资"服务、加强"融智"支持、打造"融通"平台，在助力脱贫攻坚、服务乡村振兴、帮扶青年创业、夯实基层团组织等方面取得了良好的工作成效。开展"美丽新福建·青春在行动"、"河小禹"专项行动、暑期"三下乡"等实践服务活动，全省累计组建100万名师生服务基层，共有63个国家级优秀单位、86支优秀团队、44位优秀个人获表彰。其中，"河小禹"专项行动是福建在全国的首创，为福建高质量推进河湖长制工作注入青春力量，并获得第五届中国青年志愿服务项目大赛金奖。[①]

三是推动两岸青年融合，促进青年筑梦圆梦。贯彻落实《中共中央 国务院关于支持福建探索海峡两岸融合发展新路 建设两岸融合发展示范区的意见》《中共福建省委 福建省人民政府关于贯彻落实〈中共中央、国务院关于支持福建探索海峡两岸融合发展新路建设两岸融合发展示范区的意见〉的实施意见》，深入开展海峡青年论坛等交流活动240余场，吸引2.1万余名台湾青年现场参与，促进两岸青少年广泛交流、全面交往、深度交融。其中，2023年成功举办第二十一届海峡青年论坛和第十一届海峡青年节峰会，累计吸引2230余名台湾青年现场参与，成为近三年来台湾嘉宾线下参与规模最大的两岸青少年交流活动。开展第十五届两岸大学校园歌手邀请赛、妈祖文化青年交流论坛等系列特色交流活动240余场，实施福建省"101台湾青年创业扶持计划"，500余名台湾大学生积极参加"扬帆计划"实习，用心用情服务台青在闽就业创业、筑梦逐梦。自2015年9月启动以来，全省累计帮扶和支持155个台湾青年创业项目落地发展，评选出90名台湾青年"创业之星"[②]，多渠道引导、激励、帮助、支持台湾青年来闽创业发展，促进两岸青年融合发展。开展"港澳青年看祖国"福建行系列主题活动近百场，覆盖港澳青年6100余人，打造"武夷之友"闽港澳青年交流品牌。

---

① 共青团福建省委：《五年来福建共青团服务大局篇——"建功新福建"的青春之歌更加嘹亮》，2023年5月3日。

② 《福建评出2023年台湾青年"创业之星"》，中国新闻网，http://www.chinanews.com.cn/gn/2024/01-19/10149543.shtml，2024年1月19日。

二 中国式现代化实践中的福建青年发展特征

在中国特色社会主义新时代背景下，福建青年始终响应党的号召，勇立时代潮头，当好先锋队和突击队，积极主动学本领，思想素养、身心素质、知识素养以及社会参与能力不断提升，努力成长为志存高远、德才并重、勇于创新，堪当建设新福建、实现中华民族伟大复兴重任的先锋力量。

（一）理想信念更加坚定

理想信念是青年的精神支柱和力量源泉。中国式现代化实践中的福建青年把树立正确的理想、坚定的信念作为立身之本，展现自信自强风采，努力成长为对党和人民忠诚可靠的有志青年。

一是坚信中国道路的选择。福建青年深刻领悟中国特色社会主义道路的优越性，坚决拥护中国共产党的领导，坚定不移听党话、跟党走，对党的领导和国家的发展充满信心。他们具有较高的理论学习热情，政治素养过硬。调查数据①显示，广大福建青年对"以人民为中心的发展思想"的认同增强，对"四个自信"的认知坚定，对"五位一体"总体布局的体会深刻，对实现中华民族伟大复兴的中国梦感受深入，对国家未来发展的愿景和方向有着积极的态度和期待。福建青年不仅表现出较高的政治认同感，而且积极响应国家号召，高度关注国家发展的长远目标，在推动国家重大政策和长远发展战略方面表现出积极的行动力。调查数据显示，绝大多数福建青年对"人类命运共同体"有着较为深刻的认识和感知，希望以海内外闽人故事阐释中国发展、福建发展是世界的机遇，打造构建中国话语和中国叙事体系的福建篇章。

二是践行向上向善价值追求。福建青年将社会主义核心价值观内化为自身行为准则，展现出积极进取的价值追求。调查结果表明，分别有74.53%和

---

① 数据来源详见附录《福建青年发展状况调查技术报告》。下同。

70.43%的青年将实现人生理想、为社会作出贡献视为人生价值标准。青年追求的幸福，排名在前两位的是身体健康（51.73%）与家庭和睦（46.56%），可见家庭关系和健康状况始终是影响人们幸福生活的核心要素，这一观点在中国的幸福文化中已经根深蒂固。同时，青年也追求个人成长与自我实现，努力在职业发展、家庭生活和社会参与中找到平衡并实现个人价值。调查数据显示，有一份自己喜欢的工作（22.43%）和事业有成（21.54%）均是其关注的幸福标准。福建青年努力践行"明大德、守公德、严私德"准则，不断加强自我教育与行为养成，道德发展向善向上，涌现一批省市级爱岗敬业、创新创业、勤学上进、担当奉献、崇德守信等五类青年以及青年道德模范。

三是坚定文化自信。福建青年对中华民族传统文化有着深刻的自豪感与较高的认同感，他们深入吸收和借鉴中华优秀传统文化的精髓，创新性地融合福建地域特色与现代元素，形成了独具时代感和福建特色的青年文化。在数字赋能下，福建青年"科技+文化"创新"出圈"，从沉浸式数字文旅产品《天涯明月刀》到文物科普数字动漫《福博寻宝》，从"城市书房"到"乡村音乐会"，从"蟳埔·簪花围"到文旅数字人"小福多多"，福建青年积极推动数字技术与传统文化的深度融合，推动"数字+创意"文化传播创新、"非遗+旅游"活态文化传承。福建青年用实际行动诠释了文化自信自强的内涵，提升了福建新形象的文化影响力，为推动中华优秀文化走向世界贡献了青春智慧和力量。

（二）身心素质健康良好

健康的体魄和积极的心态兼具并存，青年才能经得起风雨、受得住磨砺、扛得住摔打，舒展青春最美的模样。中国式现代化实践中的福建青年，以健康体魄展示青春风貌，以积极饱满焕发青春活力，努力成长为有基础、有能力搏击风浪的"弄潮儿"。

一是身体素质显著提升。2023年福建省中小学体育与健康质量监测结果显示，全省小学、高中学生体质健康标准合格率超过95%，体质健康总体水平达标率呈上升趋势，肺活量总体水平较高，身体素质总体正向发展，表明福建青少年身体健康状况整体良好。[①] 在"双减"背景下，更多的学生走上运动场，健康的意识和习惯逐渐强化。福建青年已经成为推动全民健身活动与体育强国建设的重要力量。调查数据显示，青年主要偏好户外休闲运动、球类运动和有氧运动，坚持体育锻炼成为福建青年重要的生活时尚。竞技体育实力不断增强，福建青年健儿奋力拼搏，大力弘扬中华体育精神。在第一届全国学生（青年）运动会中，福建共获得公开组 33 金 29 银 31 铜，全国排名第五；共获得校园组 9 金 4 银 12 铜，金牌总数全国排名第十。2023 年，福建运动健儿在国际国内大赛上共获得 71 金 52 银 39 铜的优异成绩。[②]

二是心理素质积极健康。福建青年整体心理健康状况良好，展现出积极向上的情绪状态。心态平和、积极乐观且充满希望是福建青年的主要情绪基调，呈现"累并快乐"的典型特征。面对学习、工作和生活上的压力，福建青年表现出较强的心理调节能力，能够在压力中找到平衡，积极应对各方挑战。调查数据显示，93.88%的青年对当前生活感到满意，其中大学生对生活的满意度最高，为 95.65%，高于全国平均水平。[③] 对美好生活的向往与追求已成为福建青年的主流，乐观自信、积极进取是福建青年的鲜明特征。

（三）综合素养显著提升

青年是苦练本领、增长才干的黄金时期。中国式现代化实践中的福建青年，不断汲取智慧和力量，勇于开拓进取，练就过硬本领，努力成长为可堪

---

① 福建省教育厅：《2023 年全省基础教育质量监测结果解读反馈会召开》，http：//jyt.fujian.gov.cn/ztzl/jydd/gzdt/202407/t20240703_6478258.htm，2024 年 7 月 3 日。

② 《全国第一届学生（青年）运动会闭幕 我省共收获 42 金 33 银 43 铜》，https：//www.fujian.gov.cn/xwdt/mszx/202311/t20231117_6301568.htm，2023 年 11 月 17 日。

③ 方圆、王路石、陈祉妍：《2022 年大学生心理健康状况调查报告》，载傅小兰、张侃主编《中国国民心理健康发展报告（2021~2022）》，社会科学文献出版社，2023，第 70~99 页。

大用并能担重任的高素质人才。

一是受教育程度不断提高。2018~2022 年，福建全省新增劳动力平均受教育年限从 13.96 年增至 15.03 年，提高 7.66%，显著高于 2022 年全国平均水平的 14 年。① 2023 年末，全省普通本专科在校生 113.99 万人，比上年增加 6.38 万人；全省高等教育毛入学率达 64.3%，比上年提高 2.69 个百分点②，高于当年全国平均水平的 60.2%；全省 14~35 岁青年人口中，初中学历的人口占 31.90%，高中学历的人口占 27.10%，大专及以上学历的人口占 40.00%，较 2020 年提高 7.90 个百分点。③ 随着受教育水平的提高，福建青年的整体文化素质持续提升，一支高素质的青年后备军队伍正在形成。

二是学习积极主动热情。越来越多的福建青年将学习视为改变命运、实现个人价值的重要途径。他们重视学历提升，2023~2024 学年，相较于前一学年，福建研究生和普通高等教育、成人高等教育、中等职业教育、普通中学等类型学校的在校学生数和毕业生数均呈增长态势。与此同时，福建青年深刻认识到学历不再是唯一的竞争优势，专业技能才是职场上的核心竞争力，他们更加注重实践能力的提升。大学生更加关注职业发展，积极参与各类社会实践、考取各类职业资格证书；职业青年展现出高涨的学习热情，通过在线教育、利用碎片时间自学以及参加短期培训班等方式为自己"加油""充电"，以便提高职业技能与薪资待遇。

三是法治素养有效提升。福建青少年认真学习习近平法治思想，不断增强法治意识和法治观念，已逐渐形成行动自觉。2023 年，全省约 608 万名学生通过教育部全国青少年普法网参与网上学习宪法，成为"宪法卫士"，占全省学生总数（不含学前教育学生数）的 80.2%，参与率位居全国前列。④ 广

---

① 《教育部：2022 年全国新增劳动力平均受教育年限达 14 年》，http://www.moe.gov.cn/fbh/live/2023/55167/mtbd/202303/t20230323_1052359.html，2023 年 3 月 23 日。

② 《2023 年福建省国民经济和社会发展统计公报》，https://tjj.fujian.gov.cn/xxgk/tjgb/2024 03/t20240313_6413971.htm，2024 年 3 月 13 日。

③ 数据来源：福建省统计局。

④ 《福建省教育厅 2023 年法治政府建设工作情况报告》，http://jyt.fj.gov.cn/xxgk/zywj/2024 01/t20240117_6382049.htm，2024 年 1 月 17 日。

大学生踊跃参加"学宪法 讲宪法"网络风采展示活动，其中 8 名学生通过网络通道晋级入围全国总决赛演讲比赛，占全国网络通道晋级入围总数的17%。[①] 福建青年也积极投身于法治实践，参加"大学生蒲公英"普法志愿者队伍深入农村基层，开展法律法规宣传活动；在"法院开放日"等活动中，通过体验式、沉浸式的学习方式参与法治教育的全过程；通过青年"148"法治志愿服务平台，提供法律政策咨询、社矫对象帮扶、普法宣传教育等服务[②]，在实践活动中检验青少年法治教育成效，凸显了福建青少年法治素养的提升。

（四）建设新福建挺膺担当

全面推进中国式现代化福建实践需要福建广大青年展现担当作为，贡献青春力量。福建青年响应号召、勇于担当，用实际行动书写新时代的青春篇章，努力成长为新福建建设的先锋队和突击队。

一是积极拓展"朋友圈"。福建青年深度融入共建"一带一路"，广泛参与海上丝绸之路主题活动、中国（福建）—东盟青年论坛等交流活动，展示开放视野。发挥福建"侨"的独特优势，与各国青年交流互鉴，分享新福建建设成果，吸引国际资源汇聚八闽；深度参与国际贸易、投资合作等项目，参与海外基础设施建设，弘扬工匠精神，展现责任担当，成为推动福建企业"走出去"的核心力量。深化两岸融合发展，通过碰撞、交流和融合，闽台青年共同的"朋友圈"和"事业圈"不断扩大，共同谱写青春乐章。

二是深度参与社会事务。福建青年积极响应习近平总书记关于"加强和创新基层社会治理"的号召，主动参与志愿服务、社区治理、生态保护、教育关爱服务、助农助残服务、健康医疗服务以及社区文化活动等事务，成为社会治理的重要力量。广泛参与志愿服务活动，传递积极向上的价值观与

---

① 《福建在全国青少年法治教育工作会议上作交流发言》，https：//jyt.fujian.gov.cn/jyyw/ttxw/202402/t20240205_6392233.htm，2024 年 2 月 5 日。

② 《福建省司法厅启动青年"148"法治志愿服务平台》，https：//m.fznews.com.cn/dsxw/20220314/y7VC77ZBqj.shtml，2022 年 3 月 14 日。

正能量。截至 2023 年，福建实名注册青年志愿者达到 560 万人，各类志愿服务组织达 4 万多个，提供志愿服务时长超过 6400 万小时。① 2018～2022年，福建省青年志愿服务项目在全国青年志愿服务项目大赛中获得金奖 10个、银奖 25 个、铜奖 31 个的良好成绩。深度参与社区共建共治共享，在稳扎稳打的过程中锻造实干精神，全省已有 328 支青年服务队伍与 442 个社区建立结对关系，有效拓展了青年社区参与的渠道。

三是积极投身乡村振兴。福建青年向下扎根、向上成长，对投身乡村振兴持积极态度，愿意为乡村的可持续发展贡献智慧和力量。调查数据显示，已有 14.90% 的青年正在从事乡村振兴的相关工作，分别有 31.72% 和48.63% 的青年表示比较愿意和会考虑到乡村发展。2024 年福建省大学生志愿服务乡村振兴计划参与学生达 14929 人，凸显了大学生志愿者把个人奋斗融入国家和社会发展需要的强烈愿望。② 近年来，累计 100 万名师生通过暑期"三下乡"社会实践活动服务基层，该活动开展 28 年以来，共有14.6 万支实践团队 515 万名青年学生参与其中，用脚步丈量八闽大地，发挥学科优势，整合专业资源，展现了新时代福建青年的责任意识和实践能力。

四是引领科技创新发展。党的十八大以来，福建青年科技人才队伍规模迅速壮大，成为科技创新的中坚力量。2012～2022 年，福建研究与试验发展（R&D）人员数量从 15.81 万人增至 37.68 万人，年均增长 9.07%。③ 尤其是在人工智能、信息通信等新兴产业领域，福建的青年科技人才在技术创新、研发攻关中发挥着越来越重要的作用。截至 2022 年底，已有近千名北京大学、清华大学等国内高水平高校优秀硕博士得到选拔引进入闽工作，1.4 万余名工科类青年专业人才获引进从事科研创新工作，149 名通过"雏

① 《经验交流丨团省委：弘扬志愿精神　推进社会文明　为新时代新福建建设汇聚青年志愿者磅礴力量》，https://roll.sohu.com/a/647185507_121106994，2023 年 2 月 27 日。

② 《福建省大学生志愿服务乡村振兴计划报名人数近 1.5 万名》，https://www.fj.gov.cn/xwdt/fjyw/202405/t20240505_6443396.htm，2024 年 5 月 5 日。

③ 《〈关于加强和改进青年科技人才工作的若干措施〉政策解读》，https://kjt.fujian.gov.cn/jdhy/hygq/202411/t20241118_6568181.htm，2024 年 11 月 18 日。

鹰计划"青年拔尖人才支持项目成为福建科技创新的重要骨干力量①，展现了福建青年在新时代科技领域的责任与担当。

五是迸发就业创业活力。新时代福建青年传承"敢为人先、爱拼会赢"的开拓创新精神，爱岗敬业，锐意进取，展现创新创业创造的强劲动力。福建青年留闽就业意愿较强。调查数据显示，无论是闽籍还是非闽籍青年，都因看重福建这个施展才华的大舞台而愿意留闽；大多数福建职业青年对岗位工作内容、工作环境表示满意，他们正在自己热爱的岗位上发光发热。福建青年创业活力不断激发。近十年来，共 2.8 万名青年参加"创青春"福建省青年创新创业大赛；2024 年，共有 62 个项目在中国青年"创青春"大赛全国赛决赛中获奖，获奖总数连续三年位列全国第一，体现了福建青年对创新创业的热爱与执着。2022 年全省创业青年数量达 31.98 万人，较 2018 年增加约 20%，为福建经济发展持续注入活力与动力。调查数据显示，青年在创业动机中选择"源自兴趣爱好""对理想生活方式的追求""挑战自我"的占比分别为 44.73%、43.96% 和 35.48%，体现了新一代"闽商精神"的薪火相传。

三 福建青年发展的新机遇新特征新情况

福建青年发展总体呈良好态势，然而也面临一些新的挑战，既有个体发展上的困惑，也有社会服务和政府政策层面的瓶颈，呈现新机遇、新特征和新情况。

（一）面临新机遇新挑战

不同时代形势赋予青年不同的机遇与挑战。2024 年是中华人民共和国成立 75 周年，是实现"十四五"规划目标任务的关键一年，也是习近平总

---

① 《中共福建省委宣传部"稳经济促发展"系列主题新闻发布会（教育科技人才专场）》，http://fj.people.com.cn/GB/398672/407400/407401/index.html，2024 年 2 月 24 日。

书记亲自擘画"机制活、产业优、百姓富、生态美"新福建宏伟蓝图 10 周年。广大福建青年如何扛起历史使命,着眼大局所需、福建所长、未来所向,在服务国家战略、发挥特色优势、补齐发展短板中彰显担当,是当前面临的重要课题。

一是面临新的使命与担当。福建是有着光荣革命传统的"红土地",在长期的革命实践中,孕育形成鲜亮的红色文化。福建是习近平新时代中国特色社会主义思想的重要孕育地和实践地,更是肩负着探索海峡两岸融合发展新路、建设两岸融合发展示范区的重大使命。福建也是我国民营经济发展最活跃的地区之一,拥有一大批在发展新质生产力中发挥重要作用的青年企业家。习近平总书记殷切希望福建在中国式现代化建设中奋勇争先,赋予了福建青年新的使命与责任。如何把这种殷切期望转化为行动担当,取得更大突破,是当前推动福建青年发展的新挑战。

二是面临新技术影响的挑战。当前福建青年是伴随着互联网与自媒体成长的一代。第 54 次《中国互联网络发展状况统计报告》显示,2023 年福建网民规模 3091 万人[1],互联网普及率约为 73.9%。ChatGPT、Sora 等生成式人工智能技术不断更新迭代,不仅改变了青年的生活方式、工作模式和社交形态,更在深层次影响其价值观念、思维方式和文化认同,也为青年发展搭建了新的舞台。如同尼尔·波兹曼所说:"每一种技术既是包袱也是恩赐,不是非此即彼的结果,而是利弊同在的产物。"[2] 面对新一代智能技术浪潮和愈加复杂多变的网络环境,如何让福建青年工作更具"时代感""青年味""代入感",既是新机遇也是新挑战。

(二)发展呈现新特征

在当前社会经济发展的背景下,福建青年发展在人口储备、婚育观念等方面呈现明显的新特征。

---

[1] 中国互联网络信息中心(CNNIC):第 54 次《中国互联网络发展状况统计报告》,https://www.cnnic.net.cn/n4/2024/0829/c88-11065.html,2024 年 8 月 29 日。

[2] 〔美〕尼尔·波兹曼:《技术垄断:文化向技术投降》,何道宽译,北京大学出版社,2007。

一是青年劳动力资源后备有所不足。总体上，福建人口发展呈现老龄化、少子化、区域人口增减分化的趋势性特征。出生人口在 2017 年达到58.4 万人的高点后，连续 6 年下降，2023 年降至 28.5 万人。① 2022 年与2021 年相比，福建 14~35 岁青年人口占比下降 0.6 个百分点。青年人口数量和人口占比有所下降，意味着劳动力供给的潜在缩减，由此给未来的经济增长带来较大影响。

二是青年晚婚晚育现象愈发明显，"生育赤字"问题逐渐显现。福建青年人口性别比逐年升高，特别是在流动人口中男性比例较高，这种性别失衡现象在一定程度上加剧了青年择偶与婚恋的难度。同时，高房价、高生活成本以及工作压力大等因素也进一步增加青年婚恋择偶压力。全省结婚登记人数减少，女性初婚和初育年龄不断推迟。福建省第七次全国人口普查数据显示，2020 年福建育龄妇女总和生育率是 1.38，高于全国平均水平（1.3），但仍低于 1.5 的生育警戒线。② 青年阶段是女性生育的黄金时段，然而女性青年规模缩减与青年低婚育意愿相互交织，将对福建人口再生产形成不利影响，增加未来人口结构失衡风险。

（三）需求出现新情况

进入新时代，广大福建青年对美好生活的向往更加强烈，发展需求也不断迭代升级，总体表现出新情况。

一是高质量需求愈发凸显。已有研究表明，新时代青年已由物质需求为主升级为精神需求为主，由基本的教育、就业、住房等需求升级为更好的高等教育、高质量就业创业、高品质住房的民生需求。③ 中国青年报社社会调查中心的一项调查显示，86.4%的青年看重区域优势与个人发展的匹配度。选择心仪城市时，教育和住房是青年主要关注的方面。④ 可见，青年期望城

---

① 杨闽红：《落实积极生育支持政策　促进人口长期均衡发展》，《人生》2024 年第 11 期。
② 《福建省人口普查年鉴 2020》，https://tjj.fujian.gov.cn/tongjinianjian/rk2020/indexch.htm。
③ 邓希泉：《聚焦青年发展需求加强民生建设》，《人民论坛》2024 年第 8 期。
④ 《规划未来时 86.4%受访青年看重区域优势与个人发展的匹配度》，《中国青年报》2024 年6 月 27 日，第 4 版。

市在满足基础设施需求的同时，更加注重宜居、宜业、宜学、宜养、宜游的环境优化，然而当前福建各城市建设中凸显青年存在、青年元素的软硬件建设还有待加强。

二是多元化需求较为迫切。青年追求更加优质均衡的教育资源，期望获得更多高水平的教育设施与更加公平的受教育机会。他们期望在社区事务中获得更加通畅的参与渠道和更多机会，在志愿服务过程中期望更加具有创新性的服务项目与更加稳定的多方保障。

三是新兴行业从业青年具有新需求。根据第九次全国职工队伍状况调查数据，我国新就业形态劳动者已达到 8400 万人，呈现"高学历""青年化"趋势，作为新生社会力量的福建新兴青年也不断增加。调查数据显示，分别有 15.86% 和 2.42% 的青年理想的就业方向是成为自由职业者以及从事网红直播等新兴职业。新兴青年更多追求体现个性的自主空间、文化空间和价值空间，特别是在职业认同、社会融入等方面，急需更加完善的保障机制。①

四　扭住目标不放松，奋勇争先开启福建青年工作新征程

在全面建设社会主义现代化国家的新征程上，青年是接过历史接力棒的主力军，对此，习近平总书记提出"当代中国青年是与新时代同向同行、共同前进的一代，生逢盛世，肩负重任"的殷切寄望。② 在扭住建设新福建目标不放松、一张蓝图绘到底的新征程上，福建要进一步打造和完善具有福建标识度的工作成果，在中国式现代化福建实践中为青年发展赋能。

---

① 赵常杰、齐雨菡、张宾：《期冀美好生活与高质量发展：新兴行业青年对城市发展的差异化需求研究》，《中国青年社会科学》2024 年第 5 期。

② 习近平：《论党的青年工作》，中央文献出版社，2022，第 236 页。

（一）始终坚持党管青年工作原则，不断推动福建青年发展工作再上新台阶

党管青年工作原则是习近平总书记提出的一个具有统揽性、标志性意义的青年工作重大原则。在全面推进中国式现代化福建实践中，要始终把青年工作作为战略性工作，突出青年政治引领，压紧压实各方责任，做好福建新一轮中长期青年发展规划的论证编制工作，为青年发展优化政策环境、创造更好条件。

一要把握战略定位，坚决落实党管青年工作原则。党管青年工作原则的提出，继承和发扬了党始终代表广大青年、赢得广大青年、依靠广大青年的优良传统，为青年工作明确了前进方向，提供了根本遵循。把青年一代培养成德智体美劳全面发展的社会主义建设者和接班人，是事关党和国家前途命运的重大战略任务，也是全党的共同责任。要把党中央决策部署全面贯彻落实到福建全省青年工作中，为全面推进中国式现代化福建实践中的青年工作提供科学具体的行动指南，将促进青年发展与把广大青年紧紧团结在党的周围高度统一起来，研究、谋划和推进福建青年发展事业，不断推动全省青年工作再上新台阶。要坚持党委领导、各方参与，进一步健全横向协同、纵向联动的工作体系，完善省、市、县级党委牵头的青年工作联席会议制度。

二要强化政治引领，持续用党的科学理论武装青年。福建要坚持以习近平新时代中国特色社会主义思想为指导，全面贯彻落实党的二十大和二十届二中、三中全会精神，引导广大青年深学细悟笃行，自觉统一思想、统一意志、统一行动，坚定不移沿着习近平总书记指引的方向奋勇前进，以实际成效坚定拥护"两个确立"、坚决做到"两个维护"。深入学习贯彻习近平总书记关于青年工作的重要思想，切实增强使命担当，深化提升"青年大学习"系列行动，营造浓厚的青年学习氛围。激发广大福建青年厚植对党的信赖、对中国特色社会主义的信心、对马克思主义的信仰，引导青年坚定听党话、跟党走的政治信念，在强国建设、民族复兴的

历史潮流中确立正确的人生目标，为一生的奋斗奠定基石。在互联网和自媒体时代，要持续运用"青言青语"，即符合青年特征和青年易于接受的方式方法，综合利用直播、综艺、主题宣讲等互动性强的形式讲述青春故事、培育践行家国情怀、传递担当精神、共话使命担当，持续引导青年坚定理想信念。

三要创新工作机制，持续优化青年工作政策体系。福建开展青年工作要充分用好党赋予的资源和渠道，把党的青年工作的制度优势固化为实实在在的政策效能。进一步推动本轮《规划》纵深实施，提高积极性、主动作为、联动协作，稳步推进《规划》与地方经济社会发展规划有效紧密衔接，把青年发展各项内容纳入各地党代会和政府工作报告、计划工作报告和民生实事项目，全力营造关爱青年成长的社会氛围。紧密结合经济社会发展需要和青年发展需求，认真谋划每年重点工作，系统梳理本轮《规划》收官攻坚任务，形成目标明确、责任明确、时限明确的清单，并完善督查督办机制。要提前谋划新一轮规划的科学制定，各成员单位要主动衔接"十五五"规划和各类专项规划研究编制，共同深入研究未来一个时期福建青年发展面临的形势、任务、目标，共同拿出更有分量、更高质量、更加务实的工作思路和发展建议，共同谋划设计一批更加精准的青年发展重大项目，扎实做好下一轮福建青年发展规划编制论证工作，积极推动将青年发展内容纳入福建新一轮五年规划体系。

（二）加快探索建设青年发展型省份，凝聚全面推进中国式现代化福建实践的青年力量

2022年4月，中央宣传部、共青团中央等17部门联合印发《关于开展青年发展型城市建设试点的意见》，提出大力推进青年发展型城市建设。当前，河北、浙江、四川、贵州等地均已提出建设青年发展型省份，上海、浙江、山东、四川等地全域推进青年发展型城市建设。福建要进一步为青年发展型城市建设增势赋能，加快探索青年发展型省份建设，逐步在省域实现青年发展型城市建设全覆盖，积极营造"福建对青年更友好、青年在福建更

有为"的浓厚氛围。

一要坚持系统观推动青年发展型省份建设。从省域层面提出建设青年发展型省份的目标任务,是贯彻落实习近平总书记关于青年工作的重要思想的具体实践,也是扎实推进中国式现代化省域实践的重要内容。在探索建设青年发展型省份的过程中,福建要坚持运用系统观念和系统方法,全面统筹、协调推进各方面各领域工作,加强对青年发展型省份理念内涵、建设路径、项目载体等方面的深入研究和顶层谋划,将青年真正置于福建各城市发展的生态系统中,从纵深推进"青年友好"到全面激发"青年活力",开展全链条式的政策设计和供给。

二要全面推进青年发展型城市建设。要丰富青年生活载体,在城市规划、建设、管理过程中充分体现青春元素、全面照顾青年特点,塑造青年场景和青年品牌,打造凸显福建城市特色、蕴含青年元素的地标性青年广场、青年商超、青年公园等青年主题空间,布局增设青年文化走廊、青年社交平台、青年休闲娱乐场所等公共服务设施,建设以青年品牌为统领的青年发展服务中心、青年活动空间、青年发展集聚区等。着力培育以青年为主要生产者和消费者的经济业态,开发符合青年消费特点的潮购、潮娱、潮玩、潮体验等沉浸式、体验式、互动式消费新场景,塑造契合青年需求的社交场景,打造地标商圈潮购场景和24小时消费释放地。进一步支持各地因城施策探索各具特色的建设模式,扎实推进龙岩"老区不老,风华正茂"、福州"海峡青年发展型城市"、厦门集美区"六大青年友好工程"等地青年发展型城市建设试点工作,带动更多非试点城市主动参与,强化"以点带面",突出特色、打造亮点,形成联动效应和立体格局,实现"试点花开数枝、全省百花齐放"的效果。

三要完善具有福建特色的青年发展统计监测机制。在现行统计监测中增加青年口径。明确青年统计的年龄范围,涵盖14~35岁,并细化不同年龄段的划分标准,更精准反映不同年龄段青年的发展需求。加快构建更科学健全的福建青年发展指标体系,结合青年发展型省份建设,增设"城市对青年更友好"等评价指标,实现青年优先发展建设成果可感知、可量化,推动将青年发展指标纳入全省经济社会监测指标体系。按照区县样本全覆盖和可操作性的原则，设置完整的监测系统。如在初中、高中、中专技校、高职院校、本科院校、制造业企业、党政机关等不同领域设置相应的青年样本监测点，同时考虑新兴青年、违法犯罪青少年等设置特殊样本数据库，以实现对福建青年群体的有效覆盖。最后，加强统计监测成果运用，充分挖掘青年发展数据资源，开展更深入的青年发展研究。

（三）主动融入中心大局，夯实创新富有福建特色的青年工作品牌

福建赋能青年发展的举措要凸显福建特色，形成可复制可推广的"福建方案"，激励全省青年为奋力推进中国式现代化福建实践贡献青春力量。

一要打造具有理想信念教育"福建味道"的青年工作品牌。从下党乡到木兰溪畔，从三坊七巷到沙县俞邦村……八闽山海间，一个个具有特殊意义的"标志地"，是一项项从八闽走向全国的探索实践，也是广大福建青年学习宣传新思想的生动教材。因此，福建要充分挖掘红色文化优势，传承弘扬红色文化，深化革命史料和革命文物研究阐释，持续组织"追寻习近平总书记的足迹"大学生社会实践活动、"把青春华章写在祖国大地上"大思政课活动，推动党的二十大精神进学校、进课堂、进头脑。要持续深入学习习近平总书记来闽考察重要讲话精神，通过专题交流研讨、宣讲团宣讲报告会等多种形式，开展讲好"习爷爷在福建的故事""福建红色故事""八闽楷模故事"等活动，用好用足《习近平在福建》系列采访实录和《闽山闽水物华新——习近平福建足迹》，引导广大福建青年坚定不移地听党话、跟党走，赓续红色血脉，砥砺奋进、再立新功，在新发展阶段新福建建设中贡献青春力量、担当时代责任。

二要打造推动闽台青年共谋海峡两岸融合发展的青年工作品牌。持续贯彻落实《中共中央 国务院关于支持福建探索海峡两岸融合发展新路 建设两岸融合发展示范区的意见》《中共福建省委 福建省人民政府关于贯彻落实〈中共中央、国务院关于支持福建探索海峡两岸融合发展新路建设两岸融合发展示范区的意见〉的实施意见》，把解决与台湾青年切身利益相关

的问题作为高标准促融合的切入点，为台湾青年在闽求学、创业、生活提供各种便利条件。要继续在探索海峡两岸融合发展新路上迈出更大步伐，勇于先行先试，建好用活台湾青年创业就业基地、体验式交流中心，引导更多台湾青年参与两岸融合发展示范区建设。持续建设台湾青年社会参与实践地，深化闽台共建共治共享实践，推出更多便于台湾青年参与的公共服务项目、基层治理岗位，吸引更多台湾青年参与乡建乡创、社区治理，不断增强台湾青年获得感、认同感。要进一步探索建立闽台青年团体常态化交流渠道，促进闽台青年社团交流交往。要持续开展闽台中小学校校际结对交流，持续开展海峡青年节峰会、两岸大学生领袖营、两岸青年营地联欢等活动，吸引更多台湾青年走进福建、了解福建，来福建筑梦追梦圆梦。鼓励两岸青年不负时代、携手并进，共同为福建探索海峡两岸融合发展新路、建设两岸融合发展示范区作出贡献。

三要打造促进青年企业家发展壮大的青年工作品牌。在新发展阶段，福建要推动民营经济进一步提质增效、跨越发展，做好年轻一代企业家的培育工作至关重要。为此，要持续推进年轻一代企业家健康成长促进计划，提升青年企业家能力素质，持续引导他们进一步在聚焦实业、加快发展新质生产力、开阔国际视野以及加强企业内部治理等方面出实招、做实功，为年轻一代企业家的成长和发展赋能。建立青年企业家承接使命的舆论引领机制，引导促使他们实现由"被动参与"向"主动担责"转变，从单纯地继承企业和财富转变为继承事业、传承企业精神，推动"闽商精神"薪火相传、发扬壮大，传承弘扬"晋江经验"，大胆创新、放心创业、放手创造，有序完成代际传承。鼓励"企业家培养企业家"，健全青年企业家培养"导师制"，优选一批著名企业家担任青年企业家导师，持续壮大"闽商讲师团"队伍。

（四）深刻把握新特点新规律，不断健全完善推动福建青年高质量发展的支持体系

福建要聚焦重点领域和关键环节，深刻把握新时代福建青年新特点新规律，全方位构建有利于青年健康成长、学习教育、就业生活、创新创业的服务体系，完善促进福建青年发展的支持体系，不断增强青年的获得感、幸福感、安全感。

一要优化青年人才服务举措。要聚焦战略性新兴产业，发展新兴优势产业，前瞻布局未来产业，强化数字赋能、科技赋能，推动产业链、创新链、人才链有机融合，打造韧性强、结构优、质效高的产业集群，以产业发展厚植就业沃土，进一步推动"引青入闽""聚青在闽"。强化高校与劳动力市场对接，以市场需求为导向培养人才；鼓励职业学校与社会资本合作共建职业教育基础设施、实训基地，加强各学段普通教育与职业教育渗透融通。实施青年人才安居保障措施，加大闲置楼宇盘活力度，探索政府收购、自主改造等多种途径，以"人才公寓""青年公寓"等模式予以盘活，打造集"居住+办公+社交"多功能于一体的青年人才驿站。制定分类或差异化的高层次人才和优秀青年人才培养支持政策。完善青年创新人才发现、选拔、培养机制，更好保障青年科技人员待遇。

二要提升青年参与度和幸福感。福建要适应青年多样化需求的新特点，构建多元有序的青年社会参与渠道，广泛听取青年意见、汇聚青年智慧，鼓励广大青年发挥所长、参与社区治理。以强化城市融入、兴趣爱好、婚恋交友等供给为重点，丰富青年线上线下社交活动。培育青年社群，更好满足青年社交需求，持续增强青年认同感。加强青年婚恋服务，进一步培育健康文明的婚恋、婚俗、婚育文化，抵制婚嫁陋习、高价彩礼等现象，讲好新时代美好爱情、和谐家庭、幸福生活的福建故事。积极构建生育友好型社会，充分释放人口生育的潜力。推广泉州市德化县生育三孩给予递进式生育津贴、托育津贴、教育补贴、购房补助等做法，并逐步提高补贴标准，切实降低生育、养育、教育成本，同时以青年容易接受的方式，宣传生育对个体和家庭的价值，正面传播育儿幸福感。

三要补足青少年发展的短板弱项。切实维护青少年合法权益，为农村留守儿童、城市随迁子女提供更加暖心的帮助，推动城乡义务教育优质均衡发展，让他们接受高质量的义务教育。强化用人单位职业卫生监督检查，加强青年劳动者职业健康宣传和培训，做好青年职业病的预防、治疗工作，大幅度降低在职青年职业病发生率。开展健康科普宣教活动，增强农村地区青年健康意识。推动青少年法治教育提质增效，进一步完善政府、司法机关、学校、社会、家庭共同参与的青少年法治教育新格局，形成全社会推进青少年法治教育的强大合力，使法治教育覆盖课上课下、线上线下、校内校外。健全青年就业和劳动保障机制，营造公平竞争环境，保障劳动者和用人单位的利益，开展特殊工时管理综合改革试点行动。在全省范围内，借鉴推广厦门建成全国首个新就业形态劳动者权益保障信息化服务平台的做法，实现权益保障、公共服务、监测预警和决策分析支持的一体化管理。重点在社会保险缴纳、劳动关系、用工纠纷以及职业培训等方面出台配套措施，通过分层分类施策，不断提高服务新兴青年群体的精准度。通过新媒体设置"新兴青年"话题专栏，引导社会各界关注新兴职业和新兴青年群体，给予新兴青年群体更多的包容与认可。

参考文献

习近平：《在纪念五四运动 100 周年大会上的讲话》，人民出版社，2019。

习近平：《在庆祝中国共产主义青年团成立 100 周年大会上的讲话》，人民出版社，2022。

《福建省中长期青年发展规划（2018—2025 年）》，《福建日报》2019 年 1 月 7 日，第 6 版。

《青春心向党 建功新福建 新时代青年工作的"福建探索"》，《中国共青团》2019 年第 11 期。

《中央宣传部、国家发展改革委、共青团中央等十七部门联合印发〈关于开展青年发展型城市建设试点的意见〉》，《中国青年报》2022 年 4 月 6 日，第 1 版。

张良驯：《新时代中国青年发展理论的创新成果》，《广东青年研究》2022 年第 4 期。

《福建喜迎二十大建功新时代 团结带领全省广大青年为建设新福建贡献青春力量》，《中国共青团》2022 年第 18 期。

朱迪：《新业态青年发展状况与价值诉求调查》，《人民论坛》2022 年第 8 期。

邓希泉：《新时代中国青年的历史使命》，《人民论坛》2023 年第 9 期。

邓希泉：《坚持"党管青年"原则新时代青年工作的战略特征及实施路径》，《人民论坛》2023 年第 2 期。

刘慧卿、张云龙、高旭：《关于大连创建青年发展型城市的对策建议》，《辽宁经济》2023 年第 11 期。

赵联飞：《高质量发展视野下的青年发展型城市建设研究》，《中国青年研究》2023 年第 10 期。

郭元凯、邓希泉、田思钰：《〈中长期青年发展规划（2016—2025 年）〉执行效果评价研究——基于 2022 年度实施情况的系统考察》，《新生代》2024 年第 1 期。

分 报 告

B.2
2024年福建青年思想道德研究报告

张小平　万 菊*

摘　要： 本报告从政治素养、思想状况、道德素质、社会获得感和扎根福建等五个维度，分析福建青年思想道德发展的现状特征。研究结果显示，福建青年的思想道德呈现积极向好的主流态势，表现为政治素养过硬，思想积极进取，道德发展向上向善，社会获得感增强，精气神提振有担当，在新福建建设中能挺膺担当。然而，在全球化和信息化、现实生活与网络环境相互渗透的时代背景下，青年在思想道德方面仍存在个别发展水平不足的问题。为此，要充分发挥福建作为习近平新时代中国特色社会主义思想的重要孕育地和实践地的优势，进一步筑牢青年的理想信念，引导青年践行社会主义核心价值观，强化网络空间的价值导向。同时，要引领动员福建广大青年担当新使命、展现新作为、建功新福建。

关键词： 福建青年　思想道德　思想政治教育

---

* 张小平，福建警察学院马克思主义学院，教授，研究方向为思想政治教育；万菊，福建江夏学院马克思主义学院，讲师，研究方向为思想政治教育。

习近平总书记指出："青年是引风气之先的社会力量。一个民族的文明素养很大程度上体现在青年一代的道德水准和精神风貌上。"① 党的二十大报告强调要"巩固壮大奋进新时代的主流思想舆论""实施公民道德建设工程，弘扬中华传统美德，加强家庭家教家风建设，加强和改进未成年人思想道德建设，推动明大德、守公德、严私德，提高人民道德水准和文明素养"。② 青年的思想道德对青年的工作、学习和生活起着导向和动力作用，也直接关系着整个社会的文明素养和发展进程。福建是习近平新时代中国特色社会主义思想的重要孕育地和实践地，开展青年思想道德教育具有独特优势。因此，深入了解新时代背景下福建青年思想道德发展状况，有助于更好地回应青年思想道德方面的关切诉求，为培育担当民族复兴大任的时代新人提供有益指导和帮助。

本报告从政治素养、思想状况、道德素质、社会获得感和扎根福建等五个维度，分析福建青年思想道德发展的现状特征和面临挑战，提出有针对性的对策建议。

一　思想道德现状与特征

福建坚持以习近平新时代中国特色社会主义思想为指导，全面贯彻落实党的二十大精神，推动青年思想道德建设不断加强。调查数据显示，福建青年理想信念坚定，道德发展向善乐观，呈现了积极向上的主流群像。

（一）政治素养过硬

福建推动广大青年深入学习贯彻习近平新时代中国特色社会主义思想，传承习近平同志在福建工作期间形成的宝贵思想财富和实践成果。广大青年

---

① 中共中央文献研究室编《习近平关于青少年和共青团工作论述摘编》，中央文献出版社，2017，第21~22页。

② 习近平：《高举中国特色社会主义伟大旗帜　为全面建设社会主义现代化国家而团结奋斗——在中国共产党第二十次全国代表大会上的报告》，人民出版社，2022，第8页。

思想道德呈现积极健康向上的主流态势，表现为理想信念坚定，衷心拥护党的领导，对党和国家的政治认同度很高，日益展现出自尊自信自立自强的精神风貌。

1. 理想信念更加坚定，对党和国家的政治认同度高

福建充分发挥习近平新时代中国特色社会主义思想的重要孕育地和实践地的优势，按照习近平总书记"立志做有理想、敢担当、能吃苦、肯奋斗的新时代好青年"殷切期望，引导青年赓续红色血脉，传承复兴伟业，把激昂的青春梦融入伟大的中国梦。调查数据显示，绝大部分青年对"以人民为中心的发展思想""四个自信""五位一体""中国梦""人类命运共同体"等具有较为深刻的感受，不断增进对习近平新时代中国特色社会主义思想的政治认同、思想认同、理论认同、情感认同，做到至信而深厚、融通而致用、执着而笃行。2017 年以来，全省新经济组织和新社会组织（以下简称"两新组织"）发展党员 5 万余名，占全省发展党员总数的 16.53%；"两新组织"发展党员中，年龄在 35 岁以下的占 80% 以上。[①] 截至 2023 年底，福建法定代表人为 35 周岁及以下青年的企业数量占全省比重约为 28%。青年政治觉悟得到培养和引导，思想不断升华。

青年对马克思主义和中国特色社会主义制度的认同，不仅源自党对他们的悉心关怀与系统教育，而且与其成长背景及个人实际感受密不可分。福建青年在成长中通过众多鲜活的实例、翔实的数据以及切身的体会，深刻领悟到"中国速度""中国奇迹""中国之治"的独特魅力。这显著提升了青年作为中国人的自豪感，坚定了他们的意志力，增强了他们的自信心，为实现中华民族伟大复兴的中国梦而团结奋斗的思想根基愈发稳固。

2. 展现自尊、自信、自立、自强的精神风貌，整体发展向上向好

广大福建青年自觉地融合用初心锤炼信仰与用信仰捍卫初心的理念，彰显出"请党放心、强国有我"的坚韧意志和昂扬精神风貌。涌现一批埋头

---

① 《2017 年以来，福建在全省两新组织中发展党员 5 万余名》，https：//zqztc.fujian.gov.cn/index/index/show_page_zx? channel_id=162&page_type=show&archives_id=4332，2023 年 6 月 12 日。

钻研的青年工匠、扎根乡土的青年干部、返乡创业的毕业生、服务基层的青年志愿者等，他们挑大梁、担重任，在中国式现代化进程中展现出自尊、自信、自立、自强的精神风貌，整体发展向上向好。调查数据显示，绝大部分青年对国家未来的发展愿景和方向有着积极的态度和期待，他们以海内外闽人故事阐释中国发展、福建发展是世界的机遇，打造构建中国话语和中国叙事体系的福建篇章。

3. 广泛认同思想政治理论课的教育意义，获得感、满意度持续提升

福建严格落实学校思想政治理论课必修课学分保障，落实思想政治理论实践教学学时学分。全面开设"习近平新时代中国特色社会主义思想概论"课程，遴选建设大中小学思政精品课 1000 堂，用好《习近平在福建》系列采访实录和《闽山闽水物华新——习近平福建足迹》等特色资料。组织"追寻习近平总书记的足迹"大学生社会实践活动、"把青春华章写在祖国大地上"大思政课活动。试点建设"行见八闽"大思政课研学实践圈，带领全省 2.5 万多支实践队、百万余名大学生投身社会实践，打造可复制可推广的福建大思政课实践育人新范式，让新思想"触手可及"，让领袖故事"家喻户晓"，让"行走的课堂"点亮八闽，引导青年悉心感受习近平总书记对福建的亲切关爱。调查数据显示，无论是尚在学校还是已经跻身社会的青年，都对思想政治理论课的教育作用给予高度评价，获得感和满意度较高。广大青年认为，思想政治理论课的开设推动自己加深了对党的认识，坚定了理想信念，提升了是非判断能力和个人思想政治修养，表明思想政治理论课在福建青年中的广泛认可度和影响力。

（二）思想积极进取

青年具有独特的思想特征，这些特征既反映了时代发展的趋势，也体现了他们在社会中的角色和定位。本报告从价值观、幸福观、生活态度等多个层面，调查分析青年的思想发展状况。

1. 自觉践行社会主义核心价值观

福建大力弘扬社会主义核心价值观，新时代文明实践阵地实现县、乡、村全覆盖，推进公益广告宣传，弘扬主旋律，传播正能量。在全省范围内开展寻访身边"最美学生""新时代好少年"等活动，深入挖掘和宣传学生先进典型，在青年学生中树立正确的世界观、人生观、价值观。青年社会主义核心价值观教育日益日常化、具体化、形象化、生活化，践行社会主义核心价值观效果显著。调查数据显示，大多数各学段青年知道并理解社会主义核心价值观，将社会主义核心价值观内化为自身行为准则，展现出积极进取的价值追求，并转化为情感认同和行为习惯。

2. 人生价值评判标准积极向上

习近平总书记强调指出："要抓住青少年价值观形成和确定的关键时期，引导青少年扣好人生第一粒扣子。"[1] 青年对人生价值标准的认知是其人生观的重要组成部分，体现了他们对个人存在意义和价值的评判标准。调查数据显示（见图1），青年认为人生价值的评判标准排名前三项依次是：实现人生理想或梦想（74.53%）、对社会贡献的大小（70.43%）、对家庭贡献的大小（52.95%）。实现人生理想或梦想体现了青年对追求个人理想和梦想的强烈渴望。对社会贡献的大小显示了青年对于社会责任和担当的高

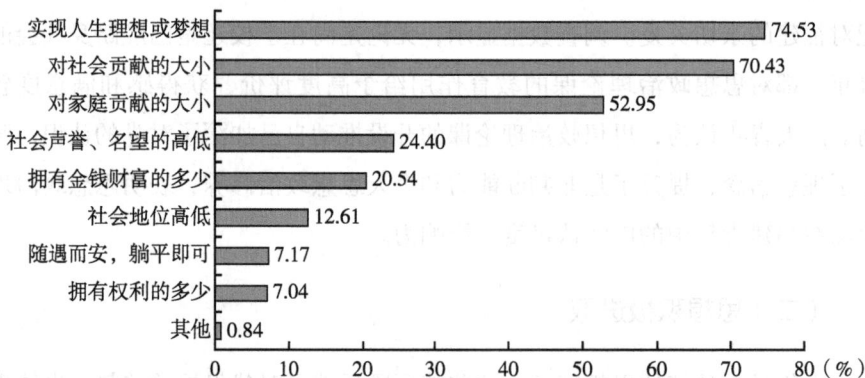

实现人生理想或梦想	74.53
对社会贡献的大小	70.43
对家庭贡献的大小	52.95
社会声誉、名望的高低	24.40
拥有金钱财富的多少	20.54
社会地位高低	12.61
随遇而安，躺平即可	7.17
拥有权利的多少	7.04
其他	0.84

图1 评判人生价值的主要标准（N＝15831，多选）

注：因小数点后两位四舍五入，数据加总后会有0.01个百分点的误差。全书同。

① 习近平：《论党的青年工作》，中央文献出版社，2022，第167页。

度重视。对家庭贡献的大小反映了福建文化中家庭观念的重要性。总体而言，福建青年对人生价值的评判标准积极向上。

3. 对人生幸福的理解多元丰富

幸福是人类追求的永恒主题。幸福标准反映了青年在价值观、生活方式和个人追求等方面的差异性和多元性。调查数据显示（见图2），身体健康（51.73%）和家庭幸福（46.56%）是青年最为关注的两大标准。同时，他们也十分重视工作与事业（有一份自己喜欢的工作22.43%，事业成功21.54%）、生活富有（21.02%）以及社会贡献与个人发展（为社会作出贡献18.11%，有自己的兴趣爱好16.52%）。总体而言，青年对于幸福的理解是多元而丰富的，涵盖个人、家庭、事业、社会贡献等多个层面，这反映了他们对于个人成长和社会发展的关切与追求。

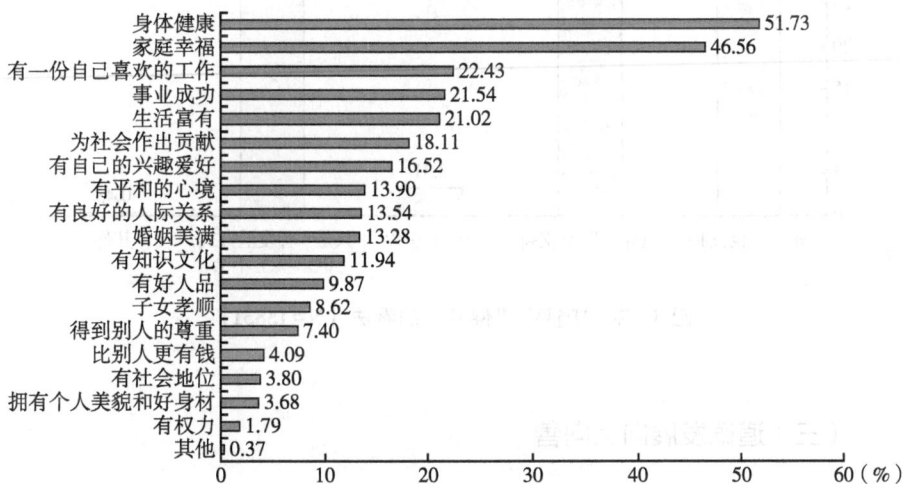

身体健康 51.73
家庭幸福 46.56
有一份自己喜欢的工作 22.43
事业成功 21.54
生活富有 21.02
为社会作出贡献 18.11
有自己的兴趣爱好 16.52
有平和的心境 13.90
有良好的人际关系 13.54
婚姻美满 13.28
有知识文化 11.94
有好人品 9.87
子女孝顺 8.62
得到别人的尊重 7.40
比别人更有钱 4.09
有社会地位 3.80
拥有个人美貌和好身材 3.68
有权力 1.79
其他 0.37

图2　评判人生幸福的主要标准（N=15831，多选）

4. 对生活的态度相对进取

近年来，"躺平""佛系"在青年社交网络上成为热词。调查数据显示（见图3），青年对"躺平""佛系"的生活态度出现分化。其中，表示"理解，但不支持"的青年占比31.51%，表明一部分青年对于这种生活态度持有保留态度，虽然理解但并不认同或支持这种生活方式，体现了他们个人责任意识和积极进取的价值观念；认为"躺平"和"佛系""只是一种发泄方式，但事实上不会"的青年占比 30.67%，这部分青年认为"躺平""佛系"的生活态度只是一种短期压力排解方式，但不意味着持久消极。总体上，超六成青年不支持"躺平""佛系"的生活态度，主流仍以奋斗进取居多。当然，表示"理解，也支持"的青年占 34.07%，体现了青年对不同生活方式的开放态度，对个人选择的尊重和包容。"躺平""佛系"的生活态度一方面折射出青年以自讽自嘲、幽默有趣的方式进行自我表达和社会创造，另一方面也反映了青年的奋斗坚韧意志仍需引导。

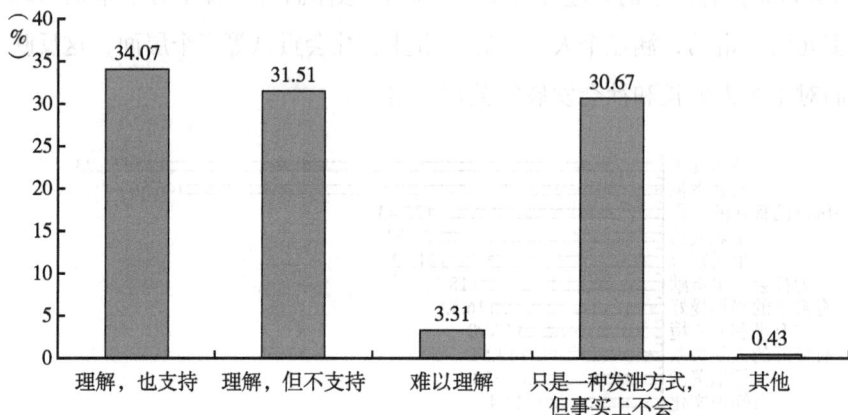

图 3 对"躺平""佛系"的看法（N=15831）

（三）道德发展向上向善

人无德不立，道德素质是青年道德认知和道德行为水平的综合反映。习近平总书记对新时代中国青年寄语，要"从自身内省中提升道德修为，明大德、守公德、严私德"①。本报告从社会公德、职业道德、家庭美德和网络文明素质等四个层面反映青年的道德素质水平。

---

① 《习近平总书记希望青年这样修身立德》，求是网，http://tyjrswt.nmg.gov.cn/sjwy/xwdt_sj/szyw_sj/202205/t20220523_2059487.html，2022 年 5 月 23 日。

1. 青年社会公德素养水平较高

社会公德素养可以直接体现一个组织或社会的文明程度。对于青年的社会公德素养，多数人给予肯定的评价。如图 4 所示，49.52% 的青年认为"非常好"，33.80% 的青年认为"比较好"，14.71% 的青年认为"一般"。

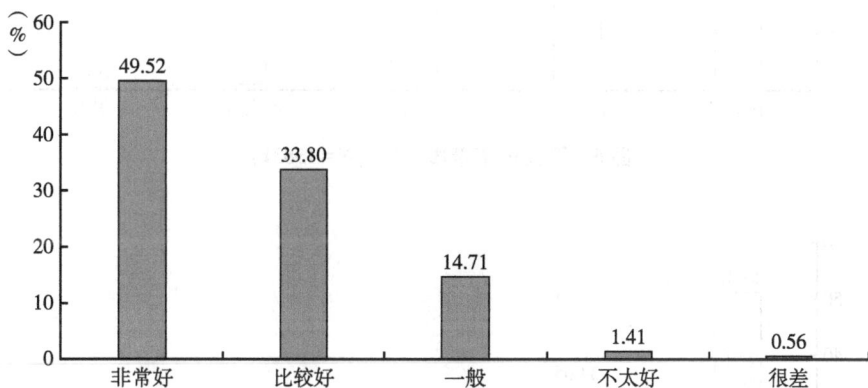

图 4　社会公德素养评价（N＝15831）

2. 青年职业道德素质获广泛认可

职业道德是指从业人员在职业活动中应该遵循的行为准则。调查数据显示，青年的职业道德素质水平总体较高，多数人对其职业道德素质给予积极评价。如图 5 所示，49.67% 的青年表示其职业道德素质"非常好"，34.58% 的青年表示"比较好"，14.33% 的青年认为"一般"。

3. 青年家庭美德素质获肯定评价

家庭美德属于家庭道德范畴，是指每个公民在家庭生活中应该遵循的基本行为准则。调查结果显示，青年的家庭美德素质总体较高，多数人给予肯定评价。如图 6 所示，超过半数的青年表示家庭美德素质"非常好"（51.18%），34.05% 的青年认为"比较好"。

4. 对网络文明的满意度总体较高

网络文明是伴随互联网发展而产生的新的文明形态。福建举办丰富多彩的网络文化节活动，开展"清朗""净网"等专项整治行动，建立健全网络

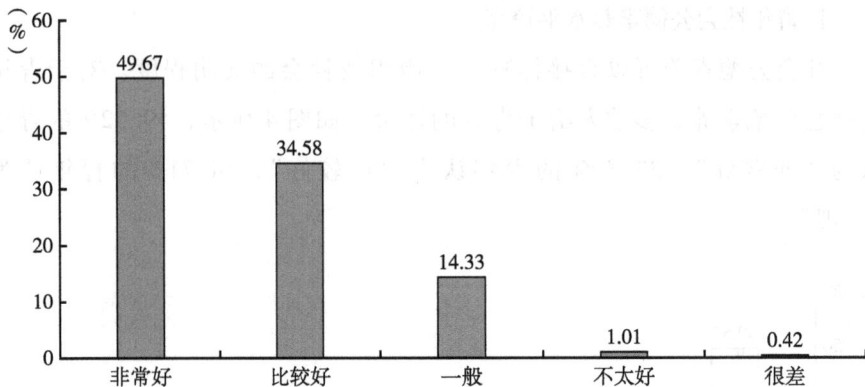

图5 职业道德素质评价（N=15831）

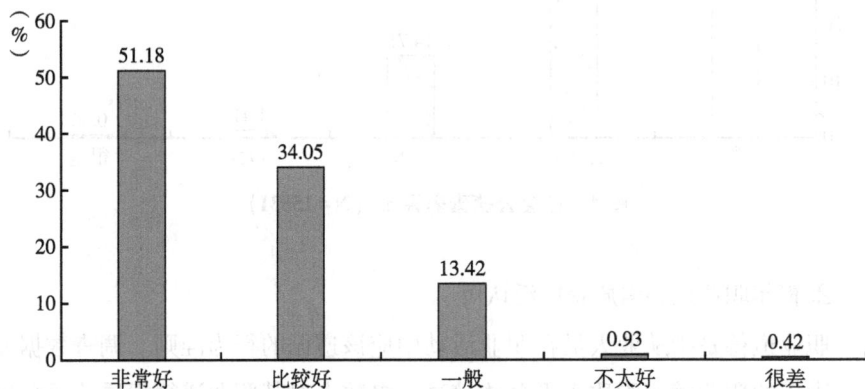

图6 家庭美德素质评价（N=15831）

辟谣举报机制，有力推进网络综合治理体系建设。调查结果显示，青年对网络文明建设和网络环境治理的满意度总体较高。如图7所示，超过八成的青年表示"非常满意"（39.66%）和"比较满意"（41.80%），少部分青年认为"一般"（16.91%）。可见，青年对福建在网络文明建设和网络环境治理方面的工作持肯定态度，认为相关工作取得了良好成效。

（四）社会获得感增强

社会获得感关乎青年对社会环境变化的体验和感受。本报告主要从经济

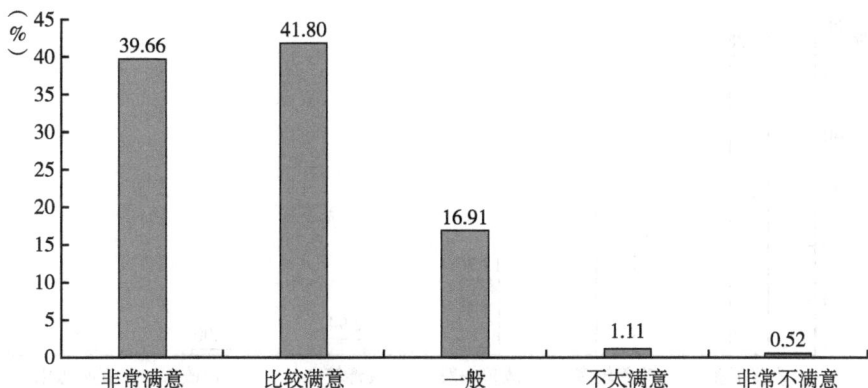

图7 对网络文明建设和网络环境治理的满意率（N=15831）

发展、社会稳定、收入公平性、医疗保障覆盖面、养老服务体系等五个方面入手，了解青年对社会发展变化的认知和获得感。

1. 对经济发展的获得感高

2024年2月，国家统计局发布的《中华人民共和国2023年国民经济和社会发展统计公报》显示，近五年，我国经济发展各项指标逐年提高，国内生产总值从2019年的986515亿元增长到2023年的1260582亿元；全国居民人均可支配收入从2019年的30733元增长到2023年的39218元。相较于2022年，2023年我国国内生产总值增长5.2%，全年人均国内生产总值增长5.4%。国民总收入增长5.6%，全国居民可支配收入增长6.1%。[①] 调查数据显示，超八成的青年对我国整体经济状况的改善程度持肯定看法。如图8所示，相比于五年前，青年认为"改善很多"的占54.38%，认为"改善较多"的占26.04%。整体而言，大多数青年对经济发展持积极态度，认为整体经济状况有了明显改善。

2. 对社会稳定的获得感高

习近平总书记指出："社会稳定是国家强盛的前提。"[②] 2024年《政府

---

① 国家统计局：《中华人民共和国2023年国民经济和社会发展统计公报》，https://www.stats.gov.cn/sj/zxfb/202402/t20240228_1947915.html，2024年2月29日。

② 《习近平著作选读》第一卷，人民出版社，2023，第43页。

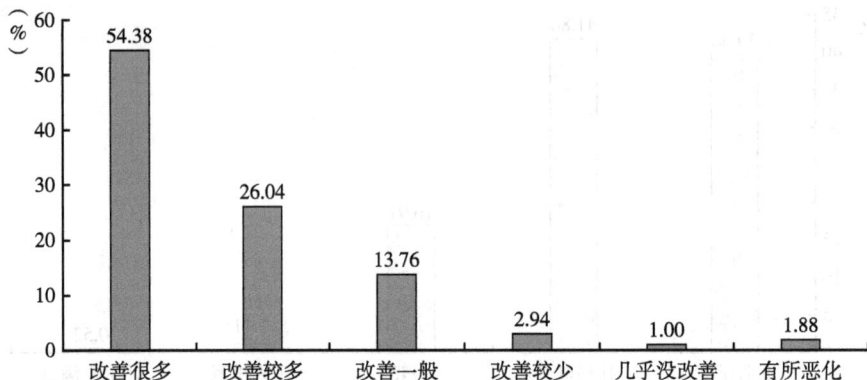

图 8 对整体经济状况的看法（N=15831）

工作报告》指出，我国"坚持以人民为中心的发展思想，履行好保基本、兜底线职责，采取更多惠民生、暖民心举措，扎实推进共同富裕，促进社会和谐稳定"。① 调查数据显示，青年对我国社会稳定的改善程度持积极评价。如图 9 所示，相较于五年前，青年认为"改善很多"的占 63.36%，认为"改善较多"的占 26.06%。

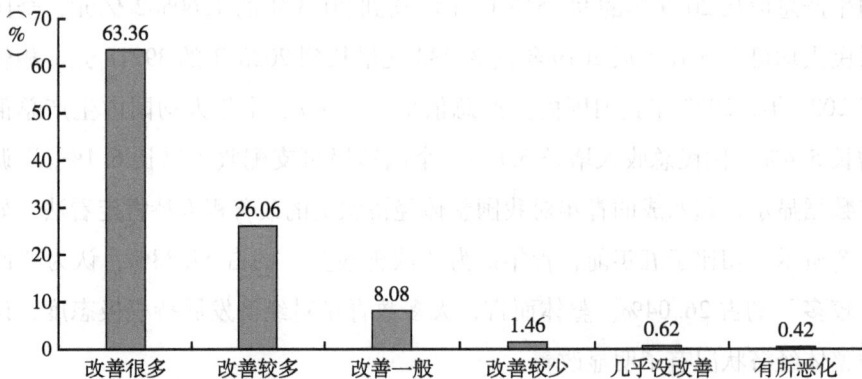

图 9 对社会稳定的看法（N=15831）

---

① 李强：《政府工作报告——2024 年 3 月 5 日在第十四届全国人民代表大会第二次会议上》，中国政府网，https://www.gov.cn/gongbao/2024/issue_11246/202403/content_6941846.html，2024 年 3 月 5 日。

3. 对收入公平性改善持积极态度

收入分配的公平性是社会主义实现共同富裕的必要条件，也是社会主义市场经济的内在要求。党的十八大以来，我国在收入分配、就业、教育、社会保障等方面推出一系列重大举措，努力建设体现效率、促进公平的收入分配体系，共同富裕取得新成效。调查数据显示，青年对收入分配的公平性改善程度持肯定看法。如图 10 所示，相较于五年前，青年认为"改善很多"的占 49.31%，认为"改善较多"的占 23.57%。

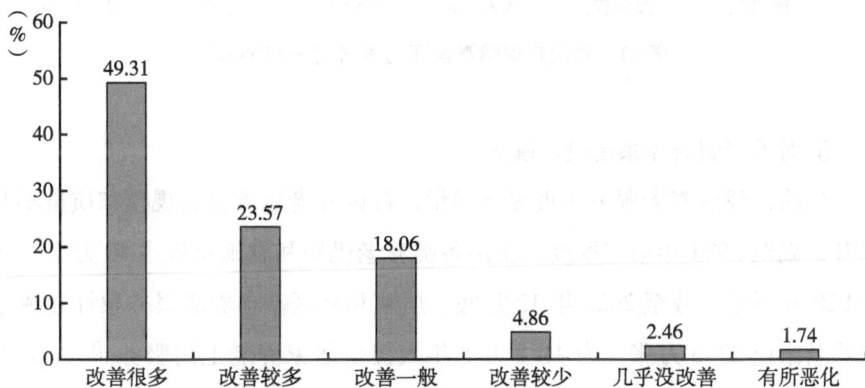

图 10 对收入分配公平性的看法（N＝15831）

4. 对医疗保障覆盖面的改善持肯定态度

2023 年我国居民医保人均财政补助标准提高至 640 元，全国基本医保参保率稳定在 95%，参保质量进一步提升。农村低收入人口和脱贫人口参保率稳定在 99% 以上，综合帮扶惠及低收入人口就医超 1.8 亿人次、减负超1800 亿元。① 调查数据显示，青年对医疗保障覆盖面的改善程度持肯定看法。如图 11 所示，相较于五年前，青年认为"改善很多"的占 59.12%，认为"改善较多"的占 27.65%。

---

① 《国家医疗保障局 2023 年法治政府建设情况》，http：//www.nhsa.gov.cn/art/2024/3/29/art_123_12264.html，2024 年 3 月 29 日。

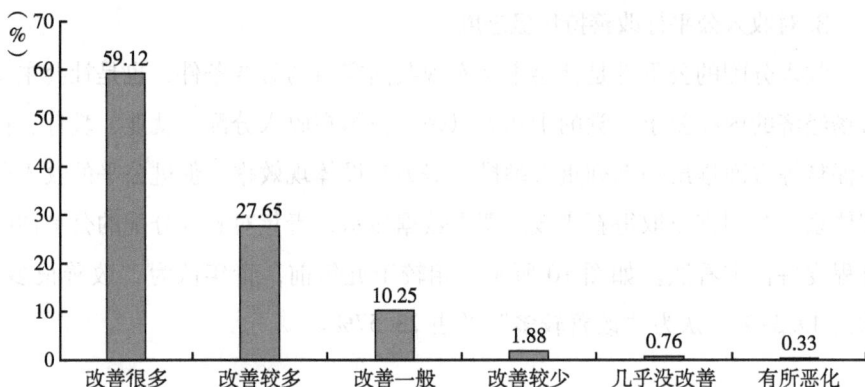

图 11 对医疗保障覆盖面的看法（N=15831）

5. 对养老服务体系建设普遍认可

当前，我国养老服务实现提质增量，社区养老服务供给规模和质量不断提升，截至 2023 年第三季度，全国各类养老机构和设施总数达 40 万个、床位 820.6 万张；截至 2023 年 12 月底，居家和社区基本养老服务累计建成家庭养老床位 23.5 万张，为 41.8 万老年人提供居家养老上门服务。[①] 个人养老金制度全面推行，积极发展第三支柱养老保险。截至 2023 年底，超 5000 万人开立个人养老金账户。[②] 调查数据显示，青年对养老服务体系建设的改善程度持肯定看法。如图 12 所示，相比于五年前，青年认为"改善很多"的占 56.05%，认为"改善较多"的占 27.31%。

（五）精气神提振有担当

扎根福建体现青年对福建特色省情的了解以及扎根福建发展的信心与意愿。本报告从青年对福建经济发展的信心以及福建的红色文化传承等方面进行分析。总体而言，青年扎根福建有担当。

---

① 《全国各类养老机构和设施总数达 40 万个》，https：//www. gov. cn/lianbo/bumen/202401/content_6925958. htm，2024 年 1 月 15 日。

② 《个人养老金制度将推进全面实施》，https：//www. gov. cn/lianbo/bumen/202401/content_6927948. htm，2024 年 1 月 24 日。

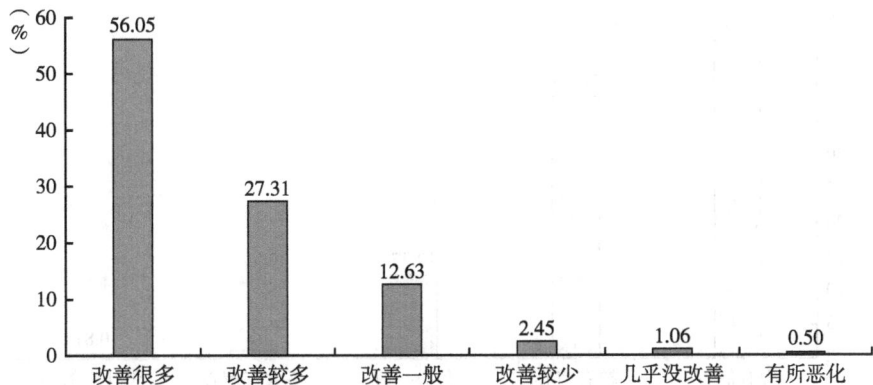

图 12 对养老服务体系建设的看法（N=15831）

1. 对福建经济发展的信心坚定

《2023 年福建省人民政府工作报告》指出，过去五年，福建省经济社会实现跨越式发展，全省地区生产总值年均增长 6.4%、居东部地区第一位；人均地区生产总值突破 12 万元，跃升至全国第四位，是唯一所有设区市人均地区生产总值都超过全国平均水平的省份。① 《2024 年福建省人民政府工作报告》显示，2023 年福建省地区生产总值 54355 亿元、增长 4.5%，城镇居民、农村居民人均可支配收入分别增长 4.3%、6.9%。② 调查数据显示，超八成的青年表示对福建经济发展有信心。如图 13 所示，46.91% 的青年表示"很有信心"，38.69% 的青年表示"较有信心"，12.37% 的青年表示"信心一般"。

2. 积极汲取福建红色文化精神

福建是一块具有光荣革命传统的红色圣地。习近平总书记 2021 年 3 月在闽考察时指出："福建是革命老区，党史事件多、红色资源多、革命先辈多，开展党史学习教育具有独特优势。"③ 调查数据显示（见图 14），广大

① 《2023 年福建省人民政府工作报告》，http://www.fujian.gov.cn/szf/gzbg/zfgzbg/202301/t20230120_6097625.htm，2023 年 1 月 20 日。
② 《2024 年福建省人民政府工作报告》，http://www.fj.gov.cn/xwdt/fjyw/202402/t20240204_6391648.htm，2024 年 2 月 4 日。
③ 习近平：《用好红色资源，传承好红色基因 把红色江山世世代代传下去》，《求是》2021 年第 10 期。

图13 对福建经济发展的信心（N=15831）

福建青年认为福建红色文化精神具有积极作用，分别为：激励其实事求是，脚踏实地（80.88%）；激励其筚路蓝缕，艰苦奋斗（76.80%）；激励其踔厉奋发，敢为人先（76.29%）；激励其珍惜当下，重新出发（73.65%）。总体而言，福建红色文化所蕴含的精神对青年具有显著的激励作用，助力他们在成长道路上不断前行，为个人和社会发展贡献力量。

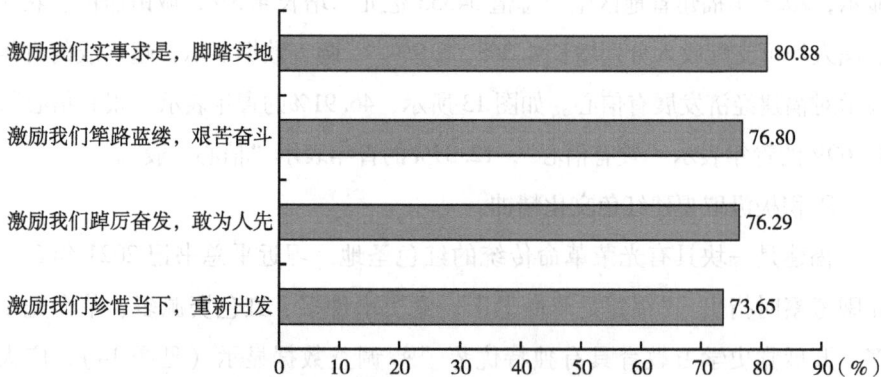

图14 对福建红色文化精神作用的认知（N=15831，多选）

一直以来，福建深入挖掘丰富红色文化资源，广泛开展革命传统教育、爱国主义教育，引导广大青年近距离感受红色历史，深入体会革命文化，更好地传承红色基因。调查数据显示（见图15），福建青年学习和传播红色文化的形式丰富多样，游览红色景点便是最重要的一种形式。其中，通过参与单位或学校组织的红色文化活动（51.09%）、和朋友结伴游玩（46.47%）、在休闲旅游时选择红色景点（44.62%）、参与主题党日团日活动（41.84%）是主要的方式。另外，父母带孩子感受教育（28.98%）也是重要的形式。

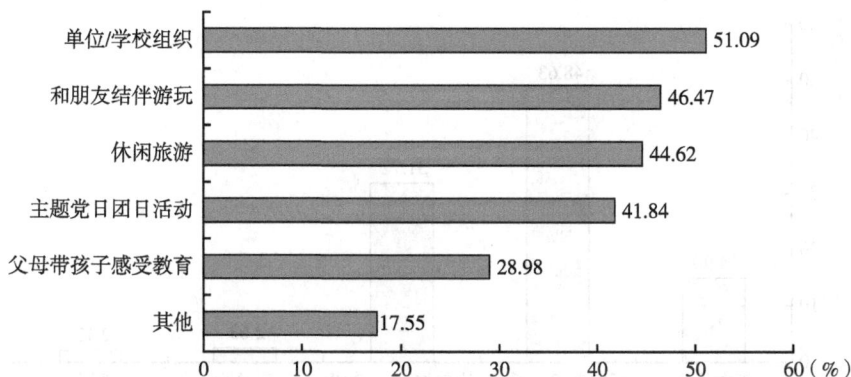

图15　通过游览福建红色景点传承红色文化的形式（N=15831，多选）

3. 对投身乡村振兴持积极态度

习近平总书记强调："民族要复兴，乡村必振兴。"[①] 青年作为社会的新鲜血液和未来的希望，投身乡村振兴体现了他们对社会责任的深刻认识和积极承担，从而为乡村的可持续发展贡献智慧和力量。福建自2004年起实施"福建省大学生志愿服务乡村振兴计划"[②]，20余年来，共有5764名大学生志愿者通过这一计划，踊跃投身脱贫攻坚、乡村振兴、绿色发展、基层治理、教育医疗等领域，成为推动基层建设发展的一支生力军，充分彰显了当代青年的责任担当。[③] 调查数据显示（见图16），已有14.90%的青年正在

---

① 《习近平谈治国理政》第四卷，外文出版社，2022，第192页。

② 2004年，共青团福建省委联合福建省委组织部、省财政厅、省教育厅、省人社厅等部门，启动实施"福建省大学生志愿服务欠发达地区计划"，2024年起更名为"福建省大学生志愿服务乡村振兴计划"。

③ 《福建省人大常委会委员、共青团福建省委书记李腾：引导更多青年投身乡村振兴大舞台》，人民网，http://fj.people.com.cn/n2/2024/0125/c181466-40727086.html，2024年1月25日。

从事乡村振兴的相关工作，推动乡村经济的发展和社会的进步。31.72%的青年表示比较愿意投身乡村振兴，愿意将自己的青春和热血奉献给这片热土。48.63%的青年表示可以考虑到乡村工作或创业，但希望各方面保障措施更加完善。总体而言，大部分青年对投身乡村振兴持积极态度。

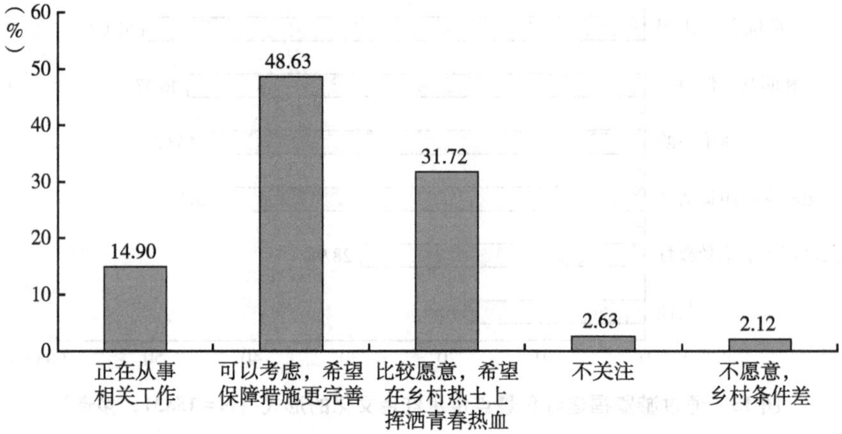

图 16　投身乡村振兴的意愿 （N=15831）

二　思想道德存在的主要问题

总体看来，青年的思想道德呈现积极向好的主流态势。然而，在全球化和信息化的大背景下，各地文化的交流与融合不断加速，现实生活与网络环境相互渗透，社会环境更加多元化、复杂化。在这样的时代和社会背景下，部分青年的思想道德发展出现一些偏差和问题。

（一）政治素养需进一步提升

一是青年理想信念教育仍存在不足。尽管大部分青年对国家理念和方针政策有着较为深刻的认识和认同感，但仍有少数青年对这些内容的理解停留于表面，在政治素养上仍存在一定的认知短板。少数青年对马克思主义的认识主要停留在概念层面，尚未深刻地剖析和理解马克思主义的精髓，在运用马克思主义的认识论和方法论处理生活中的相关实践问题方面仍存在一定难度。

二是思政课教学效果有待进一步提升。青年对思政课程的整体评价较为积极，但如何有效将理论知识转化为实际行动成为当前亟待解决的课题。仍有少数青年对自身政治素养提升的主动性不够。一方面是部分思政课教师在教育教学过程中，由于理论素养不够深厚，往往倾向于机械地按照教材内容进行宣讲，缺乏创新性的教学方法和多样化的教学手段。这种传统的教学方式未能有效将教材体系转化为生动的教学内容，导致思政课程在思想引领、政治教育和知识传授方面存在不足，缺乏应有的吸引力和感染力。这不仅影响了思政课的教学效果，也削弱了其在培养学生综合素质方面的重要作用。另一方面也反映出青年对地方发展动态和相关政策的关注仍有所不足，政治参与意识有待进一步增强。

（二）正确的价值观和认知需进一步引导树立

一是青年正确的价值观仍需进一步引导。树立正确的价值观对青年谱写精彩人生华章至关重要。由于青年思想活跃，其易受到周遭环境、社会氛围以及网络空间等多重因素的影响。习近平同志明确指出："当今时代，社会思想观念和价值取向日趋活跃，主流的和非主流的同时并存，先进的和落后的相互交织，社会思潮纷纭激荡。"① 随着社会思想意识更加多元，意识形态领域的较量更为复杂，个别涉世未深的青少年在错误社会思潮的现实影响下，可能在理想和现实、利己和利他、小我和大我等方面存在一些思想困惑，需要更加深入细致的教育和引导。

二是青年对乡村振兴的认知有待提高。青年普遍显示了高度的责任感和使命感，然而，部分青年对乡村振兴的政策认知度不高、参与热情不高，在一定程度上制约了乡村振兴的推进。一方面，这与政策的宣传力度不够有关。尽管政府和社会各界都在积极推广乡村振兴政策，但宣传的方式和内容

---

① 习近平：《在全国党校工作会议上的讲话》，人民出版社，2016，第20页。

可能并未充分吸引青年的注意力。另一方面，青年的教育背景和职业选择也会影响他们对乡村振兴政策的理解和认知。部分青年对乡村振兴的价值和意义体会不深，对乡村发展空间的前景缺乏客观判断。乡村振兴需要长期的投入和耐心，而少部分青年过于注重短期内的回报和成就，因此缺乏对乡村振兴的参与热情。

（三）数字文明素养有待进一步提升

一是数字信息甄别分析能力较弱。在社交媒体和网络平台上，青年容易轻信和传播未经证实的信息，如理财兼职、网络谣言等，导致作出错误的决策。在一些谣言事件中，部分青年看到事件标题后未进一步核实就转发在社交媒体上，导致谣言进一步扩散。强大的算法推荐功能不断推动青年形成特定圈层，过度依赖社会网络可能导致青年沉迷其中，影响他们接触的信息面和社交圈，反而形成信息"茧房"现象，不利于其信息分辨和分析能力的提升。

二是网络文明有待进一步培育。广大青年对于网络文明建设的成果表示较高程度的认可，然而，网络空间的匿名性与虚拟性特点，给道德自律带来新的考验。当前，侵犯个人隐私等不良现象时有发生，这些行为破坏了网络环境的和谐稳定，凸显了加强网络道德规范建设的紧迫性。特别是近年来，青少年网络欺凌问题受到了社会各界的广泛关注。在网络空间内，部分网民利用匿名性特点，恶意攻击他人，给受害者造成沉重的心理压力，甚至导致心理创伤。这种行为不仅严重违背了社会道德规范，也触犯了国家法律法规。

（四）对福建建设的参与和投入有待进一步激发

一是青年对福建经济社会发展前景的信心有待进一步激发。福建作为中国东南沿海的经济大省，近年来在科技、教育、文化等领域取得了显著成就，为青年提供了广阔的舞台和发展空间。然而，面对全球经济的不确定性以及国内经济发展的新形势，青年在享受发展机遇的同时，也面临着诸多挑战。一方面，由于国际经济形势复杂多变，一些青年对于未来的就业、创业环境感到担忧；另一方面，福建在某些领域的发展还存在短板，如科技创新、人才培养等方面，这也在一定程度上影响了青年的信心。要使福建经济社会发展步入一个新的高度，就必须为青年创造更好的发展环境和条件，进一步激发青年对福建经济社会发展前景的信心。

二是青年对福建红色文化的传承体验有待深化。随着时代的变迁和社会的高速发展，青年的生活方式、价值观念和兴趣爱好发生了显著变化，更偏向于追求新颖、时尚的传播和体验参与形式。这导致部分青年对福建红色精神缺乏足够的认识和兴趣。虽然有些青年对红色经典有所了解，但由于对历史的认知有所不足，他们对红色经典中蕴含的深刻内涵和精神价值缺乏深入的理解和体验。这种情况使得他们较难产生情感共鸣，不仅影响了福建红色精神的传承和发扬，还限制了他们在成长道路上获取精神支持的能力。因此，激励广大青年深入革命老区，追寻革命前辈伟大而艰辛的历史足迹，学习革命精神，传承红色基因，需要一个深化教育引导的过程。

三 加强青年思想道德建设的对策建议

习近平总书记强调："要全面贯彻党的教育方针，解决好培养什么人、怎样培养人、为谁培养人这个根本问题。"[1] 加强青年思想道德建设是一项持久且系统的战略任务，福建要持续巩固理想信念之基，积极培育并践行社会主义核心价值观，强化网络空间的价值引领作用，分类开展青年思想教育活动。

（一）筑牢理想信念，强化青年思想政治引领

一是广泛开展青年理想信念教育。围绕学习宣传贯彻党的二十大精神，不断深化国情省情、形势政策教育，广泛宣传党和国家事业取得的历史性成

---

[1]《习近平：在学校思想政治理论课教师座谈会上讲话（2019年3月18日）》，全国高校思想政治工作网，https://www.sizhengwang.cn/a/zyfwpt_xjpgygxsxzzgzdzyls/210526/872264.shtml，2021年5月26日。

就、发生的历史性变革，教育引导青少年从今昔对比、中西比较中不断增进对中国共产党和中国特色社会主义的政治认同、思想认同、理论认同、情感认同，在追求"大我"中找准"小我"的人生航向。立足福建"党史事件多、红色资源多、革命先辈多"的独特优势，推进青少年党史学习教育常态化，用好龙岩古田会议会址、宁德摆脱贫困主题展览馆、厦门中国少年先锋队队歌纪念馆、三明少共国际师指挥部旧址等红色教育资源，讲好讲活"习爷爷在福建的故事""福建红色故事""八闽楷模故事"，让青少年在革命文化熏陶中，建立起对党的真挚情感和政治向往，让伟大建党精神、苏区精神代代相传。借助新媒体和数字化技术，开发图文、动漫、视频等教育产品，通过线上线下相结合的方式，广泛传播理想信念教育内容。举办主题讲座、青年论坛、红色故事分享会等活动，激发青年的参与热情，增强理想信念教育的实效。

二是凸显"大思政课"建设的福建特色。习近平同志曾在闽工作17年半，留下的宝贵思想财富、精神财富和实践成果是构建闽派特色"大思政课"的独特资源。充分发挥独特优势，将习近平同志在福建工作期间的重要理念和重大实践融入大中小学思政课，凸显思政教育的福建特色，持之以恒推动思政教育走深走实。用好用足《习近平在福建》等系列采访实录和《闽山闽水物华新——习近平福建足迹》，运用习近平同志在闽工作期间的生动故事，将独特优势转化为体制机制优势、课程教材优势、课堂教学优势、实践育人优势，打造全时空全学段育人场景，让思政教育富有"福建味道"。将奋力谱写全面建设社会主义现代化国家福建篇章的宏伟蓝图、火热实践，转化为思政课的生动案例和时代素材，努力把道理讲深、讲透、讲活，引导青年学生立志做有理想、敢担当、能吃苦、肯奋斗的新时代好青年。深入学习贯彻习近平总书记关于"大思政课"的重要论述，进一步落实《福建省全面推进"大思政课"建设的实施方案》，建强福建省大中小学思政课一体化共同体。用好"大思政课"实践教学基地，加强福建省大思政课研学实践圈试点建设协同中心联动，持续推进"行见八闽"大思政课研学实践圈建设。

（二）激扬青春色彩，引导青年践行社会主义核心价值观

一是引导青年自觉践行社会主义核心价值观与福建精神相互促进。福建精神作为福建人民精神风貌的集中体现，蕴含着"爱国爱乡、海纳百川、乐善好施、敢拼会赢"等品质。这些品质全面展示了福建人民的价值取向、文化底蕴、道德准则和精神风貌，为青年提供了宝贵的精神财富。同时，这些品质与社会主义核心价值观的内涵高度契合，为青年涵养和践行社会主义核心价值观提供了源源不断的精神动力。为此，要把培育社会主义核心价值观与弘扬福建精神有机结合起来，选树宣传青年中的先进典型和感人故事，实现社会主义核心价值观的区域化、具体化、大众化和生活化，运用新媒体和公共领域社会宣传载体，在落细、落小、落实上下功夫，引导青年树立正确的职业道德和家庭美德。

二是引导青年做新时代奋斗者。青年要既怀抱梦想又脚踏实地，既敢想敢为又善作善成，让青春在实现中国梦的火热实践中绽放绚丽光彩。为此，要加强宣传教育，发挥榜样的引领作用，让优秀的青年成为其他人学习的榜样；优化教育环境，为青年提供更多的成长空间和机会，激发他们的潜能；建立健全激励机制，鼓励青年勇于挑战、敢于创新。此外，加强家庭、学校和社会之间的协同作用，共同培养青年的艰苦奋斗精神。家庭是青年成长的摇篮，家长要树立正确的教育观念，引导子女养成积极向上的生活态度；学校是青年接受教育的主要场所，要加强德育教育，培养青年的道德品质和社会责任感；社会是青年实践的舞台，要为青年提供更多的实践机会和展示平台，让他们在实践中锻炼能力、增长才干。

（三）创新工作模式，赋能青年思想政治教育活力

一是创新党建工作的内容和方式。首先，通过举办党性教育讲座、开展主题党日活动、组织党员参观革命传统教育基地等形式，增强党员的党性修养，提高党员的道德品质和工作能力；同时，鼓励党员积极参与社会公益事业，发挥青年党员的先锋模范作用，推动党建工作与社会发展深度融合。其

次，通过建设党建网站、微信公众号、App 等信息化平台，打造智慧党建平台，实现党建工作的在线化、智能化，提高党建工作的效率和覆盖率。同时，根据青年党员的实际情况和需求，灵活组织各类党建活动，如线上党课、微党课、党员志愿服务等，构建灵活多样的党建活动，增强党建工作的吸引力和凝聚力。通过这些创新举措提升青年的政治素质和思想道德水平，增强其对党和国家的认同感和归属感。

二是进一步推动共青团思想政治引领工作。坚持不懈地用党的创新理论武装青少年。突出青年化宣讲阐释，建强"福小青"青年讲师团、"红领巾巡讲团"，常态化开展分众化、互动式、小范围主题宣传，探索在不同领域、不同圈层青少年中实行党的科学理论宣讲的"精准滴灌"模式，用"青言青语""童言童语"，让青少年真切地感受到"真理的味道是甜的"。开展情感化学习体悟，持续发挥福建作为习近平新时代中国特色社会主义思想的重要孕育地和实践地优势，精心打造"牢记总书记教导　奋进新征程"特色学习实践活动，用好《习近平与大学生朋友们》等生动教材，以"当事人讲当年事"的方法，引导青少年从理论源头和实践起点上深刻感悟领袖魅力和真理力量。

（四）适应数字社会逻辑，强化网络空间的价值导向

一是牢牢把握青年网络舆论主动权。互联网已成为意识形态领域斗争的主战场，因此要主动适应新时代青年网络生态圈，积极入驻青少年聚集的新兴网络空间，切实提升传播声量和引导效能。创新网上宣传形式，把大主题、大道理、主旋律与小故事、潮元素、新语态、微传播相结合，围绕重大主题和节点主动设置议题，持续推出一批形式多样、健康向上、品质优良的网络文化产品，让网络舆论引导既"走心"又"有形"，实现青年思想政治引领更接地气、更有温度、更具感染力。

二是引导青年形成正确的网络认知。要以平等、尊重和包容的态度与青年开展沟通和交流，借助网络时代的多元渠道进行跨代际、跨身份的对话，要尽可能深入地接触和观察"网生代"的兴趣和价值倾向，并进行科学分析，

为有的放矢的思想政治教育工作打下坚实基础。引导青年将网络空间中饱满的主体意识与能动性投入现实的社会建设和变革中，从线上空间走向线下，在广阔的实践和社会关系中塑造个性，在推动社会发展的建构性与生产性活动中感受更加积极的自由，帮助青年实现"网络身份"与"社会身份"的有机衔接。

（五）锚定建功新福建，引领青年聚力担当

一是积极引导青年建功新福建。新时代的青年，有责任也有能力为福建这片土地注入新的活力，推动其实现更高水平的发展。通过政策扶持、平台搭建、设立青年创新创业基金等方式，为青年提供展示才华的舞台，激发青年的创新创造活力，让他们在服务新福建建设的过程中，实现自我价值和社会价值的双重提升。通过建立健全青年人才培养机制，关注青年的职业发展和成长成才，为青年提供更多的学习机会和成长空间。通过政策引导、市场对接等方式，关注青年的就业问题，帮助青年实现稳定就业和职业发展。同时，加强社会舆论引导，营造积极向上的社会氛围，让青年在建功新福建过程中感受到社会的关爱和支持。

二是发挥青年作为乡村振兴生力军的作用。通过文化科技卫生"三下乡"活动平台，将青年的创新活力优势转化为乡村振兴的实际行动。在文化活动方面，组织青年开展文艺演出、文化讲座等，丰富乡村的文化生活，提升乡村居民的文化素养；在科技活动方面，邀请青年为乡村居民提供科技培训，推广先进的农业技术，提高农业生产效率；在卫生活动方面，组织青年参与健康知识宣传、义诊等，提高乡村居民的健康水平。同时，鼓励青年积极参与面向农村的社会实践服务，包括调研乡村发展现状、参与乡村建设规划、提供农业科技咨询等。通过实践活动，青年可以深入了解乡村的实际情况，增强对乡村的感情和责任感，为乡村振兴贡献自己的力量。另外，青年要勇于从学校的"小课堂"走向田间地头的"大课堂"，积极投身乡村振兴主战场，真正把论文写在田野大地上，做新时代的奋斗者。

参考文献

赵龙：《2024 年福建省人民政府工作报告——2024 年 1 月 23 日在福建省第十四届人民代表大会第二次会议上》，https：//www. fujian. gov. cn/szf/gzbg/zfgzbg/202402/t20240204_6391648. htm，2024 年 2 月 4 日。

姜琳、黄垚：《个人养老金制度将推进全面实施》，新华社，2024 年 1 月 24 日。

李天琪：《治理网暴，代表委员这样支招》，《民主与法制》2023 年第 9 期。

汪晓东、王洲：《让青春在奉献中焕发绚丽光彩——习近平总书记关于青年工作重要论述综述》，《人民日报》2021 年 5 月 4 日。

吴霞：《新时代人生观教育的理论议题与实践指向——"人生观及其教育相关问题研究"学术研讨会暨教育部高等学校思想政治理论课教学指导委员会"思想道德与法治"分教学指导委员会 2023 年会议综述》，《思想理论教育导刊》2023 年第 8 期。

于向东：《以人民为中心思想的深刻内涵》，《光明日报》2018 年 7 月 26 日。

赵颂平：《流行语呈现的青年思想矛盾发展趋势及引领方法》，《青年发展论坛》2022 年第 2 期。

B.3
2024年福建青年教育研究报告

杨小丽 方晓斌*

摘 要： 本报告从义务教育、高等教育、职业教育等维度，分析福建青年教育发展的现状及特征。研究结果显示，福建青年受教育程度大幅提升，教育投入力度不断加大，教育优质均衡发展持续推进，青年对教育的渴求度高，教育渠道和方式多样化。但仍存在教育资源区域不平衡、高等教育发展相对薄弱、青年教育对经济发展的作用有待增强等问题。为此，福建应坚持立德树人，提升学校育人质量；促进教育公平，打造福建优质教育品牌；建立教育生态系统，推进教育高质量发展；强化社会实践育人，厚植青年终身发展。

关键词： 福建青年 教育发展 教育生态系统

党的二十大报告强调，要坚持教育优先发展、科技自立自强、人才引领驱动，加快建设教育强国、科技强国、人才强国。习近平总书记对福建教育饱含深情，2014年在福建考察时强调"福建没有理由不把教育办好"，2021年在福建考察时专程到闽江学院调研，2024年10月在福建考察时强调"统筹推进教育科技人才体制机制一体改革"，对福建教育寄予殷切期望。福建坚持办好人民满意的教育，奋力谱写福建教育高质量发展篇章。截至2023年底，九年义务教育巩固率99.49%、高中阶段毛入学率97.24%、高等教

---

* 杨小丽，福建江夏学院金融学院，副教授，研究方向为管理学、教育投资；方晓斌，福建江夏学院科研处副处长，副研究员，研究方向为教育发展与评价。

育毛入学率 64.3%，福建青年受教育权利得到更好保障。[①]

本报告从义务教育、高等教育、职业教育等维度，分析福建青年教育发展的现状、特征及面临的问题，提出有针对性的对策建议。

一 教育发展现状分析

近年来，福建持续推进教育强省建设，高度重视青年教育，增强广大青年社会责任感、法治意识、创新精神和实践能力。教育普及程度、教育公平、素质教育实施、教育内涵建设、教育综合改革等方面都有较大的突破。总体而言，青年受教育程度明显提升，素质有所提高。

（一）受教育质量大幅提升

2018~2022 年，福建全省新增劳动力平均受教育年限从 13.96 年增至 15.03 年，提高 7.66%，显著高于 2022 年全国平均水平（14 年）。[②] 福建青年受教育程度不断提升，教育质量实现稳步提高。

1. 受教育程度提高

2023~2024 学年，相较于前一学年，福建研究生和普通高等教育、成人高等教育、中等职业教育、普通中学等类型学校的在校学生数和毕业生数均呈增长态势（见表1）。其中，全年研究生教育招生 3.01 万人，在校生 9.05 万人，毕业生 2.34 万人；普通高等教育招生 37.08 万人，在校生 113.99 万人，毕业生 29.78 万人；普通中学招生 81.81 万人，在校生 238.07 万人，毕业生 73.35 万人。另外，成人高等教育招生 7.37 万人，在校生 21.95 万人，毕业生 6.26 万人；中等职业教育招生 14.25 万人，在校生 40.90 万人，毕业生 11.63 万人。可见，福建青年在各个教育阶段的受教育权利得到更好保障。

---

① 《奋进在教育强省的大道上》，《福建日报》2024 年 12 月 23 日。
② 《教育部：2022 年全国新增劳动力平均受教育年限达 14 年》，http://www.moe.gov.cn/fbh/live/2023/55167/mtbd/202303/t20230323_1052359.html，2023 年 3 月 23 日。

表1 2023~2024学年福建各级各类学校基本情况

单位：人

分类	毕业生数			招生数			在校生数		
	当年	上年	当年比上年增减	当年	上年	当年比上年增减	当年	上年	当年比上年增减
研究生	23438	18722	4716	30056	28581	1475	90495	85302	5193
普通高等教育	297789	280932	16857	370774	348590	22184	1139877	1076050	63827
成人高等教育	62631	40841	21790	73744	94657	-20913	219484	210937	8547
中等职业教育	116258	110034	6224	142531	143517	-986	409032	395217	13815
普通中学	733473	686517	46956	818126	791357	26769	2380686	2312100	68586

资料来源：福建省教育厅网站，http://jyt.fujian.gov.cn/xxgk/tjsj/202409/t20240903_6510717.htm。

2. 教育质量稳步提升

福建省教育厅优化高中学校布局，健全职业教育专业调整机制，分类建设一流大学和一流学科，加快培养理工农医类专业紧缺人才。2021年，新增国家级一流专业建设点104个、省级一流专业建设试点144个。省委宣传部、团省委等部门组织大中专学生志愿者"三下乡"活动，2017~2023年，累计100万名师生服务基层，共有63个国家级优秀单位、86支优秀团队、44位优秀个人获表彰。与此同时，高校服务经济社会发展作出积极贡献，近5年全省高校获批发明专利1.37万件。①

青年教育质量提升离不开师资保障，福建制定实施新时代基础教育强师计划，完善省级公费师范生培养制度，推进师范专业认证，推动师范生培养质量提升。优化省级教师培训工作，加强省、市、县三级联动，深入推进"下沉式"培训。有序推进公办普通高校人员控制总量管理改革。密集出台人才新政，加强高校教育科研类等高层次人才引进工作。

---

① 《福建高校专利申请授权统计报告》，https://www.sme-gov.cn/fujian-news-29581.html，2023年11月28日。

深化教师评价改革，修订高校、中等职业学校教师等职称评价标准。制定职业教育"双师型"教师认定办法，建设一批"双师型"教师省级培训基地。

3.对学历认可度高

调查数据显示，越来越多的青年认同知识是推动发展的重要工具，知识能够改变命运。有90.04%的中学生期望得到的最高学历是本科及以上，在大专/高职在读学生中，这一比例为90.20%；另外，80.27%的本科在读学生期望的最高学历是研究生（见表2）。说明青年对于知识重要性的认知日渐清晰，通过教育获得较快成长。

表2　大中学生期望得到的最高学历（N=4307）

单位：%

学生现状	期望的学历				
	高中/中专	专科/高职	本科	硕士研究生	博士研究生
中学生	5.67	4.29	32.02	29.14	28.88
大专/高职在读学生	—	9.80	48.44	21.22	20.54
本科在读学生	—	—	19.73	57.41	22.87
合计	3.06	3.99	31.27	35.94	25.73

（二）对教育的渴求度高

知识改变命运的理念已经深入人心，特别是处于成长中的青年，受家庭、社会各方面的教育及影响，通过接受良好教育改变命运的想法更加强烈，知识吸收的自主性、积极性较高。

1.学习目标多元化

调查数据显示，中学生中认为学习的主要目标是"用知识改变命运"的比例高达44.29%，表示学习能让他/她成为有知识有学问的人的比例达20.99%，两者共占65.28%。而在大学生（含本科在读生，大专/高职在读

学生）中，这种情况略有变化，两者占比分别为 34.04%、18.92%，共计
52.96%；而找份好工作和工作需要，技能培训合计占比 36.52%（见图1），
这说明大学生更关注就业能力和岗位技能的提升，努力提高自身的职业素
养，以应对即将到来的就业压力。

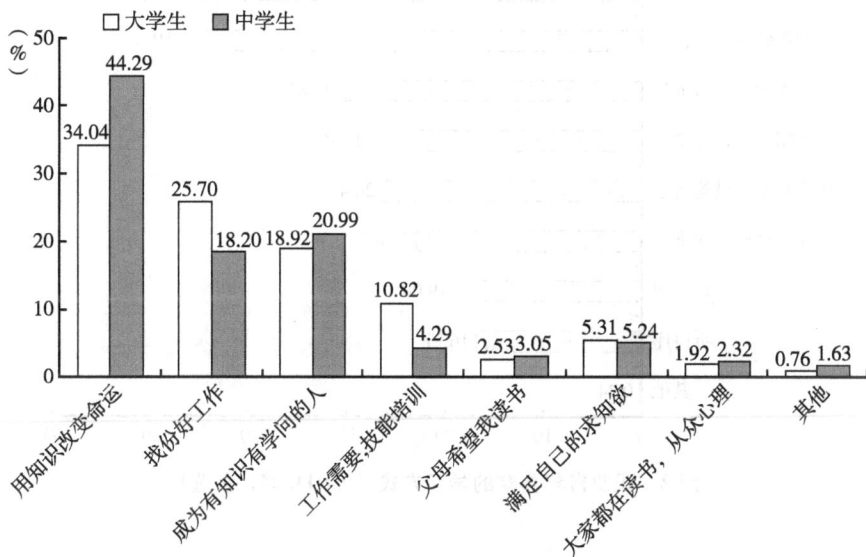

图1 大中学生学习的最主要目的（N=4307）

2.职业青年学习积极性高

相对于全日制学习，职业青年在职学习针对性强、自主性强、灵活性
强。实践的锻炼、实战的操作以及工作中面对的具体问题，使职业青年更
加了解自身的短板所在。调查数据显示，职业青年在职学习的积极性高。
从学习方式看，在线教育，边学习边工作，利用碎片时间自学以及参加短
期培训班排在前三名，分别占比 50.97%、44.50%、30.81%（见图2）。
同时，参加职业技能培训目的调查数据显示，选择提升职业技能的青年占
45.60%，提高薪资待遇的占 39.70%，两者共占 85.30%，其原因有三个
方面，一是所在工作单位重视继续教育，从学校所学到岗位所需之间的
"缝隙"要通过在职进修来填补；二是自身觉得难以适应岗位的要求，具

有参加学习、接受教育的内生动力；三是青年在刚择业、入职时缺乏清晰的自我认知，非理性就业导致对当前的工作满意度低，迫切需要通过提升能力寻求发展机遇。

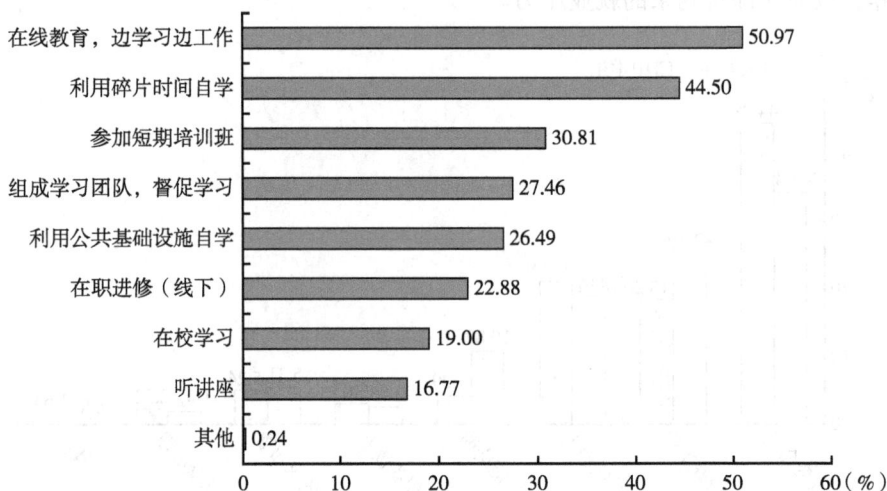

图 2

学习方式	百分比
在线教育，边学习边工作	50.97
利用碎片时间自学	44.50
参加短期培训班	30.81
组成学习团队，督促学习	27.46
利用公共基础设施自学	26.49
在职进修（线下）	22.88
在校学习	19.00
听讲座	16.77
其他	0.24

图 2 职业青年喜欢的学习方式（N=11524，多选）

3. 注重提升实践能力

青年阶段是人生成长的关键阶段，实践历练不足，需注重提升处理和解决问题等能力。调查数据显示，职业青年中基本上没有参加培训的仅占 14.72%，除兴趣爱好外，参加职业技能培训、岗位培训、职业资格证类培训、心理健康类培训等均为热门选项（见图 3）。

（三）教育投入力度不断加大

随着经济发展水平提高，福建倾力整合各方资源，加大对教育事业的经费支持和保障力度，健全以财政投入为主的多渠道筹措教育经费机制，全力办好人民满意的教育。

福建省教育厅公布的教育经费投入数据显示：2022 年，福建省财政经常性收入 2434.95 亿元，比上年的 2603.30 亿元下降 6.47%；一般公

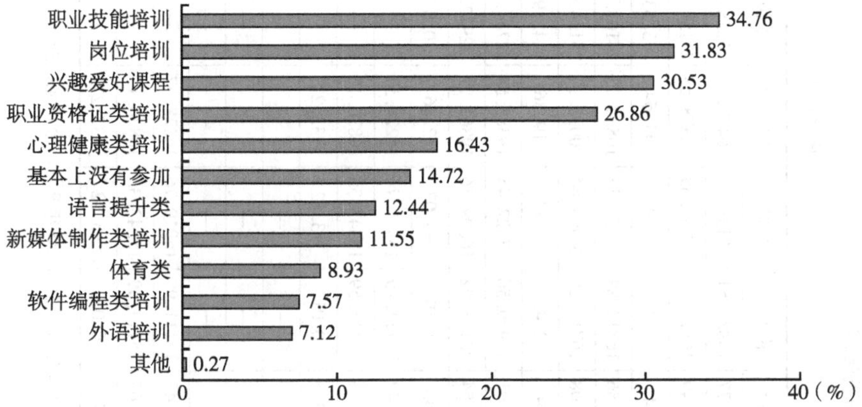

图3 职业青年参加的培训种类（N=11524，多选）

共预算教育经费增幅比同期财政经常性收入增幅高19.15个百分点。2022年虽受经济发展、减税降费等因素影响，但全省教育经费总投入为1834.77亿元，同比增长14.65%；其中，地方教育经费为1762.57亿元，比上年的1532.02亿元增长15.05%。国家财政性教育经费（主要包括一般公共预算安排的教育经费、政府性基金预算安排的教育经费、企业办学中的企业拨款、校办产业和社会服务收入用于教育的经费等）为1419.86亿元，比上年的1215.59亿元增长16.80%。2022年全省一般公共预算教育经费（包括教育事业费、基建经费和教育费附加）为1196.77亿元，比上年的1062.08亿元增长12.68%。各级教育生均一般公共预算教育经费增长情况中，普通初中为19342.71元，比上年的18140.60元增长6.63%，增长最快的是莆田市（17.17%）。普通高中为20081.32元，比上年的18086.48元增长11.03%，增长最快的是莆田市（22.04%）。中等职业学校为19562.48元，比上年的18592.13元增长5.22%，增长最快的是泉州市（15.38%）。普通高等学校为20579.13元，比上年的19460.29元增长5.75%，增长最快的是福州市（22.86%）（见表3）。

表3 福建2022年各级教育生均一般公共预算教育经费增长情况

单位：元，%

分类		福建省	福州市	厦门市	莆田市	三明市	泉州市	漳州市	南平市	龙岩市	宁德市	平潭
普通初中	2021年	18140.60	20432.12	25699.21	13782.28	19474.08	14313.17	15977.77	15886.51	21438.48	16477.20	26228.56
	2022年	19342.71	20351.15	26143.21	16148.83	19639.51	16230.01	18397.49	16572.12	21851.69	18378.58	27154.19
	比上年增长	6.63	-0.40	1.73	17.17	0.85	13.39	15.14	4.32	1.93	11.54	3.53
普通高中	2021年	18086.48	19662.54	31623.33	13363.02	16974.41	14878.47	15757.86	16312.89	19736.33	16834.73	24103.54
	2022年	20081.32	20869.21	32001.71	16308.57	17631.44	17759.52	19113.08	16712.58	20093.64	20093.97	25114.62
	比上年增长	11.03	6.14	1.20	22.04	3.87	19.36	21.29	2.45	1.81	19.36	4.19
中等职业学校	2021年	18592.13	21303.38	35172.25	16224.54	21824.68	14153.64	18622.91	19909.56	17522.45	19385.54	22734.43
	2022年	19562.48	23912.89	35773.15	17567.23	22191.41	16329.93	16307.54	20128.02	16809.56	19863.27	22932.8
	比上年增长	5.22	12.25	1.71	8.28	1.68	15.38	-12.43	1.10	-4.07	2.46	0.87
普通高等学校	2021年	19460.29	20550.56	41377.72	15749.96	12754.79	11002.24	15158.42	15111.99	15919.76	16228.57	—
	2022年	20579.13	25248.23	42011.07	16802.42	13230.67	11775.6	16086.63	15113.59	15343.35	10830.13	—
	比上年增长	5.75	22.86	1.53	6.68	3.73	7.03	6.12	0.01	-3.62	-33.27	—
其中:普通本科高校	2021年	22287.90	26254.72	40309.08								
	2022年	24118.82	35770.80	40333.99								
	比上年增长	8.21	36.25	0.06								
其中:普通高职高专	2021年	15070.40	15816.65	44468.06	15749.96	12754.79	11002.24	15158.42	15111.99	15919.76	16228.57	—
	2022年	15513.34	17058.16	47036.42	16802.42	13230.67	11775.60	16086.63	15113.59	15343.35	10830.13	—
	比上年增长	2.94	7.85	5.78	6.68	3.73	7.03	6.12	0.01	-3.62	-33.27	—

数据来源：《福建省教育厅福建教育事业发展报告》，《福建省教育事业发展简明统计资料（2022~2023学年度）》，2023年9月。个别无数据。

（四）教育优质均衡发展不断推进

福建始终把义务教育摆在优先发展的战略地位，比全国提前 5 年实现基本均衡。全省共有义务教育学校 5946 所，在校生 528.22 万人，81.51% 的义务教育学校实现管理标准化，九年义务教育巩固率、残疾儿童入学安置率等均居全国前列。持续实施城镇中小学扩容建设，全面落实义务教育就近入学、公办民办同步招生等政策。2022 年以来，全省累计投入资金 112.9 亿元，新建改扩建校舍 303.2 万平方米，新增学位 36.3 万个。2023 年，新增公办义务教育学位 10.74 万个，改造中小学校近视防控照明教室 2.17 万间。逐步提高优质普通高中定向招生名额分配到初中的比例。2024 年各地比例已提高至 55% 以上，2025 年各地将提高至 70% 以上，实现薄弱初中、乡村初中学生有更多的机会到优质高中就读。不断推进师资配置均衡化，2022年以来共统筹调剂 4 万名事业编制投放到厦门、泉州等外来务工人员流入较多的地区，2017 年起率先推进中小学教师"县管校聘"管理体制改革，加大教师交流力度，坚持"培优与托底"相结合，要求全省每年交流的教师达到应交流对象的 10% 以上，其中每年交流的骨干教师达到实际交流教师总数的 20% 以上，逐步带动县域教师整体提升。①

（五）对福建教育评价高

1. 对各类教育评价高

对所在地区青年教育发展评价中，义务教育、职业教育和高等教育的满意评价（"比较满意"和"非常满意"两项之和）均超过 75%（见图 4）。

义务教育满意评价占比合计 83.48%，这与推动义务教育优质均衡发展和城乡一体化举措，指导各地补短板强弱项，按照规划加快创建工作等政策的执行密不可分。

---

① 《直播：福建省人大常委会 9 月 25 日将对义务教育优质均衡发展情况开展专题询问》，http://fj.people.com.cn/GB/339045/340945/411212/index.html。

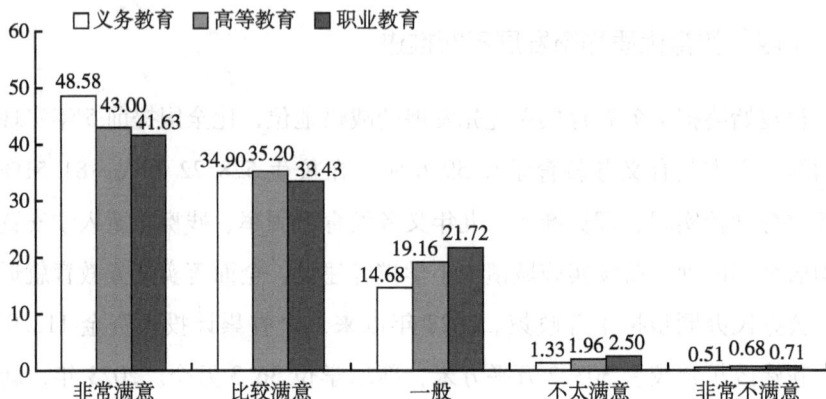

图4 对义务教育、高等教育及职业教育的评价（N=11524）

高等教育满意评价占比合计78.20%，这与福建高等教育水平和竞争力不断提升密切相关。福建持续深化高等教育综合改革，推进有组织的学科布局、科研创新、平台建设和成果转化。实施"双一流"建设和一流应用型高校建设工程，立项建设省"双一流"高校10所、一流应用型本科高校10所，推进厦门大学、福州大学入选国家"双一流"建设名单，福建工程学院获批更名福建理工大学，福州大学医学院和附属省立医院正式揭牌，推进福州地区大学城高质量发展。建立健全学科专业动态调整机制，大力发展新工科、新医科、新农科、新文科，建设11个高校学科联盟，全省理工农医类和交叉学科类硕士博士学位点占比55.85%、本科专业点占比51.87%，为培养高素质、复合型人才提供了有力保障。

职业教育满意评价合计占比75.06%。福建深化职业教育产教融合，贯彻落实推动职业教育服务经济社会发展十条措施。以产业园为基础，建设一批兼具人才培养、创新创业、促进产业经济高质量发展功能的市域产教联合体。坚持"以产定教、以教促产"，在新能源、智能制造、数字产业等领域培育一批行业产教融合共同体。落实"一校一案"专业规划，每年优化调整职业院校10%左右的专业布点。加快构建福建特色现代职业教育体系，实施职业院校办学条件达标工程，改善职业院校办学条件。开展中职和普高互融互通试点，实施中高职五年专、中职本科"3+4"等改革，拓宽高素质技术技能人才培养通道。持续举办全省职业院校技能大赛，2023年福建省职业院校技能大赛共产生一等奖307项、二等奖590项、三等奖880项、优秀奖1172项。有23支中职代表队（151所中职学校）和49支高职代表队共5516名选手参赛，评选出团体优胜奖单位21个、优秀指导教师253人、贡献奖单位59个、优秀工作者118人。[①]

2. 对教育信息化建设满意度高

青年整体上对在线教育、远程教育等教育信息化资源与环境建设持满意态度。调查数据显示，24.95%的青年认为教育信息化资源"很好"，41.89%的青年认为"较好"，两者合计达66.84%；另有26.09%的青年认为"一般"。这一积极评价得益于政策举措的有效落实。福建深入贯彻落实《福建省教育数字化战略行动三年实施方案》，通过加强学校信息化基础设施建设、推动智慧校园建设，以及开发共享优质数字教育资源，充分释放数字教育的强劲动能。截至2023年，福建智慧教育平台已汇聚中小学数字资源超过460万份、职业教育数字资源45万余条，以及550多门高等教育一流课程。建成高校课程共享公共服务平台——"福课联盟"，并建设"福建省数字高校图书馆"，整合全省89所高校的12亿份文献资源。遴选确定10个省级"智慧教育试点区"和100所省级"智慧校园试点校"，推进网络学习空间的普及应用，评选1880个省级示范和优秀教师网络学习空间。福建以教育的数字化促进教育治理的现代化，为教育高质量发展赋能助力。

3. 对人才发展环境满意度高

福建高度重视教育与人才的协调发展，积极推进教育现代化建设，通过《福建省"十四五"教育发展专项规划》优化教育资源配置、提升教育质量、促进城乡教育均衡发展，为青年提供更加公平优质的学习环境。深入实施人才强省战略，依托"八闽英才计划"等重点政策，进一步夯实福建教育与人才发展的优势基础。立足从40岁以下的青年人才中培养国家级人才，

---

① 《关于公布2023年度福建省职业院校技能大赛获奖名单的通知》，http://iyt.fj.gov.cn/xxgk/zywj/202305/t20230530_6178533.htm，2023年5月30日。

遴选支持第三批 52 名"雏鹰计划"青年拔尖人才；目前，已有 23 名"雏鹰计划"青年拔尖人才入选国家级人才、科技项目。实施工科类青年专业人才支持办法，对符合条件的人才按用人单位支付年薪的 60% 给予连续 3 年补助，已累计支持民营企业引进工科类青年人才 1.2 万余名。[①] 调查数据显示，青年对人才发展环境的满意度较高，"非常满意"和"比较满意"的比例分别为 28.38% 和 45.40%，合计高达 73.78%（见图 5）。

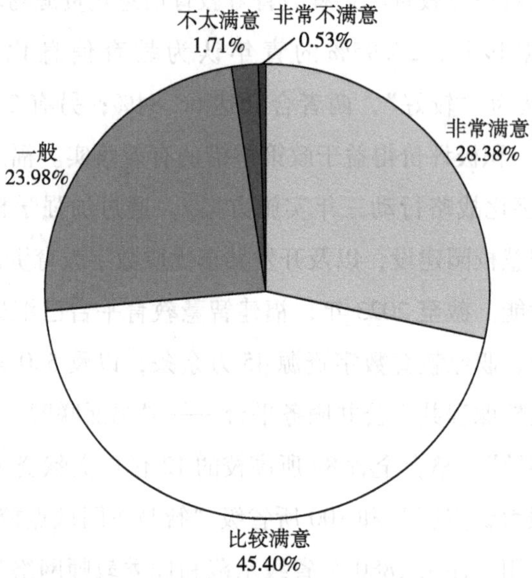

图 5　对人才发展环境的评价（N = 11524）

（六）教育渠道和方式多样化

随着福建经济社会发展和教育质量的逐步提升，青年可选择的教育渠道和方式也越来越多样化。从教育场所、组织形式和学历制度等要素看，学校教育、家庭教育和社会教育共同在青年教育中发挥着不可或缺的作用。

---

① 《福建加码政策，推动高层次人才和团队向民营企业集聚——服务找人才　为民企蓄能》，《福建日报》2024 年 11 月 8 日。

1. 学校教育突出环境育人

福建各级各类学校以环境建设、制度建设、行为建设为抓手，结合福建地域文化特色，传承优秀文化、弘扬时代精神。扎实开展"福建省教育系统安全生产治本攻坚三年行动（2024～2026年）"，积极推进高质量"平安校园"创建工作，深化校园安全隐患排查整治，不断提升安全治理能力，切实维护师生安全和校园稳定。全省学校应急疏散演练100%覆盖，应急疏散演练指南和方案做到一校一案。中小学校每学年安全教育不少于12课时。多措并举构筑学生水上生命防线的工作经验被中央教育工作领导小组秘书组认可并在全国推广。全力推进学校食堂"互联网+明厨亮灶"智慧管理模式，全省学校"明厨亮灶"完成率达100%，"互联网+明厨亮灶"完成率达100%。推动高质量"平安校园"创建活动，计划创建1600所高质量"平安校园"。调查数据显示（见图6），中学生对于学校教育表示满意的前五项分别为校园文化氛围、校园安全稳定、校园环境建设、美育/体育、社会实践活动，比例均超过20%。大学生感到满意的前三项分别为专业课、校园文化氛围和校园安全稳定，比例均超过30%。可见，学校教育的育人成效获青年认可。

2. 家庭教育内容丰富

福建省教育厅推进覆盖城乡的家庭教育指导服务体系建设，全省已有52个县区建立家庭教育指导服务机构，87%的县区建立社区家庭教育服务站。省妇联在全国首创"家庭教育特派员"制度，选派10361名"家庭教育特派员"进驻3745个社区（村），开展入户指导、咨询服务。全省建设社区家长学校（家庭教育指导服务站点）3050个、村家长学校1.3万个，基本实现覆盖。常态化开展公益性家庭教育宣传和实践活动，广泛传播科学教育理念和正确家庭教育方法。调查数据显示（见图7），广大青年积极学习家庭教育的知识技能，未参加过任何相关学习的青年仅占4.50%。关于家庭教育学习，青年选择微信微博等平台推送的文章或视频、线上免费课程、线上公益讲座、自学相关书籍、学校组织的家长讲座、教育部门组织的家长学校等的比例均超过20%。他们认真学习沟通技巧、亲子关系、习惯改善、心理健康等家庭教育知识，帮助自己解决不同时期的教育困惑，构建和谐的家庭关系。

■ 中学生 □ 大学生

专业课	37.20
校园文化氛围	34.55 / 36.20
校园安全稳定	33.65 / 31.20
校园环境建设	29.18 / 29.10
社会实践活动	24.38 / 24.50
心理健康教育辅导	18.76 / 17.00
美育/体育	26.52 / 16.10
奖惩资助工作	5.41 / 9.80
新媒体平台运用	7.85 / 9.10
后勤服务保障	5.62 / 8.00
法治教育	15.54 / 7.80
制度纪律	12.58 / 6.90
课外交流指导	9.70 / 6.50
国际交流合作	2.66 / 4.50
其他	3.61 / 0.80

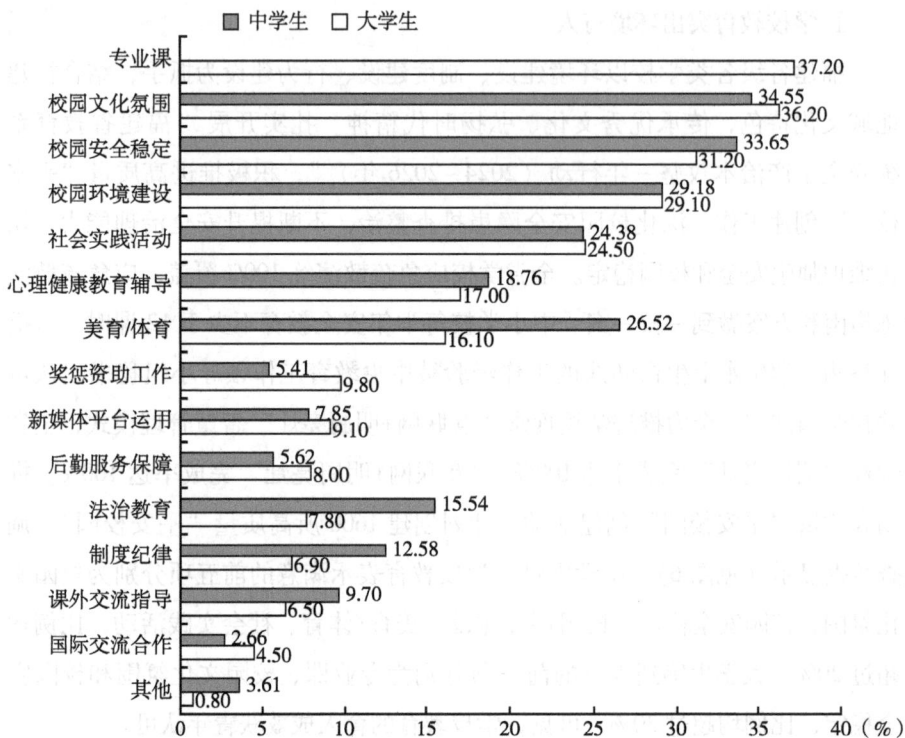

图6　大中学生对学校教育内容的满意情况（N=4307，多选）

注：中学生没有设置专业课，故无数据。

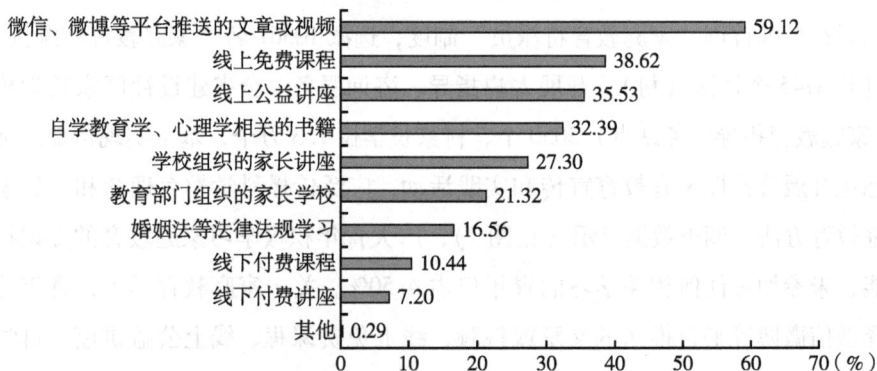

微信、微博等平台推送的文章或视频	59.12
线上免费课程	38.62
线上公益讲座	35.53
自学教育学、心理学相关的书籍	32.39
学校组织的家长讲座	27.30
教育部门组织的家长学校	21.32
婚姻法等法律法规学习	16.56
线下付费课程	10.44
线下付费讲座	7.20
其他	0.29

图7　职业青年家庭教育学习的内容（N=11524，多选）

3.职业教育改革成效显著

习近平总书记和党中央十分重视职业教育发展。党的十八大以来，习近平总书记多次对职业教育作出重要指示批示，强调要"增强职业教育适应性"，为职业教育改革发展指明了前进方向、提供了根本遵循。在1990~1996年担任福州市委书记期间，兼任闽江职业大学校长，他提出"不求最大，但求最优，但求适应社会需求"的办学理念和"立足福州、面向市场、注重质量、突出应用"的办学宗旨，[①] 开创了一系列生动实践，取得了一系列丰硕成果，形成了丰富的职业教育办学理念。"职业教育是与普通教育具有同等重要地位的教育类型，是国民教育体系和人力资源开发的重要组成部分。"[②] 职业教育改革成效显著。2023年8月，福建发布《关于进一步推动职业教育服务经济社会发展的十条措施》。在福建省2022年教育经费投入情况中，2021年和2022年用于职业教育附加的比例分别为28.81%和25.28%（见表4）。全省现有高职院校50所，高职专业布点总数1654个，其中理工农医相关专业布点占比57.92%；中职学校167所，中职专业布点总数2432个。高职院校在校生从2012年的29.4万人增加至2024年的53万人，增长80.27%，现有中高职在校生突破100万人。2021年4月，入选全国职教高地试点的厦门市在省内率先试点职普融通。从厦门等地试点，到鼓励申报综合高中特色示范项目，再到全省试点开展综合高中班，全省职普融通改革稳步推进。2024年14所本科院校面向中职生招生2600人、同比增长30%，中职升学率从2019年的42.80%增长到2024年的80.30%。[③] 职业教育改革成效还体现为对于职业教育学校观点的转变。调查数据显示，青年对于子女以后就读职业类院校（如中职、高职、职业本科等）的接受程度中，完全接受和能够接受的比例之和为68.00%，勉强接受比例为21.20%，三者共计89.20%，明确表示难以接受的只占10.80%。

---

① 《闽山闽水物华新——习近平福建足迹（上）》，福建人民出版社、人民出版社，2022，第161、163页。

② 《中华人民共和国职业教育法》，https：//www.gov.cn/xinwen/2022-04/21/content_5686375.htm，2022年4月21日。

③ 《职业教育改革，福建有"数"》，https：//old.tech.net.cn/news/show-105125.html，2024年12月23日。

表4　福建2022年教育经费投入情况

单位：万元，%

地区	一般公共预算教育经费占一般公共预算支出比例	教育费附加投入情况			
		教育费附加	其中:教育费附加用于职业教育金额	2022年用于职业教育比例	2021年用于职业教育比例
福建省	21.03	493417.0	124743.5	25.28	28.81
福州市	20.35	92512.3	15880.3	17.17	32.20
厦门市	17.56	156409.1	49006.9	31.33	30.18
莆田市	28.50	27025.2	6511.5	24.09	32.41
三明市	22.04	13439.4	3131.5	23.30	24.33
泉州市	25.01	97824.0	20922.1	21.39	22.94
漳州市	21.45	22776.7	2834.3	12.44	25.90
南平市	17.69	10029.1	3373.2	33.63	29.12
龙岩市	21.57	38270.6	13695.9	35.79	23.57
宁德市	21.61	25522.2	6144.2	24.07	29.08
平潭	16.09	3745.4	1131.6	30.21	30.11

数据来源：福建省教育厅网站，https：//jyt.fujian.gov.cn/xxgk/czzj/202312/t20231220_6363312.htm。

二　教育存在的主要问题

青年教育仍存在资源配置区域不均衡、高等教育发展相对薄弱、服务地方经济发展能力有待提升等方面的不足。

（一）教育资源配置区域不均衡

教育资源均等分配是教育服务均等化的必要条件。目前，福建教育资源仍存在配置不均衡问题。

1. "山区"与"沿海"不均衡

青年教育主要涉及初中义务教育、高中教育、高等教育（包含本科和大专、高职)、中职教育，以及面向青年的成人教育。福建"沿海"区域包括福州、厦门、泉州、漳州、莆田和平潭，"山区"区域包括龙岩、三明、宁德和南平。以青年教育中典型的高等教育为例，福建两所部属普通高校厦门大学和华侨大学均在"沿海"；福建全省共有 39 所本科高校，其中 35 所位于"沿海"，只有 4 所位于"山区"；共有公办高职高专 28 所，其中只有 6 所位于"山区"，其余 22 所均位于"沿海"；民办高职高专共 20 所，其中只有 1 所位于武夷山"山区"，其余 19 所分布在"沿海"各地市。除此之外，还有 1 所中外合作办学机构和 3 所成人高校，也都位于"沿海"各地市。根据福建各级各类学校在校学生数（见表 5）对比发现，研究生教育均分布在"沿海"。"沿海"区域普通高等教育、成人高等教育、中等职业教育及高中教育的在校生总量占比分别为 87.87%、90.14%、74.81%、72.26%，福建教育资源"沿海"和"山区"区域分布不均的情况可见一斑。

表 5　福建各级各类教育在校学生数（2023~2024 学年初）

单位：人

地区	在校学生总数	研究生	普通高等教育	成人高等教育	中等职业教育	高中	初中	特殊教育
全省	9305087	90495	1139877	219484	409032	803669	1577017	13230
福州市	1950270	48838	434843	95753	105036	131109	270389	2176
厦门市	1162080	31447	195203	36804	40957	77640	158468	1257
莆田市	687447	80	39838	14429	27017	81232	136862	546
三明市	540980	0	45951	5653	31708	51889	106172	804
泉州市	2111631	8046	226537	31234	90565	184165	374351	2969
漳州市	1072292	2084	105199	19614	40336	98671	182085	1545
南平市	487951	0	47708	3080	23588	52471	102495	942
龙岩市	603329	0	26962	9396	22673	54324	103423	1448
宁德市	620643	0	17636	3521	25086	64288	128608	1329
平潭	68464	0	0	0	2066	7880	14164	214

数据来源：福建省教育厅网站，http://jyt.fujian.gov.cn/xxgk/tjsj/202409/t20240903_6510727.htm。

2. 城乡教育资源"质量"差距仍较明显

调查数据显示，对于城乡义务教育学校之间办学条件和师资水平差距，感受到差距"很大"的青年占比21.96%，感受到差距"较大"的青年占比50.14%，两者合计达72.10%。根据《中国教育统计年鉴2021》，农村教师本科及以上学历的比例（86.82%）明显低于城区（95.46%）。[1]根据李晨关于城乡义务教育资源投入水平对比的研究结果，福建城乡义务教育资源"质量"仍存在一定差距，即近年来福建乡镇地区义务教育资源"数量"已超越城区，尤其在生均教学及辅助用房、生均图书册数、每百学生教学使用的计算机数三项指标上均优于城区，但在"质量"指标上则明显低于城区，如每百学生所对应危房面积这一指标明显劣于城区。[2]在福建第五届中小学教师教学大赛获奖名单中，南平获奖教师33人，占全省（326人）的10.12%；龙岩仅20人，只占全省的6.13%。这从一个侧面反映出山区教师的整体教学技能水平处于相对落后状态。总体上，城乡义务教育资源"数量"与"质量"发生一定偏移。

（二）高等教育发展相对薄弱

福建高等教育发展已经具备一定的规模，体系相对较为完善，质量逐步提高，区域合作与融合初具成效，对外交流积极活跃，能够在一定程度上适应新发展格局建设的需要。然而高等教育机构规模偏小、高校内涵式发展有待加强等问题仍有待解决。

1. 高等教育机构规模偏小

近年来，福建省在教育投入方面持续加大，一定程度上推动了高等教育的发展。然而，受历史及客观因素影响，同全方位推动高质量发展超越的新使命新需求相比，福建高等教育仍然比较薄弱。一是高等教育机构总量相对有限。福建省现有普通高校89所，相较于浙江、安徽、江西等省

070

份（均超过 100 所）存在不少差距，在一定程度上影响了青年人才培养的总体容量，难以充分满足本省经济社会发展对高素质青年人才的需求。二是本科教育资源相对不足。本科院校占 43.82%（39 所/89 所），显示出本科层次教育资源在整体高等教育体系中占比不高。本科教育作为高等教育的核心组成部分，其发展水平直接关系到青年人才培养质量。特别是在应用型本科院校建设方面，与产业需求对接的专业设置和人才培养模式仍有优化空间。三是高水平高校数量较少。目前全省仅有厦门大学和福州大学两所高校入选国家"双一流"建设名单，高水平大学建设仍任重道远。顶尖高校的缺乏导致高端青年人才培养平台不足，一定程度上制约了科研创新能力的提升。

2. 高校内涵式发展有待加强

内涵式发展是相对于外延式发展而言的，是高校深入挖掘内部教育教学资源潜能，通过优化组合，充分发挥资源最大化功效，以提高高校人才培养、科学研究、社会服务、文化传承创新和学校管理等整体办学质量，增强学校办学实力的过程。福建高校内涵式发展不足具体体现在三个方面：一是大学缺乏精准办学、精准发展的战略思想。在大学内部，面临着办学理念与定位模糊、创新机制不完善、人才培养同质化、专业和人才培养方向不匹配、教学课程设置体系僵化等结构问题，影响了高校的发展。二是专业布点重合度高，同质化现象堪忧。电子信息工程、国际经济与贸易、财务管理、英语、计算机科学与技术等 22 个专业在超过全省一半的本科院校中重复布点。类似的专业设置与产业发展不匹配情况也存在于职业教育中。在高职院校中，开设学前教育专业的院校有 45 所，开设财经类专业的院校有 48 所。三是高等教育产教融合"合而不深"。部分校企合作仅停留在协议层面或劳务用工层面；一些高职院校在课程体系、教学方式、实习实训等方面不适应科技创新和产业技术研发的实际需求，导致学生的职业理论知识和实践技能与企业需求脱节。部分企业受资金、土地等办学投入成本的条件约束，未能深度参与职业院校人才培养过程。

（三）青年教育对经济发展的作用有待进一步增强

福建高等教育和职业教育在专业设置上存在一定的同质化现象，缺乏差异化策略和特色化定位。这不仅可能导致教育资源的重复投入，也不利于学校形成各自的学科优势和品牌影响力。

1. 教育资源与产业匹配度有待提高

青年教育在专业结构、特色化办学以及产教融合方面存在以下具体困境：一是供需不匹配问题。地方发展缺乏高等教育支撑，从地方层面看，除了福州（18所）、厦门（7所）、泉州（7所）、漳州（2所），其他地市均仅有1所本科高校支撑，且大多由师范类转设。二是专业设置与产业发展不匹配。福建是民营经济大省，现代纺织服装、食品加工、特色轻工等对产业人才需求量较大，先进装备制造、石油化工、新能源、新材料等研发创新专业人才有一定缺口。除此以外，工学招生规模大但内部尚不平衡，部分专业实力较为薄弱，难以有效支撑未来相关产业的发展。三是部分高校未形成鲜明办学特色。部分高校在专业设置、课程设计、教学方法等方面缺乏独特性和创新性。2023年福建管理学计划招生数在所有学科门类中位列前三，其中，工商管理类、管理科学与工程类、公共管理类招生人数均处于所有招生专业的前列；经济学招生规模大，容易导致人才培养数量供过于求，质量无法保障，造成就业困难的局面，难以满足未来现代服务业发展的需求。四是民办高校的专业设置偏好低成本专业。尤其是倾向于设置文科类、经管类等专业，可能更多出于经济考量而非基于对人才市场需求的深入分析，容易导致专业设置与实际需求不符，增加毕业生就业压力。

2. 高层次青年人才培养机制有待完善

当前，青年科技人才规模快速增长，特别是在人工智能、信息通信等新兴产业领域，优秀青年科技人才已成为技术创新的主力军。但相较于福建全方位推进高质量发展、塑造发展新优势的要求而言，高层次、创新型青年人才培养问题仍较为突出。多数研发机构、高校对于高层次青年人才的使用存在重前期引进成果、轻后期培养的现象。高层次青年科技人才在入职时会被明确要求在规定年限内完成一定数量的论文或项目，但针对职业早期青年人才的普惠性稳定支持和有针对性的资源配置尚有缺口。过分强调短期量化成果的考评制度，可能导致青年科技人才无法坐住"冷板凳"潜心在一个研究方向上进行深入长期研究，阻碍他们对新领域、新知识的探索，较难形成具有突破性的原创成果。

三 促进青年教育发展的对策建议

习近平同志在闽工作17年半，曾先后兼任闽江职业大学校长、集美大学董事会主席，把教育摆在经济社会发展的战略地位，从经济社会全局的角度谋划教育发展。他进一步指出："人才兴旺就是科技兴旺，经济兴旺。经济靠科技，科技靠人才，人才靠教育。教育发达——科技进步——经济振兴是一个相辅相成、循序递进的统一过程，其基础在于教育。"[①] 青年是推动新时代福建发展的生力军和中坚力量，因此要进一步实施有助于青年教育发展的举措，加快建设高质量的青年教育体系，引领全省广大青年为建设"机制活、产业优、百姓富、生态美"的新福建贡献青春力量。

（一）坚持立德树人，提升学校育人质量

扎实开展青年思想道德教育，尊重青年特点和利益，优化青年成长环境，服务青年迫切需求，形成共促青年发展工作的强大合力。

一要坚持立德树人深化教育改革。在福州市委和福建省委、省政府工作期间，习近平同志强调坚持社会主义办学方向和立德树人工作的重要性，提出"真正把思想政治工作摆在教育工作的首位"[②]；"要坚定不移地加强和改进德育工作，充分发挥教育战线在德育工作中的主渠道作用，发挥学校党组

---

① 习近平：《摆脱贫困》，福建人民出版社，1992，第129页。
② 史伟宗：《加强学校党的建设　努力培养"四有"新人》，《福州晚报》1990年5月19日，第1版。

织的政治核心作用"①。深入研究福建精神的历史脉络、文化渊源和现实意义，深入研究中华优秀传统文化中的"福建基因"，系统挖掘红色文化、海丝文化、朱子文化、闽南文化、客家文化、妈祖文化、闽都文化等八闽文化的丰富内涵，着力培育一批体现中国话语、具有福建特色的原创性学术成果。改善课堂教学，调动青年学生自主学习的积极性，完善知识结构，培养创新兴趣和科学素养。科学设计开展实践育人活动，通过探索实施高校共青团"第二课堂成绩单"制度等途径，帮助学生开阔视野、了解社会、提升综合素质。丰富学生创新实践平台，深入开展"挑战杯"竞赛等活动，支持培育学生科技创新社团，营造校园科技创新氛围，为学生开展科技创新探索提供必要条件。深化考试招生制度改革，把促进学生健康成长成才作为改革的出发点和落脚点。

二要加大青年人才队伍培养力度。着力实施青年英才开发计划，在重点学科领域培养扶持一批青年拔尖人才；有重点地支持高水平研究型大学和科研院所优势基础学科建设一批国家青年英才培养基地。加强基础学科、交叉学科、新兴学科建设，加快布局拔尖创新人才培养，加强卓越工程师培养。建立健全对青年人才的普惠性支持措施。加大教育、科技和其他各类人才工程项目对青年人才的培养支持力度，在省重大人才工程项目中设立青年专项。改进完善青年人才工作管理体制，完善党管人才的领导体制，改进人才管理方式，优化人才发展环境，善于发现、重点支持、放手使用青年优秀人才。鼓励和支持青年人才参与战略前沿领域研究，着力培养一批青年科技创新领军人才。持续推动"海纳百川"高端人才聚集计划、"福腾200"福建省优秀青年人才成长计划。加大对知识产权的保护力度，鼓励青年人才创新创造。坚持自主培养开发与引进并举，在用好省内优秀人才的同时，加大力度吸引外省和海外高层次青年人才、急需紧缺青年专门人才来闽创业落户。

---

① 陈国华：《深化教育体制改革　适应经济发展需要》，《福州晚报》1992年4月1日，第1版。

（二）促进教育公平，打造福建优质教育品牌

青年教育是培养人塑造人的活动，在各级各类学校的设立与教育教学活动的开展中，学生是核心要素。在特定的学校教育制度体系中，学生的数量决定了相应学校的数量以及相应的教育教学资源配置要求。各学年的学生数量又直接由学龄人口的数量决定。从教育在人类社会中产生和发展的漫长历史来看，服务于特定的人群是一个基本特征。

一要进一步缩小教育资源差距。加大公共教育投入向福建偏远农村地区的倾斜力度，逐步缩小地区间教育资源差距。普及高中阶段教育，实施中等职业教育免除学杂费政策，对家庭经济困难学生实施普通高中免除学杂费。认真落实国家专项计划招生办法。完善家庭经济困难学生、进城务工青年、少数民族青年和残疾青年等特殊青年群体帮扶救助机制，健全资助体系、完善资助方式，实现家庭经济困难学生资助全覆盖。进一步完善和落实进城务工人员随迁子女接受义务教育后在当地参加升学考试政策。保障特殊群体的平等受教育机会。推动特殊教育学校增设职教部（班），鼓励中等职业学校增设特教部（班），鼓励支持省内普通高校在适合残疾学生就读的相关专业招收符合录取标准的残疾考生，完善残疾学生就读普通高校措施，为残疾学生参加国家教育考试和部分职业考试提供合理便利。

二要持续打造福建优质教育品牌。高水平服务教育发展，推动教育质量扬帆，从而有效促进全省青年教育教学水平和信息素养的整体提升。探索"名校+"，共享优质资源。积极探索名校办分校、高校联盟等合作办学模式，通过高位嫁接海外名校开展合作办学，借助名校的品牌示范引领和带动作用，吸收名校先进的管理理念、成熟的教学模式，助推福建教育优质均衡和高质量发展。福建民营企业，比如阳光集团、福耀科技、龙翔等纷纷瞄准教育蓝海，回馈教育，服务社会。积极推动民营企业入驻教育行业，高起点谋划青年教育项目，进一步满足福建青年的就学需求，让青年在家门口享受最好的教育，并通过高标准开展智慧教育建设，推动福建教育弯道超车。发

挥区位优势，积极向外，借助各类信息化装备开展交流，并与东南亚等地区开展隔空教研和学术合作，吸收他人经验，切实改进自身教学策略和方式，提升教学质量。

（三）建立教育生态系统，推进教育高质量发展

推动良性教育生态体系的建立，从而更好满足人民日益增长的教育需要和缓解教育不平衡不充分发展的矛盾。

一要推进高等教育分类发展。推进高等教育分赛道发展布局，可按照"双一流"高校、重点建设高校、应用型高校、高职高专，推动多层次教育发展，促进高校全方位多元合作。推进部省、省市共建高校机制创新，实施省市合建高校试点。建立健全省内联盟高校间跨校辅修专业、课堂教学互评互鉴、共建共享特色教学和创新创业实践基地、学分互认等优质资源共享机制。进一步落实国家《深化新时代教育评价改革总体方案》要求，按照"政策支持、分类引导、特色办学"的思路，依据全省高等教育"十四五"总体发展规划和各高校"十四五"发展规划，合理确定各高校在全省高等教育体系中的位置。构建特色学科专业（群），培养经济社会发展紧缺复合型、应用型、创新型的青年人才。推动高等教育与福建区域经济社会融合发展，充分利用高校和科研院所，优化创新资源配置，形成高水平的创新链，以创新链的深度融合和协同发展，增强区域供给侧改革和创新发展的新动能。

二要深化职普融通等教育改革。党的十九届五中全会提出，加大人力资本投入，增强职业教育适应性，深化职普融通、产教融合、校企合作，探索中国特色学徒制，大力培养技术技能人才。[1] 职普融通将普通教育和职业教育相互融合，为青年提供更全面、多元化的教育机会和发展路径。聚焦课程设置、学分互认以及学籍转换等方面细化政策，促进青年横向、纵向、跨界

---

[1] 《〈党的十九届五中全会《建议》学习辅导百问〉85：怎样理解增强职业技术教育适应性，深化职普融通、产教融合、校企合作？》，https://www.12371.cn/2021/01/22/VIDE1611307440888632.shtml，2021年1月22日。

流动，赋予职业教育（包含技工学校）、普通教育平等的发展机会。在青年职业人才培养中，设置综合性高中，向学生提供普通高中和职业教育互通转型的选择机会；高中教育系统内的职业教育结构和分化，提供多种职业轨道，可直接接受高等教育的职业轨道具有更多的普通教育成分，而其他轨道侧重于为职业做好准备。职业课程学习通常是综合性的，是以单独的或成组的选修课程的形式进行，旨在为学生从学校过渡到劳动力市场或为进一步的职业学习做准备。无论学生是否选修职业教育的课程，都能获得同样的资格证书，并获得更高层次的学习机会。[1]

（四）强化社会实践育人，厚植青年终身发展

新时代，知识更新日新月异，新事物、新情况层出不穷，青年只有积极参与社会实践，树立终身学习的理念，才能始终站立于时代潮头，成为堪当大任、能担重用的时代新人。

一要强化社会实践育人。习近平同志在厦门工作期间教导厦大学子"一定要多接触社会，补上社会实践这一课"。[2] 以服务乡村振兴为主线，打造参与有广度、开展有深度、项目有精度、育人有效度的社会实践育人体系，充分发挥青年在乡村振兴战略中的优势，破解社会实践育人难题。完善扶持政策，加大经费投入，加强青年社会实践基地建设，鼓励机关、军队、企事业单位、社会组织为有组织的青年社会实践提供帮助和便利。在青年中广泛开展科普教育和群众性科技创新活动，引导广大青年讲科学、爱科学、学科学、用科学。广泛开展大中专学生志愿者"三下乡"、志愿服务等社会实践活动，鼓励青年参与社会公共服务和社会公益事业。推进青年信用体系建设，逐步应用到青年入学、就业、创业等领域，引导青年践行诚信理念。

二要促进青年终身学习。强化家庭教育基础作用，全面宣传普及家庭教

---

① 朱永国：《安徽高等教育分类发展的探索与实践》，《合肥学院学报》（综合版）2022年第1期。
② 《习近平与大学生朋友们》，中国青年出版社，2020，第55页。

育科学理念、知识和方法，以良好家教、家风培育青年。积极发展继续教育，建立个人学习账号和学分累计制度，开展师生互动式、同伴共享式技能学习培训。加大青年社会教育投入，建立多渠道资金投入机制。创造社会教育良好环境，规划青年成长成才各个环节的教育需求，统筹协调文化、出版、影视、网络等资源，实现对青年教育空间的全覆盖。构建并推行终身职业技能培训制度。推动各类学习资源开放共享，鼓励社会力量和民间资本提供多样化教育服务，推进教育信息化，发展在线教育和远程教育，扩大优质教育资源覆盖面，构建灵活开放的终身教育培训体系。

参考文献

付贤智：《福建省建设高等教育强省的战略意义、挑战与推进路径》，《发展研究》2023 年第 7 期。

李绚：《以评价改革为牵引，全面提高特殊教育办学质量》，《现代特殊教育》2023 年第 1 期。

吴岩：《构建高质量发展体系　建设高等教育强国》，http：//www.moe.gov.cn/jyb_xwfb/xw_zt/moe_357/jyzt_2020n/2020_zt25/bitan/202012/t20201208_504136.html，2020 年 12 月 8 日。

田宏炜：《团福建省委发布"让新思想飞入寻常百姓家"十项行动方案》，http：//news.cyol.com/gb/articles/2023-05/16/content_NV0727s8WE.html，2023 年 5 月 16 日。

《学出坚强党性　展现青年担当——共青团福建省委引领青年推进主题教育走深走实》，http：//ex.chinadaily.com.cn/exchange/partners/82/rss/channel/cn/columns/j3u3t6/stories/WS64924988a310ba94c5612cf4.html，2023 年 6 月 21 日。

B.4
2024年福建青年健康研究报告

孟迎芳　唐雅君*

摘　要： 本报告从青年生理健康、心理健康、公共健康服务三个维度，分析青年健康发展特征。研究结果显示，青年身体健康状态总体良好，具备较强的体育锻炼意识，锻炼类型丰富，方式多样，普遍养成积极健康的生活习惯。心理健康状况总体积极稳定，对当前生活感到满意，呈现"累并快乐着"的生活状态。倾向于向"熟人圈"寻求帮助，广泛认可公共健康服务。但也存在睡眠时长不够、体育锻炼不足、近视脱发失眠等健康问题，期待更多的高质量公共健康服务。为此，福建要进一步提升公共健康服务水平，完善心理健康服务体系，开展青年精准健康服务，营造积极平和社会心态。

关键词： 福建青年　身体健康　心理健康

党的二十大报告指出，人民健康是民族昌盛和国家强盛的重要标志。健康作为青年发展的基础性条件，更事关国家未来与民族复兴。近年来，青年健康日益得到重视。2016年，中共中央、国务院印发《"健康中国2030"规划纲要》，从国家战略层面统筹解决关系健康的重大和长远问题，并将青年作为实施的重点人群。党和国家把青年发展放在优先发展的战略地位，青年健康的重要性随之得到提升。从个体发展的生命历程上看，青年时期是个体身心健康发展的关键时期，青年时期的身心发展可能影响个体生命后半程

---

* 孟迎芳，福建师范大学心理学院，教授，博士生导师，研究方向为心理健康教育；唐雅君，福建师范大学马克思主义学院，讲师，研究方向为思想政治教育与心理健康教育。

的生活质量，甚至是下一代健康。

本报告从青年生理健康、心理健康、公共健康服务三个维度，分析福建青年健康发展现状、特征及面临的问题，提出有针对性的对策建议。

一　健康发展现状分析

福建省委、省政府高度重视青年身心健康发展，不断加强保障支持、加大资源投入，促进青年健康发展提质增效，先后将青年健康相关工作纳入《福建省贯彻落实"十四五"国民健康规划实施方案》《福建省全民健身实施计划（2021—2025 年）》等，2024 年上半年全省下达 24.26 亿元，加大卫生健康投入，基本公共卫生服务人均财政补助标准从 89 元提高到 94 元。积极落实《福建省中长期青年发展规划（2018—2025 年）》中青年健康发展目标，福建青年健康水平持续提升。2023 年福建省中小学体育与健康质量监测结果显示，全省小学、高中学生体质健康标准合格率超过 95%，体质健康总体水平达标率呈上升趋势。心理健康状况良好，展现出积极向上的情绪状态。

（一）身体健康状况总体良好

习近平总书记强调："人生幸福快乐，强身健体十分重要。"[1] 良好的身体素质对青年成长成才至关重要，青年时期的身体健康逐渐进入相对稳定的状态。当前，青年的身体健康状况总体呈现向好趋势。

1. 身体健康状况良好

2021 年公布的第八次全国学生体质与健康调研结果显示，13~22 岁年龄段学生体质健康达标优良率从 2014 年的 14.8%上升到 2019 年的 17.7%，上升 2.9 个百分点，我国学生体质健康达标优良率逐渐上升。《福建省第五

---

[1] 《习语品读丨"人生幸福快乐，强身健体十分重要"》，https：//politics. gmw. cn/2023－08/09/content_36756399. htm，2023 年 8 月 9 日。

次国民体质监测公报》显示，2020年福建省达到国民体质测定标准合格等级及以上的人数比例为91.9%，与2014年相比，提高3.6个百分点。① 在国家义务教育体育与健康质量监测的基础上，福建将屈光近视监测、心肺复苏、脊柱侧弯检测等列入质量监测项目，有助于青年学生提升健康意识，预防近视、脊柱侧弯等风险性疾病。2023年福建省中小学体育与健康质量监测结果显示，全省小学、高中学生肺活量总体水平较高，身体素质总体正向发展，表明福建青年身体健康状况整体良好。青年对自己近一年来的身体健康状况自我评价（见表1），总体上"非常好"占比24.51%，"比较好"占比40.05%，两项合计达64.56%，即六成多福建青年对身体健康状况的自我评价良好。从数据比较看，职业青年自评"非常好"和"比较好"的占比65.66%，大学生占比66.31%，中学生占比57.63%。可见，大学生对身体健康自评状况最佳，随后依次是职业青年和中学生。

表1　各类型青年身体健康自我评价

单位：人，%

身体健康自评	全体青年		职业青年		大学生		中学生	
	频数	占比	频数	占比	频数	占比	频数	占比
非常好	3880	24.51	2961	25.69	448	22.66	471	20.21
比较好	6341	40.05	4606	39.97	863	43.65	872	37.42
一般	4330	27.35	3137	27.22	509	25.75	684	29.36
不太好	1091	6.89	703	6.10	138	6.98	250	10.73
非常不好	189	1.19	117	1.02	19	0.96	53	2.27

2. 睡眠质量自我评价较好

青年对自己近一年的睡眠质量自我评价（见表2），认为"非常好"的占比15.61%，"比较好"占比38.33%，两项合计53.94%，即超过一半的青年对自我的睡眠质量评价较高。

---

① 陈静：《福建发布第五次国民体质监测公报》，《健康报》2022年8月16日，第4版。

表2　各类型青年睡眠质量自我评价

单位：人，%

睡眠质量自评	全体青年		职业青年		大学生		中学生	
	频数	占比	频数	占比	频数	占比	频数	占比
非常好	2471	15.61	1781	15.45	313	15.83	377	16.18
比较好	6068	38.33	4468	38.77	800	40.47	800	34.33
一般	5479	34.61	4047	35.12	646	32.68	786	33.73
不太好	1441	9.10	1004	8.71	161	8.14	276	11.85
非常不好	372	2.35	224	1.94	57	2.88	91	3.91

从不同类型青年数据比较来看，职业青年自评"非常好"和"比较好"的占比合计为54.22%，大学生占比56.30%，中学生占比50.51%，相比而言，大学生对睡眠质量自评状况最佳，随后依次是职业青年和中学生。《中国睡眠研究报告2023》研究发现，18~19岁自评睡眠质量"非常好""尚好"的合计占比85.72%，20~29岁为92.1%，30~39岁为92.81%，总体上也呈现睡眠质量自我评价较高的特征。[①] 可见，在睡眠质量自评维度，青年普遍评价较高，显示其对个人睡眠状态持较为积极的主观认知。

3. 体育锻炼形式多样

近年来，福建大力推进运动慢跑道、休闲骑行道、滨江亲水步道等健身便民工程，吸引越来越多的青年参加体育锻炼。由图1可知，青年在主要的体育锻炼方式选择上，"户外休闲运动"（散步、跑步、登山、骑自行车等）排名第一，有60.86%的青年选择该项。此类运动具有可随时随地开展等便利性特点，因此，周边环境的"健身氛围"有助于推动青年走到户外。其次是"球类运动"（足球、篮球、乒乓球、羽毛球等），选择的青年人数占比为33.36%，第三是"有氧运动"（瑜伽、健身操、跳绳等），选择人数占

---

① 王俊秀、张衍、张跃等：《中国睡眠研究报告2023》，社会科学文献出版社，2023。

比为30.59%。此类运动需要相对专业且固定的运动场地。2020年，福建省体育局、福建省民政厅印发《福建省关于促进体育社会组织健康发展的若干措施》，明确指出统筹整合社会资源，完善学校和公共体育场馆开放互促共进机制，提高体育场馆开放程度和利用效率，以上举措对于推动球类运动、有氧运动走进青年群体亦有裨益。

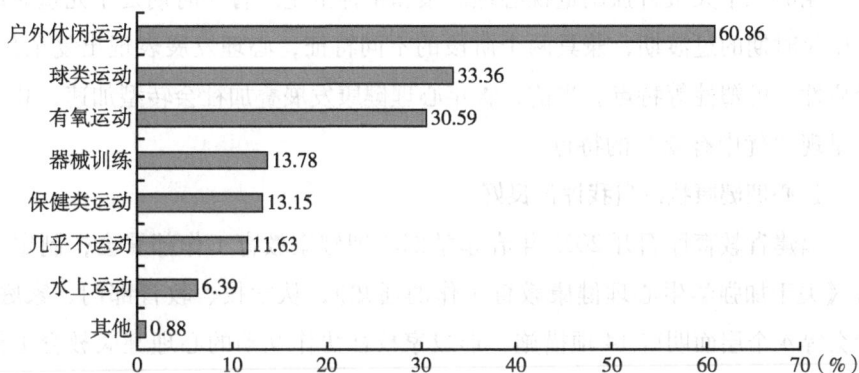

图1 体育锻炼情况（N=15831，多选）

户外休闲运动 60.86
球类运动 33.36
有氧运动 30.59
器械训练 13.78
保健类运动 13.15
几乎不运动 11.63
水上运动 6.39
其他 0.88

4.基本养成良好生活习惯

青年普遍养成良好生活习惯，无不良嗜好（如不吸烟、不饮酒等）。《2019年福建省青少年烟草调查报告》显示，2019年福建省青少年吸烟率为4.3%。近年来，全省通过建立无烟党政机关、无烟学校、无烟家庭和无烟公共场所，加强政府、学校、家长和社区联动，共建无烟环境，保护青少年远离烟草取得了较好成效。① 在回答"具备哪些良好的生活习惯"（多选）时，良好饮食习惯（50.76%）、良好卫生习惯（47.22%）是主要的选择。综上，约一半青年养成了良好的饮食和卫生习惯。

从数据比较来看，不同类型青年在良好生活习惯方面的选择基本一致；相比于职业青年，学生的良好生活习惯养成在各方面都表现得更好，

---

① 《一图读懂〈2019年福建省青少年烟草调查报告〉》，http://fj.people.com.cn/n2/2020/0601/c181466-34055556.html，2020年6月1日。

尤其是在发展性习惯上，如运动习惯、阅读习惯以及用眼习惯等，选择比例明显高于职业青年，体现出学校在良好生活习惯养成方面的教育成效。

（二）心理健康状况总体良好

党的二十大报告强调重视心理健康和精神卫生。青年时期处于儿童时期和中年时期的过渡期，兼具两个阶段的不同特征，心理发展表现出复杂化、矛盾性、可塑性等特点。当前，青年心理健康发展叠加社会转型加速，总体上呈现"优中有变"的特点。

1. 心理健康状况自我评价良好

福建省教育厅召开 2023 年春季学期心理健康教育工作部署会，制定出台《关于加强学生心理健康教育工作的通知》，从学校、教育部门、家庭、社会等 4 个层面明确 14 项措施，形成家校社协作互动的心理健康教育工作网络，"四个强化"提升心理育人实效经验做法也获得中央教育工作领导小组秘书组《教育工作情况》刊发推广。由表 3 可知，青年对自己近一年来的心理健康状况的评价，"非常好"占比 24.97%，"比较好"占比 41.79%，两项合计达 66.76%，而"不太好"占 5.03%，"非常不好"只占 1.43%，即大多数青年对自己心理健康状况的评价良好。

表 3　各类型青年心理健康自评情况

单位：人，%

心理健康自评	全体青年		职业青年		大学生		中学生	
	频数	占比	频数	占比	频数	占比	频数	占比
非常好	3953	24.97	2877	24.97	518	26.20	558	23.95
比较好	6616	41.79	4918	42.68	910	46.03	788	33.82
一般	4240	26.78	3099	26.89	436	22.05	705	30.26
不太好	796	5.03	504	4.37	92	4.65	200	8.58
非常不好	226	1.43	126	1.09	21	1.06	79	3.39

从不同类型青年比较来看，大学生的心理健康状态自评最佳，选择"非常好"和"比较好"的合计达到72.23%；随后是职业青年，两项合计67.65%，中学生只有57.77%。选择心理健康状态"不太好"和"非常不好"的中学生比例（11.97%）明显高于职业青年（5.46%）和大学生（5.71%），中学生的心理健康状况需要特别关注。

2. 对当前生活状态感到满意

2023年福建九市一区均将建设推进"青年友好型城市""青年发展型城市"写入年度政府工作报告，如集美区作为全国青年发展型县域试点，推动青年与城市的双向奔赴，青年表示特别"有归属感和幸福感"。由表4可知，青年对自己近一年来的生活状态满意度进行评价时，"非常满意"占21.57%，"比较满意"占43.60%，两项合计65.17%，即有六成以上的青年对自己近一年来的生活状态感到满意。

表4 各类型青年生活满意度自评情况

单位：人，%

生活满意度自评	全体青年		职业青年		大学生		中学生	
	频数	占比	频数	占比	频数	占比	频数	占比
非常满意	3415	21.57	2497	21.67	432	21.85	486	20.86
比较满意	6903	43.60	4973	43.15	978	49.47	952	40.86
一般	4543	28.70	3355	29.11	481	24.33	707	30.34
不太满意	762	4.81	558	4.84	72	3.64	132	5.67
非常不满意	208	1.31	141	1.22	14	0.71	53	2.27

从不同类型青年比较来看，大学生整体生活满意度相对更高，选择"非常满意"和"比较满意"的比例达到71.32%，职业青年为64.82%，中学生为61.72%。表示对生活状态不满意的大学生比例仅为4.35%，与《2022年大学生心理健康状况调查报告》比较[1]，低于全国平均水平

---

[1] 方圆、王路石、陈祉妍：《2022年大学生心理健康状况调查报告》，载傅小兰、张侃主编《中国国民心理健康发展报告（2021~2022）》，社会科学文献出版社，2023，第70~99页。

（8.66%），可见福建大学生生活满意度高于全国平均水平。

3.普遍感觉"累并快乐着"

由图2可知，在青年近一个月最经常感受到的情绪状态中，排名第一的是疲惫（48.38%），明显高于其他所有情绪；排名第二的是开心（38.39%）。"累并快乐着"已然成为当代青年的典型特征，但适度内卷有利于获得幸福感，塑造更具韧性的发展观且更具有适应性。[①] 随后，宁静（27.88）和幸福（26.76）以微弱的差异位列第三、第四，说明青年总体心态平和、积极乐观且充满希望感，这与当代青年拥有更高质量的发展条件、更多人生出彩机会等时代机遇密不可分。[②]

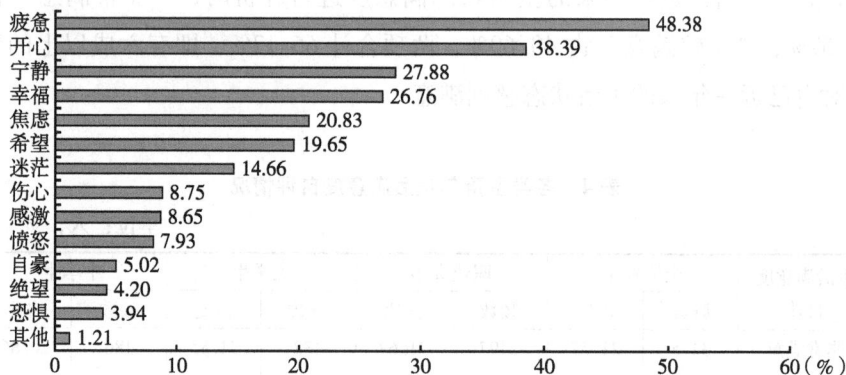

疲惫	48.38
开心	38.39
宁静	27.88
幸福	26.76
焦虑	20.83
希望	19.65
迷茫	14.66
伤心	8.75
感激	8.65
愤怒	7.93
自豪	5.02
绝望	4.20
恐惧	3.94
其他	1.21

图2 近一个月的情绪状态（N=15831，多选）

在情绪状态方面，不同类型青年的排序基本一致，即青年的情绪状态较为相似。但值得注意的是，相比于其他两个群体，大学生焦虑（33.69%）和迷茫（31.66%）这两种情绪状态更为明显，这可能与当前大学生所处的阶段特征有关，如面对未来的不确定性、阶段性目标的迷失以及升学和就业压力大等。

---

① 毕重增、薛文惠、李永雪：《能力内隐观对幸福感的影响：内卷心态的积极作用》，载王俊秀主编《中国社会心态研究报告（2022）》，社会科学文献出版社，2023，第119~133页。

② 中华人民共和国国务院新闻办公室：《新时代的中国青年》，《人民日报》2022年4月22日，第10版。

4.倾向于通过"熟人圈"解决困扰

由表5可知，当青年遇到困难或挫折时，排在第一位的寻求帮助渠道是"朋辈"，包括同学、同事、舍友、朋友等，这一现象在不同类型青年中是一致的。相比于职业青年（50.42%），这一比例在学生中更为突出，数据显示，大学生选择"朋辈"的占比为67.78%，中学生为63.86%，占六成以上，并且远远高于其他寻求帮助渠道。可见，朋辈是青年最信任的群体，这与同龄人通常拥有共同的学习生活经历与社交圈子，比较容易引发共情等原因相关。尤其在学生群体中，校园生活更易促进朋辈之间的交流，成为其首要寻求帮助渠道。青年寻求帮助渠道中排在第二位和第三位的是"靠自己面对"和"父母或其他长辈"，但二者在不同群体中略有差异。在职业青年中，"靠自己面对"（43.20%）多于寻求"父母或其他长辈"（36.03%）的帮助，说明职业青年更倾向于依靠自己解决问题和困难，这可能与他们已脱离家庭独立生活、逐渐成熟有一定联系。而学生群体中，寻求"父母或其他长辈"的帮助（大学生49.97%，中学生48.97%）略多于"靠自己面对"（大学生44.61%，中学生48.50%），即未独立生活的学生更依赖于父母的帮助。同时寻求"兄弟姐妹"的帮助在不同青年中也占据着重要的位置，在大学生（26.50）和中学生（25.36%）中均排在第四位，在职业青年排在第五位（22.14%），可见"家里人"的帮助仍是青年遇到困难或挫折时的重要依靠。在职业青年寻求帮助渠道中，"配偶/情侣"（25.69%）也是重要支持，中学生选择"学校老师"（17.68%）的比例明显高于其他群体，符合其发展特点。

表5 各类型青年寻求帮助渠道状况（多选）

单位：人，%

求助渠道	全体青年		职业青年		大学生		中学生	
	频数	占比	频数	占比	频数	占比	频数	占比
朋辈	8638	54.56	5810	50.42	1340	67.78	1488	63.86
靠自己面对	6990	44.15	4978	43.20	882	44.61	1130	48.50
父母或其他长辈	6281	39.68	4152	36.03	988	49.97	1141	48.97
兄弟姐妹	3666	23.16	2551	22.14	524	26.50	591	25.36

续表

求助渠道	全体青年		职业青年		大学生		中学生	
	频数	占比	频数	占比	频数	占比	频数	占比
配偶/情侣	3328	21.02	2961	25.69	287	14.52	80	3.43
学校老师	1078	6.81	347	3.01	319	16.14	412	17.68
网友	1005	6.35	629	5.46	148	7.49	228	9.79
专业机构	749	4.73	585	5.08	84	4.25	80	3.43
政府部门	627	3.96	553	4.80	40	2.02	34	1.46
群团组织	552	3.49	500	4.34	25	1.26	27	1.16
上级领导/校长	529	3.34	473	4.10	23	1.16	33	1.42
公益组织	495	3.13	444	3.85	36	1.82	15	0.64
政法机关	445	2.81	388	3.37	35	1.77	22	0.94
其他	72	0.45	39	0.34	5	0.25	28	1.20

值得注意的是，近一成中学生（9.79%）选择求助于"网友"，比例略高于大学生（7.49%）和职业青年（5.46%）。《青少年蓝皮书：中国未成年人互联网运用报告（2023）》指出，未成年人的"数字生活"成为常态，2006年每日上网的未成年人仅占比11.0%，而2020年每日上网的未成年人占比57.7%，2022年，这一数值达到70.8%。[①] 但未成年人用网的风险意识普遍不足，网络素养教育滞后于用网的现实需求，这一现象应当引起学校和家庭的重视。此外，相比于"熟人圈"，青年寻求政府或社会层面的帮助占比较小，其中，"专业机构"（如心理咨询机构、医院等）的选择比例略高于政府部门、群团组织等。

（三）普遍认可公共健康服务

公共健康服务是社会公共服务中的重要内容，旨在通过开展健康活动、

---

① 季为民：《中国未成年人互联网运用状况十五年调查与探索——以"青少年蓝皮书"为例》，载谢曙光主编《新征程中的皮书研创与出版》，社会科学文献出版社，2023，第187~221页。

公共健康设施建设等方式，倡导与宣传健康的生活方式，促进个人健康与全民健康。当前，青年充分认可各项公共健康服务，期盼相关服务能够优中更优、好上加好。

1.公共运动健康硬件服务得到普遍认可

近年来，福建"15分钟健身圈""10分钟健身圈"陆续建成，公共健康硬件设施换挡升级，城市公园、智慧跑道、健身驿站等"见缝插针"走进城市乡镇，青年聚集的新兴城镇相关设施建设更加先进，为青年健身提供便利。同时，各部门通力协作出台政策文件，为青年走进体育场所营造有利环境，如2022年福建省教育厅等六部门联合印发《学校体育场地试点向社会开放项目实施方案》。截至2023年底，全省向社会开放的学校数量已达930所，有效缓解体育锻炼场地不足的问题，满足不同青年健身锻炼的需求，丰富体育锻炼类型。由表6可知，青年认为使用公共运动健身设施"十分便利"的占比18.69%，"比较便利"占比37.18%，两项合计55.87%，即有一半以上的青年认可福建公共运动健身设施的服务。

表6 各类型青年对公共运动健身设施便利度的评价

单位：人，%

公共设施便利度	全体青年		职业青年		大学生		中学生	
	频数	占比	频数	占比	频数	占比	频数	占比
十分便利	2959	18.69	2217	19.24	348	17.60	394	16.91
比较便利	5886	37.18	4137	35.90	856	43.30	893	38.33
一般	5404	34.14	3924	34.05	641	32.42	839	36.01
不太便利	1215	7.67	957	8.30	104	5.26	154	6.61
十分不便	367	2.32	289	2.51	28	1.42	50	2.15

2.心理健康服务质量得到普遍认可

当前，福建省教育厅建立健全省、市、县、校四级工作机制，已遴选确定283所心理健康教育特色学校、60个心理健康教育名师工作室，全省学校开通 3000 余条 24 小时心理服务热线，设立 170 余个网络心理服务平台，不断提升心理育人实效。福建 12355 青少年服务热线充分利用线上平台，开展中高考大型网络直播活动、青春"心"课堂暨红领巾讲坛活动等，中高考期间开通"中高考减压"专线，2023 年共计服务 90 万人次，接听接待来电来访 8400 多人次，接通率达 100%，社会反响良好，基本满足不同青年群体的心理健康服务需求。由表 7 可知，青年对所在地区或学校提供的心理健康服务进行评价时，认为"非常好"的占 23.61%，"比较好"占 38.80%，两者合计 62.41%，即六成多青年认可所在地区提供的心理健康服务，其中大学生的认可度（74.71%）高于职业青年（60.83%）和中学生（59.83%）。

表 7　各类型青年对心理健康服务的评价

单位：人，%

心理健康服务评价	全体青年		职业青年		大学生		中学生	
	频数	占比	频数	占比	频数	占比	频数	占比
非常好	3738	23.61	2666	23.13	538	27.21	534	22.92
比较好	6143	38.80	4344	37.70	939	47.50	860	36.91
一般	5265	33.26	4040	35.06	458	23.17	767	32.92
不太好	476	3.01	344	2.99	33	1.67	99	4.25
非常不好	209	1.32	130	1.13	9	0.46	70	3.00

二　健康发展存在的问题

当代青年普遍成长于经济社会快速发展、物质丰裕的时代，身体素质与健康状况得到明显改善，但青年的生活方式、运动习惯等亦发生巨大变化，青年的身心健康发展面临新的挑战和风险。"左手保温杯、右手高脚杯""敷最贵的面膜，熬最晚的夜""收藏=练了=瘦了"等花式养生大法种类繁多，说明当代青年健康需求正发生变化，进一步分析青年健康存在的问题，有助于进一步促进青年健康发展。

（一）青年健康意识和健康行为需进一步培养

身体健康是青年发展的基础。健康信念理论、保护动机理论等健康行为改变研究，揭示了健康意识与健康行为之间的密切联系。诚然，青年身心状况具有发展快速、思维活跃、体力充沛、精力旺盛等优势，但与年长一代相比，年轻一代超重/肥胖率及中心性肥胖率更高，且超重/肥胖的年龄更早。① 当前，青年存在长期睡眠不足、运动不足、近视等身体健康问题。

1. 睡眠不足成为青年健康的风险因素

根据建议睡眠时长，初中生睡眠时间应达到 9 小时，高中生应达 8 小时，② 而青年通常建议标准为 8 小时。由表 8 可知，青年的平均睡眠时长达"8.1~9 小时"的占 6.53%，"9 小时以上"占 1.43%，两项合计才 7.96%，可见超过九成的青年睡眠时长不足 8 小时，尚未达到建议标准。睡眠时长 6.1~8 小时的青年占比较多，其中"7.1~8 小时"占 30.35%，"6.1~7 小时"占 39.69%，两项合计达 70.04%。睡眠时长不超 6 小时的青年占21.99%，其中"5.1~6 小时"占 18.23%，"5 小时及以下"占 3.76%，说明超过两成青年存在严重睡眠不足现象。通过不同类型青年数据的比较可知，睡眠时长不超 6 小时（即睡眠严重不足）的大学生占 14.47%，职业青年占 22.03%，中学生占 28.20%，大学生总体上睡眠时长优于职业青年和中学生，中学生中睡眠不足现象最为突出。

---

① 郭丽杰、黄绯绯、杜义雯等：《中国成年居民超重肥胖的代际差异》，《卫生研究》2024 年第 1 期。

② 《教育部办公厅关于进一步加强中小学生睡眠管理工作的通知》，https://www.gov.cn/zhengce/zhengceku/2021-04/02/content_5597443.htm，2021 年 4 月 2 日。

表8　各类型青年睡眠时长分布

单位：人，%

睡眠时长	全体青年		职业青年		大学生		中学生	
	频数	占比	频数	占比	频数	占比	频数	占比
5 小时及以下	596	3.76	452	3.92	32	1.62	112	4.81
5.1~6 小时	2886	18.23	2087	18.11	254	12.85	545	23.39
6.1~7 小时	6283	39.69	4615	40.05	746	37.73	922	39.57
7.1~8 小时	4805	30.35	3550	30.81	727	36.77	528	22.66
8.1~9 小时	1034	6.53	695	6.03	171	8.65	168	7.21
9 小时以上	227	1.43	125	1.08	47	2.38	55	2.36

　　虽然青年睡眠自评状况较好，但大量研究证实充足的睡眠时间有利于身体机能发育与认知能力发展，不良睡眠情况可能会对个体工作产生消极影响，引发组织偏离行为和工作事故，[1] 并对注意功能、执行功能和长时记忆等心理加工产生影响[2]。根据《中国睡眠研究报告 2023》的研究结果，约有 8.14%的 Z 世代受访者（出生于 1995~2009 年）认为自己的睡眠质量不好，其中包括差（7.24%）、非常差（0.9%），[3] 通过比较可知，青年选择睡眠质量不太好（9.1%）和非常不好（2.35%）的比例均高于全国平均水平，说明青年睡眠质量有待进一步提升。调研发现，绝大多数青年虽然认识到睡眠的重要性，但在日常生活中总是熬夜，"特别是工作越忙，晚上越不想睡，总想留点时间刷刷手机放松一下，一刷就晚睡了"，"晚上不睡，白天不醒"成了多数青年的生活常态。手机依赖、手机成瘾逐渐成为影响青少年睡眠和健康发展的风险因素。[4]

---

① 盛小添、刘籽含、张西超等：《睡眠与工作：相互作用机制》，《心理科学进展》2018 年第 10 期。

② 钱柳、汝涛涛、罗雪等：《睡眠限制对认知功能的影响及其潜在作用机制》，《心理科学进展》2020 年第 9 期。

③ 王俊秀、张衍、张跃等：《中国睡眠研究报告 2023》，社会科学文献出版社，2023。

④ 李晓静、刘畅：《手机如何妨害青少年的睡眠？——基于全国数据的实证研究》，《中国青年研究》2023 年第 7 期。

2. 运动时长不足不利于青年身心素质提升

根据 2020 年世界卫生组织发布的《关于身体活动和久坐行为指南》（WHO Guidelines on Physical Activity and Sedentary Behaviour），成年人，包括有慢性病或残疾的，每周至少应该进行 150~300 分钟中高强度的有氧运动。由表 9 可知，青年周锻炼时长依次为："0.5 小时及以内"占 26.01%，"0.6~1 小时"占 24.09%，"1.1~2 小时"占 21.34%，"2.1~3 小时"占 12.18%，"3.1~4 小时"占 5.40%，"4 小时以上"占 10.98%，总体来看，一半（50.10%）的青年周锻炼时长在 1 小时及以内，周锻炼时长达到 2 小时以上的青年仅占 28.56%。大多数青年的周锻炼时长未能达标。《2022 年国民心理健康调查报告》结果显示，运动频率与单次运动时长均对心理健康产生显著影响，特别是每周运动频率为 0 次的组别，抑郁风险检出率远高于其他组别，充分说明运动对青年身心健康起到积极促进作用。[①] 反之，运动时长不足不仅影响青年身体素质，还难以帮助青年塑造积极上进的精神面貌。

表 9 各类型青年周锻炼时长分布

单位：人，%

周锻炼时间长	全体青年		职业青年		大学生		中学生	
	频数	占比	频数	占比	频数	占比	频数	占比
0.5 小时及以内	4118	26.01	3565	30.94	315	15.93	238	10.21
0.6~1 小时	3813	24.09	2869	24.90	486	24.58	458	19.66
1.1~2 小时	3379	21.34	2259	19.60	511	25.85	609	26.14
2.1~3 小时	1928	12.18	1248	10.83	295	14.92	385	16.52
3.1~4 小时	855	5.40	530	4.60	135	6.83	190	8.15
4 小时以上	1738	10.98	1053	9.14	235	11.89	450	19.31

[①] 陈祉妍、郭菲、方圆：《2022 年国民心理健康调查报告：现状、影响因素与服务状况》，载傅小兰、张侃主编《中国国民心理健康发展报告（2021~2022）》，社会科学文献出版社，2023，第 1~29 页。

值得注意的是，调研中选择"几乎不运动"的青年占 11.63%。而在影响参加运动的主要因素描述上（见图3），"学业重、工作太繁忙，没有多余时间和精力"成为首要因素，占比 45.45%，其次是"自己懒惰，不喜欢运动锻炼"，占比 26.60%，"缺少便利、完善的健身场所和运动设施"占比14.74%，"缺少志同道合的朋友"占比 7.75%，"缺少运动指导，怕受伤"占比 5.29%，其他占比 0.18%。可见，影响青年参加运动的主要因素在于个人，如何促进青年加强体育锻炼值得进一步探讨分析。

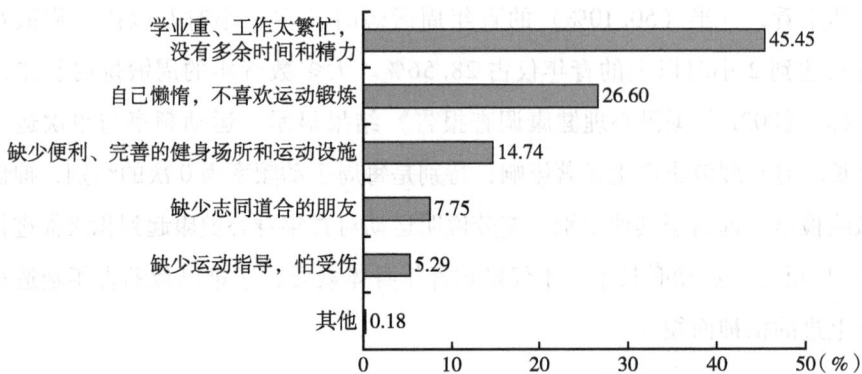

图3　影响青年参与体育运动的主要因素（N=11310，多选）

3. 近视和身体亚健康阻碍青年长远发展

由表10可知，近视是青年健康的头号问题，总体占比为49.71%，远超于其他问题，而这一健康问题在中学生中更为凸显，占比为65.62%，成为需要首先关注的问题。近视问题不仅影响青年的日常生活，带来容貌焦虑，甚至可能限制青年未来的职业选择，如无法从事航空航天、航海技术等具有较高视力要求的行业。《2022年中国儿童青少年视觉健康白皮书》显示，近视成因复杂与不可逆成为儿童青少年视觉健康的头号难题，触网低龄化、用眼习惯不佳以及缺乏户外运动和睡眠是当前我国青少年近视的三大成因。在回答"具备哪些良好的生活习惯"（多选）时，仅不足两成（18.22%）的青年表示有良好的用眼习惯（如注意眼部卫生、定时放松眼睛等）。而在良好作息习惯（如规律作息、睡眠充足等）和良好运动习惯（如定期锻炼等）

方面，分别只有34.46%和29.79%的青年养成良好习惯。因此如何防控近视是一项长期工程，还需引起更多关注。

表10 各类型青年常见健康问题

单位：人，%

健康问题	全体青年		职业青年		大学生		中学生	
	频数	占比	频数	占比	频数	占比	频数	占比
近视	7869	49.71	5165	44.82	1175	59.43	1529	65.62
颈椎、腰椎问题	4824	30.47	4010	34.80	450	22.76	364	15.62
脱发、掉发等	4340	27.41	3066	26.61	664	33.59	610	26.18
失眠等睡眠问题	3282	20.73	2427	21.06	410	20.74	445	19.10
肥胖	3128	19.76	2531	21.96	282	14.26	315	13.52
口腔健康问题	2401	15.17	1762	15.29	306	15.48	333	14.29
肝胆脾胃肾等内脏疾病	1451	9.17	1159	10.06	167	8.45	125	5.36
皮肤病	1275	8.05	892	7.74	182	9.21	201	8.63
营养不良	1084	6.85	649	5.63	179	9.05	256	10.99
血脂高、血糖高、血压高	1061	6.70	962	8.35	52	2.63	47	2.02
心肺疾病	447	2.82	373	3.24	38	1.92	36	1.55
血液疾病	166	1.05	146	1.27	9	0.46	11	0.47
其他问题	103	0.65	56	0.49	19	0.96	28	1.20

排名第二的是"颈椎、腰椎问题"，总体占比为30.47%，但与近视不同，这一健康问题在职业青年中更为突出，占比达34.80%。随着电脑、智能手机、互联网的普及，年轻的"低头族""久坐族"成为这一健康问题的高发群体。排名第三的是"脱发、掉发等"，总体占比为27.41%，排名第四的是"失眠等睡眠问题"，总体占比为20.73%。与排在第一、第二位的健康问题不同，这两个健康问题在三类青年中排名较为靠前，脱发掉发问题在学生中更是排到第二位，即所有青年都深受其扰。总体上排名第五的"肥胖"占19.76%，排名第六的"口腔健康问题"占15.17%，均

在三类群体中占有一定比例，这些症状也提示了青年出现不同程度的身体亚健康状况。值得注意的是，在中学生中超一成（10.99%）报告自己营养不良，明显高于职业青年和大学生，中学生的营养健康问题需引起额外关注。

（二）青年心理健康问题的复杂性需得到重视

当前，青年心理健康问题的复杂性、多样性和特殊性日益凸显。学者研究表明，青年是成年人中抑郁症高发多发的群体，其中 18~24 岁年龄组的抑郁检出率显著高于其他年龄组。[1] 调查数据显示，职业青年压力较大、大学生普遍感到迷茫以及中学生升学压力较大等问题依然存在。

1. 压力较大不利于青年身心健康

由表 11 可知，青年自评近一个月感受到的压力程度时，认为"非常大"的占比 10.88%，"比较大"占比 41.03%，两项合计 51.91%，即超一半的青年感受到较大的压力。人民智库 2023 年青年群体竞争心态调查显示，超四成受访者表示"经常"（42.70%）在工作学习生活中感到压力，仅有不到两成受访者表示"很少"（15.23%）和"没有"（2.98%）感到竞争压力。[2] 从数据比较来看，不同青年群体的压力感知有区别，职业青年所感受到的压力程度"非常大"的占比（12.30%）明显高于大学生（6.88%）以及中学生（7.30%）群体，这与青年群体竞争心态调查数据基本一致，31~35 岁受访青年表示"经常"（57.92%）感到竞争压力，在各年龄阶段中数值最高。相比于学生，职业青年大多脱离了父母的照顾，在经济、生活、工作等方面需承担更多的责任，也会感受到更大的压力。

---

① 陈祉妍、郭菲、方圆：《2022 年国民心理健康调查报告：现状、影响因素与服务状况》，载傅小兰、张侃主编《中国国民心理健康发展报告（2021~2022）》，社会科学文献出版社，2023，第 1~29 页。

② 《我国青年群体竞争心态调查报告（2023）》，http://www.rmlt.com.cn/2023/1017/685284.shtml，2023 年 10 月 17 日。

表 11　各类型青年压力程度自评

单位：人，%

压力自评	全体青年		职业青年		大学生		中学生	
	频数	占比	频数	占比	频数	占比	频数	占比
非常大	1723	10.88	1417	12.30	136	6.88	170	7.30
比较大	6496	41.03	4860	42.17	732	37.03	904	38.80
一般	6413	40.51	4478	38.86	900	45.52	1035	44.42
比较小	868	5.48	574	4.98	153	7.74	141	6.05
非常小	331	2.09	195	1.69	56	2.83	80	3.43

研究表明，适度压力有一定的积极作用，塑造更具韧性的发展观且更具有适应性[1]，但长期处于负面情绪和压力状态下会导致各类身心问题，如长期压力荷尔蒙高水平运转会导致免疫力下降、头疼、胃疼和睡眠不足等身体症状。调查数据显示，近 50% 的青年表示近一个月最经常感受到的情绪状态是"疲惫"，这与青年感受到较大压力的状态也是一致的。《中国青少年健康行为研究》显示，在消极情绪方面，超过 30% 的青少年感到孤独、郁闷或痛苦，37.14% 的青少年意识到在情感、注意力、行为等方面存在问题，青少年的心理健康问题不容乐观。[2] 本次调查数据同样显示，分别有 35.39% 的职业青年、24.6% 的大学生和 44.14% 的中学生报告"学业重、工作太繁忙，没有多余时间和精力"是影响青年参加运动的首要因素。因此，压力过大恐对青年身心发展不利。

2. 现实压力和未来迷茫成为青年主要压力源

由图 4 可知，不同青年压力来源各有其特点。职业青年的压力来源排名前五位的分别是："经济压力大"（38.88%）、"就业/工作压力大"（34.36%）、"对未来迷茫"（26.70%）、"职业发展"（25.64%）、"发展空间不足"（16.11%）。人民智

---

[1] 毕重增、薛文惠、李永雪：《能力内隐观对幸福感的影响：内卷心态的积极作用》，载王俊秀主编《中国社会心态研究报告（2022）》，社会科学文献出版社，2023，第 119~133 页。

[2] 周华珍、张树辉：《中国青少年健康行为研究——基于 13 个省份的调查数据分析》，社会科学文献出版社，2022。

库2023年青年群体竞争心态调查中对青年压力来源的调查结果也显示，26～30岁年龄阶段青年对"考公考编"（46.71%）竞争压力的感知更为显著，31～35岁年龄阶段青年对"职级晋升"（50.00%）的压力感知更为明显。可见，职业青年的压力主要来自就业与职业发展的现实压力。

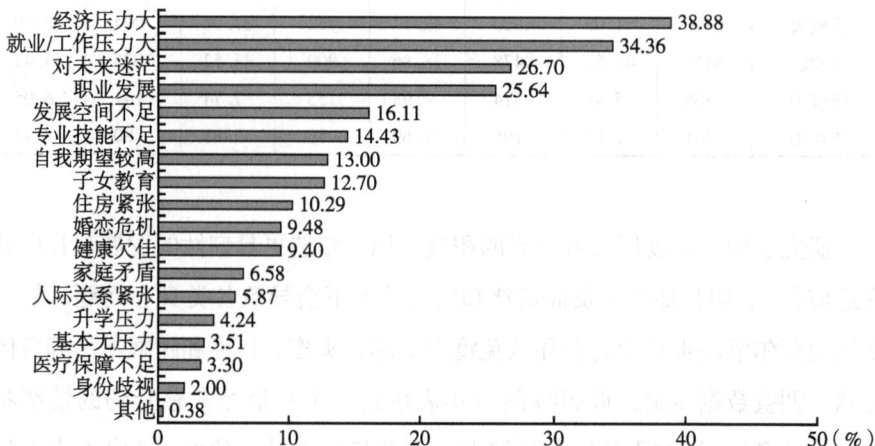

图4 职业青年的压力来源（N=11524，多选）

如图5所示，大学生的压力来源排名前五位的分别是："对未来迷茫"（49.97%）、"升学压力"（35.36%）、"就业/工作压力大"（29.34%）、"专业技能不足"（27.82%）和"自我期望较高"（22.26%）。这与2023年青年群体竞争心态调查结果是类似的，19～25岁年龄阶段青年的压力更多来自"考研考博"（41.88%）。总体上，大学生的压力主要来自对未来发展的困惑。

如图6所示，中学生的压力来源排名前五位的分别是："成绩/考试压力大"（57.30%）、"对未来迷茫"（40.26%）、"升学/毕业压力大"（32.10%）、"课后作业多/不会做"（26.39%）、"自我期望较高"（21.97%）。这与2023年青年群体竞争心态调查结果也是一致的，14～18岁受访者普遍面临"学业成绩"（41.33%）的压力。总体上，中学生的压力主要来自学业的现实压力，他们对未来的迷茫同样不容忽视。

对未来迷茫 49.97
升学压力 35.36
就业/工作压力大 29.34
专业技能不足 27.82
自我期望较高 22.26
职业发展 18.72
经济压力大 16.79
发展空间不足 9.66
健康欠佳 9.10
人际关系紧张 8.75
家庭矛盾 5.11
基本无压力 4.40
婚恋危机 3.69
住房紧张 1.82
身份歧视 1.11
其他 0.71
医疗保障不足 0.61

0　10　20　30　40　50（%）

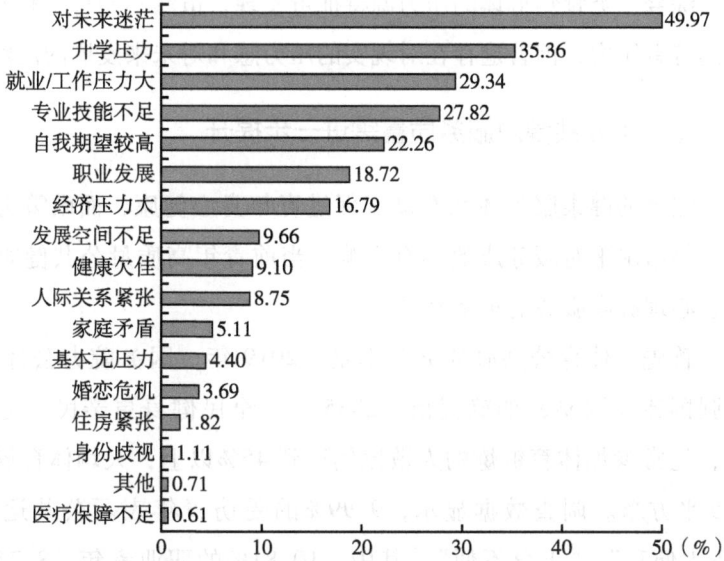

图 5　大学生的压力来源（N＝1977，多选）

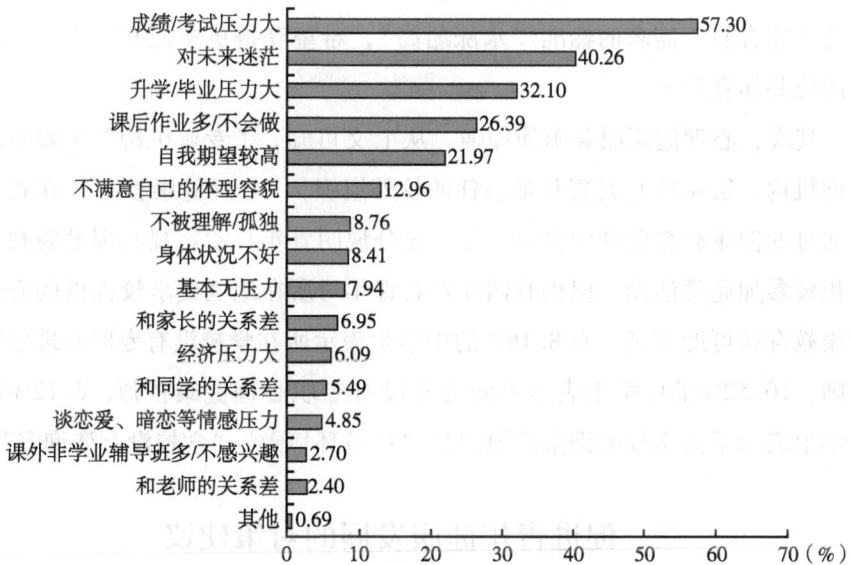

成绩/考试压力大 57.30
对未来迷茫 40.26
升学/毕业压力大 32.10
课后作业多/不会做 26.39
自我期望较高 21.97
不满意自己的体型容貌 12.96
不被理解/孤独 8.76
身体状况不好 8.41
基本无压力 7.94
和家长的关系差 6.95
经济压力大 6.09
和同学的关系差 5.49
谈恋爱、暗恋等情感压力 4.85
课外非学业辅导班多/不感兴趣 2.70
和老师的关系差 2.40
其他 0.69

0　10　20　30　40　50　60　70（%）

图 6　中学生的压力来源（N＝2330，多选）

综合三类青年群体的压力源特征可发现，虽然不同青年有着人生不同阶段的特有压力，但普遍存在对现实的压力感和对未来发展的茫然感。

（三）公共健康服务质量需进一步提升

完善的健康服务体系有助于促进青年身心健康，而政策力度、实施情况、供给水平对服务成效亦有影响，当前青年高质量公共健康服务需求渐增、心理健康服务需求多元等。

首先，体育公共服务仍存不足。2019年，国务院办公厅印发的《体育强国建设纲要》明确提出，2035年，全民健身更亲民、更便利、更普及，经常参加体育锻炼的人数比例达到45%以上，人均体育场地面积达到2.5平方米。调查数据显示，9.99%的受访青年表示公共运动健身设施"不太便利""十分不便"，其中，10.81%的职业青年、8.76%的中学生表示不便利，不少青年反映"体育场里人太多了""学校里除了跑道和打篮球，其他设施都比较少"。随着青年参加体育锻炼方式日益多元，青年对公共体育服务需求的标准"水涨船高"，希望获得更多便利、丰富、舒适的公共体育服务。

其次，心理健康服务亟须加强。从上文可知，"专业机构"（如心理咨询机构、医院等）是青年最信任的校外组织，"心理健康教育"在青年参加过的健康教育活动中排第三位，充分说明青年日益重视心理健康教育并积极参加此类活动。但仍有四成左右青年对所在地区或学校提供的心理健康教育认可度不高，有8.16%的中学生表示所在学校没有专职心理健康教师，10.52%的中学生表示不知道有没有专职心理健康教师，6.12%的中学生表示不去学校咨询室的原因是"设备环境差""学校没有咨询室"。

三　促进青年健康发展的对策建议

青年总体健康状况良好，但身体健康、心理健康以及公共健康服务仍存在提升空间。

（一）倡导健康生活方式，提升公共健康服务水平

健康生活方式是青年身心健康良性发展的重要前提。大力提倡青年养成健康生活方式，特别是发展性生活方式，如增加锻炼时间，养成规律作息，尤其要为青年的健康生活留足时间、给够空间。加强校园时期青年健康生活方式的养成，支持系统全面地推进健康教育，充分利用学校体育，引导学生养成良好的运动习惯和生活作息，树立正确的健康观念。制定和完善相关政策，保障职业青年在健康方面的合法权益，如医疗保障、休假制度等，为职业青年健康生活方式养成提供必要条件，如打造落实工间休息制度、保障运动场所与运动时间等，鼓励坚持"每天运动一小时"，以健身促健心。建立健全青年健康行为监测体系，定期评估青年健康状况。开展线上线下相结合的健康宣传活动，普及健康知识，提高青年的健康素养。加大公共健康服务供给力度，充分利用城市空间，打造碎片式"健康微空间"。支持健康服务业发展，提供更多个性化、多样化的健康服务，满足不同群体的健康需要。

（二）重视青年心理健康，完善心理健康服务体系

《2024年福建省人民政府工作报告》明确提出，将加强学生心理健康教育作为建设教育强省的举措之一。[①] 当前，青年心理健康总体状况良好，但在青少年心理危机应对、职业青年心理健康服务等方面存在提升空间。一是高度重视青少年心理健康工作，针对心理健康问题低龄化现象日益突出，需及时调整工作思路与工作方法，开发和更新符合心理健康工作实际需要、真实反映青少年心理健康水平的监测指标与测量工具，以应对当前青少年心理健康发展的新问题、新现象和新特点。二是加强对学校心理健康的支持与指导，按照政策文件要求配齐配全开展心理健康教育工作的必要资源，特别是补齐薄弱地区、薄弱校的心理健康教育资源短板。持续完善家—校—社心理健康服务体系，注重发挥家庭的心理育人功能，畅通家

---

① 《2024年福建省人民政府工作报告》，https：//www.fujian.gov.cn/szf/gzbg/zfgzbg/202402/t20240204_6391648.htm，2024年2月4日。

庭、学校与社会（医疗、司法、宣传、网信等）的危机干预联动机制，为家庭、学校心理健康教育赋能，提升青少年心理健康教育水平。三是完善青年社会心理服务体系，创新心理健康宣传教育及心理健康服务供给，充分发挥不同工作主体在青年心理健康教育与服务中的重要作用，扩大心理健康教育宣传的覆盖面，加强对社会心理健康服务机构的监管与指导，增加公益性和普惠性心理健康服务供给，打通心理健康服务堵点，畅通完善"宣传教育—咨询—干预—追踪"全过程服务体系。

（三）开展精准健康服务，助推不同青年群体全面发展

精准开展对家庭经济困难青年学生的健康兜底工作，保障此类青少年获得身体发育所需的基本营养需求，促进其身心健康发展。加强对新时期中学生的研究，重点做好体质监测与心理发展水平研究，重视发挥班主任、心理健康教师在学校学生心理健康工作中的关键作用。引导高校学生"走下网络、走出宿舍、走向操场"，养成健康文明的生活习惯。关注在职青年身心健康发展，预防职业病，鼓励企事业单位组织青年开展促进身心健康的文体活动。加强农村公共健康服务建设，以满足返乡青年创业生活需要。此外，福建民营企业活力足，新业态新产业蓬勃发展催生出一大批新职业青年群体，密集分布于生活服务业，[①] 此类青年具有分布领域广、工作形式灵活、从事多重职业等特点，需持续关注其身体健康状况，增加公益性健康服务供给，如开展免费健康检查与监测服务，提供健康实惠便捷的餐饮服务、廉价宜居的居住环境，推广"N+新就业形态群体"健康服务新模式等，实现餐饮、居住、医保等全面融合。

（四）加强身心健康促进，营造积极平和社会心态

青年健康发展多与经济社会发展条件密切相关。调查数据显示，多数青

[①] 赵联飞、黄永亮、崔岩：《青年新职业群体发展现状报告》，载陈光金主编《中国青年发展报告No.6：依托互联网平台的新职业青年发展状况》，社会科学文献出版社，2022，第1~24页。

年压力来源于经济、就业以及升学等，与当前社会普遍焦虑点基本一致。如何积极回应青年多维发展关切，引导青年树立自尊自信、理性平和、积极向上的心态，成为当前无法回避的时代课题。首先，引导社会大众关心关爱青少年。加强对新时代青年差异化和多样性需求的研究，帮助全社会共同了解、认识青年，并给予更多的包容与关爱，积极引导青年文化与主流文化同频共振。其次，充分激发青年健康潜力，明确的人生目标以及自我价值的实现是化解青年心理惰性的有效途径，通过结对子帮扶、榜样走进青年等方式，引导青年树立正确的人生观、价值观，保持积极进取的人生态度，即通过及时回应发展困惑、激发发展内生动力、丰富日常文化生活等形式，助推青年健康发展。最后，健全青年权益保障机制，重点突出对青年身心健康权益的维护，及时回应青年在校园生活、就业劳动、权益维护等方面的健康诉求，为促进青年身心健康保驾护航。

参考文献

陈光金主编《中国青年发展报告 No.6：依托互联网平台的新职业青年发展状况》，社会科学文献出版社，2022。

傅小兰、张侃主编《中国国民心理健康发展报告（2021～2022）》，社会科学文献出版社，2023。

王俊秀、张衍、张跃等：《中国睡眠研究报告2023》，社会科学文献出版社，2023。

赵霞、孙宏艳、张旭东等：《〈中长期青年发展规划（2016—2025年）〉实施以来我国青年健康政策与工作进展分析》，《中国青年研究》2020年第12期。

俞国良：《中国学生心理健康问题的检出率及其教育启示》，《清华大学教育研究》2022年第4期。

杨雄：《当前青年群体社会心态新变化及演变逻辑》，《人民论坛》2021年第25期。

范慧玲、徐志远：《生态系统论视域下的青少年心理健康治理》，《学校党建与思想教育》2020年第6期。

陈丹、权治行、艾梦瑶等：《青少年心理健康状况及影响因素》，《中国健康心理学杂志》2020年第9期。

B.5
2024年福建青年婚恋研究报告

邵雅利　周爱萍　张欢欢*

摘　要： 本报告从恋爱观、婚姻观、生育观和性教育四个维度，分析福建青年婚恋发展特征。研究结果显示，福建青年恋爱观总体健康理性，普遍持有积极向上的婚恋观念；在婚姻中重视夫妻平等，支持婚前财产公证；展现出较高的生育自主性，具有一定的生育意愿；性教育效果良好。但青年婚恋仍面临一些新变化和新问题：大龄单身青年面临较大婚恋成本压力；晚婚晚育趋势日益明显，离婚登记人数呈上升趋势；实际生育率偏低，存在"生育赤字"；性教育的普及和效果有待进一步加强。为推动青年婚恋生育健康发展，建议政府、社会、家庭、个人多方共同努力，采取有力举措，营造良好的婚恋氛围，引导青年树立正确的家庭观，构建生育友好型社会，进一步提升青年性教育成效。

关键词： 福建青年　恋爱观　婚姻观　生育观　性教育

做好青年婚恋工作，不仅直接影响青年健康发展，也关系到社会和谐稳定。在纪念五四运动100周年大会上，习近平总书记列出六件青年普遍面临的"操心事、烦心事"，婚恋交友位列其中。[①] 共青团中央、民政部、国家卫生计生委三部门于2017年联合印发《关于进一步做好青年婚恋工作的指导意

---

* 邵雅利，福建江夏学院公共事务学院，教授，硕士生导师，研究方向为青少年发展、幸福心理学；周爱萍，福建江夏学院公共事务学院，副教授，研究方向为家庭社会学、青年社会学；张欢欢，闽江学院法学院，讲师，博士，研究方向为人口社会学、社会工作。
① 习近平：《论党的青年工作》，中央文献出版社，2022，第215页。

见》，提出加强青年婚恋观、家庭观的教育和引导，培育诚信度较高、适合青年特点需求的多样化青年婚恋服务项目，推动青年婚恋观念更加文明、健康、理性。2024 年 10 月，国务院办公厅发布《关于加快完善生育支持政策体系推动建设生育友好型社会的若干措施》，提出要积极构建新型婚育文化，营造全社会尊重生育、支持生育的良好氛围。这为青年消除婚育顾虑提供了有力的政策支撑。

本报告从青年恋爱观、婚姻观、生育观和性教育四个维度，分析福建青年婚恋发展现状、特征及面临的问题，提出有针对性的对策建议。

一 婚恋现状与特征

恋爱成婚是青年的人生大事和普遍需求，青年择偶、婚恋和生育，不仅直接影响青年的身心健康，也关系经济社会的和谐稳定与人口结构的均衡发展。当代青年的婚恋观总体积极向上，呈现理性和自主特征。

（一）恋爱观总体健康理性

互联网时代，青年社交活动的范围广度、选择自由度与消费观念不断变化，也对青年恋爱观念和行为产生了重要影响。本报告主要从脱单渠道、网恋态度、恋爱消费观等维度，了解青年恋爱观念和行为的现状特征。总体上，青年在恋爱中较为理性，追求平等，基本确立了健康的恋爱观。

1. 超八成单身青年脱单首选熟人圈

对于如何脱单，如图 1 所示，单身青年喜欢的方式以自己在工作、生活、学习中结识（86.39%）和亲朋好友介绍（52.53%）为主。可见，熟人圈子仍然是当代青年在发展亲密关系时的首选渠道。同时，拓展青年"交友圈"的联谊活动日益受到欢迎。希望通过共青团、妇联等组织的公益相亲活动（14.25%）结识异性亦受欢迎。具有社交属性的联谊方式既能满足婚恋需求也能满足社交需要，既提高脱单概率，又可以结识更多志同道合的青年。近年来，福建各级各地共青团、工会、妇联等群团组织，积极搭建婚恋交友公益服务平台，满足青年的婚恋交友、婚恋教育、婚俗文化等需求，助力广大单身青年扩大"朋友圈"，累计提供婚恋相关公益服务超万人次。这些交友联谊活动形式上更加多元，互动环节也不断"推陈出新"，更能满足青年自身的需求，因此更容易吸引年轻人参与。

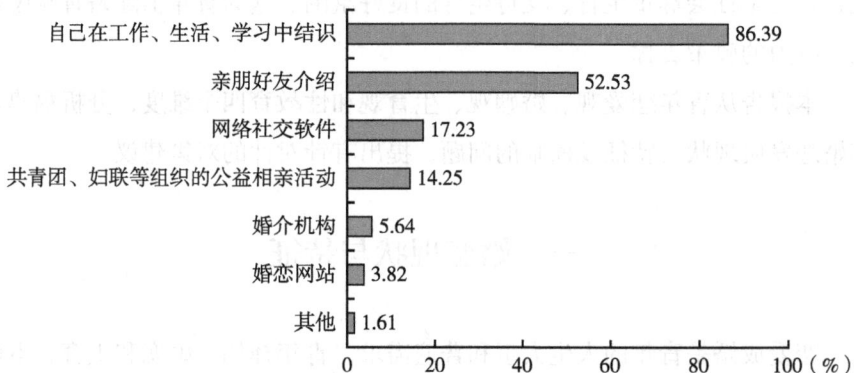

图1 未婚青年喜欢的脱单途径（N=9221，多选）

相对而言，单身青年17.23%希望通过网络社交软件，5.64%希望通过婚介机构，3.82%希望通过婚恋网站。可见，单身青年对陌生交友的态度仍相对理智和谨慎。

2.超五成不接受网恋

网恋是一种以网络空间及其电子媒介物为主要沟通手段的感情互动过程。对于是否会尝试网恋，福建青年呈现一定的态度分化。如图2所示，只有17.42%的青年表示愿意尝试网恋，而56.47%的青年则明确表示不会网恋，还有26.11%的青年持中立态度。可见，超过半数的青年对于网恋持谨慎态度，但对尝试网恋行为的态度也逐步开放包容。作为"网络原住民"，当代青年大多接触网络的时间早、沉浸程度高，网络空间成为他们延续社会交往的重要新空间，但由于网恋具有匿名性与不确定性，加之近年来网恋诈骗促使青年增强风险防范意识、人身财产保护意识，青年对于网恋呈总体谨慎的态度。

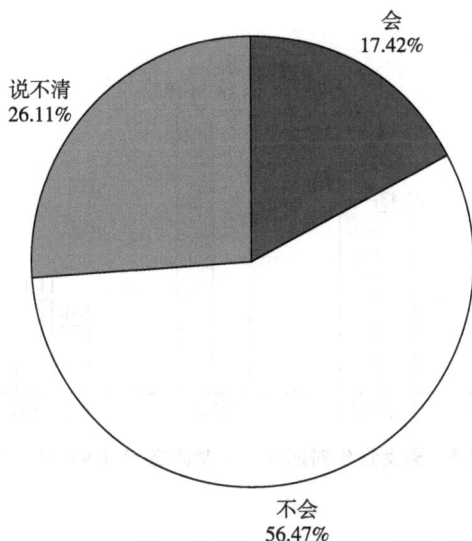

图2　未婚青年对网恋的接受度（N=9221）

3.近半数赞成恋爱AA制

关于恋爱AA制的接受度调查，26.78%的青年表示完全赞同，22.21%表示比较赞同，33.93%持中立态度，仅有9.81%和7.27%比较反对和完全反对。可见，近半数青年支持恋爱AA制。在"男女平等"观念影响下，福建青年更加追求恋爱中的公平与平等，把握自己的权利，而并非一方的"付出"和"被付出"。

通过对性别与恋爱AA制态度进行交叉分析，卡方检验结果表明，男女两性在对恋爱AA制态度的不同分组上呈现显著差异（$X^2=151.99$，$df=4$，$p<0.05$）。如图3所示，在持赞同态度上，男性占比高于女性，男性占比为52.70%（完全赞同和比较赞同合计的比例，下同），女性占比为46.11%；在持反对态度上，女性占比显著高于男性，男性占13.74%（完全反对和比较反对合计的比例，下同），女性占19.69%。

（二）婚姻观总体积极向上

青年的婚姻观直接影响婚姻行为，对青年婚姻生活起着关键的导向作

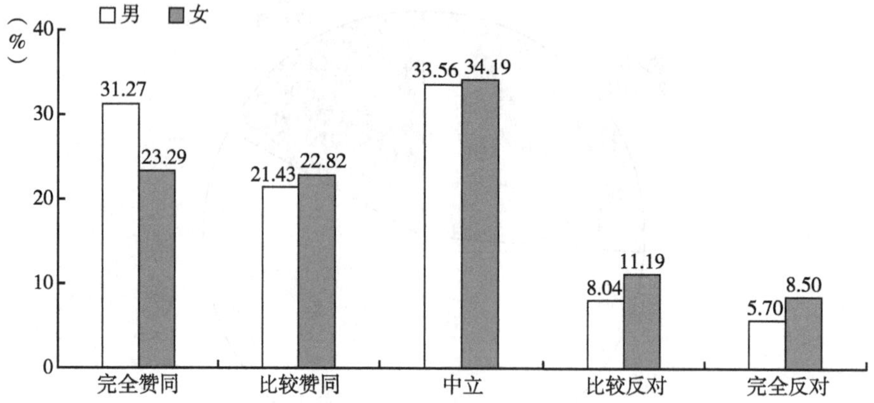

图3 男女青年对恋爱 AA 制的态度 （N=13501）

用。本报告主要从缔结婚姻的条件、婚姻中的经济观念以及离婚态度等维度，了解青年婚姻观的现状特征。研究结果表明，总体上，青年婚姻观积极向上，对配偶的选择权呈现自主性，对婚姻的态度更加多元和开放，对离婚的心理压力降低，注重对婚姻全过程个人权益的保护。

1. 择偶注重内在匹配度

择偶标准主要是指男女双方在选择配偶时，考虑对方身上所具有的外在条件和内在条件。择偶标准不仅可以体现青年的婚姻动机，也可以反映青年的婚姻价值观念。调查数据显示（见图4），在择偶标准上，青年较为看重的是三观一致（62.52%）、人品（56.20%）、性格（36.83%）以及感情基础（23.58%），说明青年注重婚恋对象的内在条件，希望对方有较好的品德、健全的人格等；物质基础方面的相关因素，如个人收入（15.81%）、家庭背景（15.19%）、职业（7.19%）、住房（4.06%），在择偶标准中所占的比重相对较低。

随着我国经济社会不断发展，青年择偶标准也发生显著变化，从物质条件到情感需求、从家庭背景到个人品质，青年婚姻观越来越多样化和理性化。从看重的因素也可以看出内在匹配度对于当代青年婚姻的重要性。首先，三观一致和人品的高选择比例，表明青年注重与伴侣核心

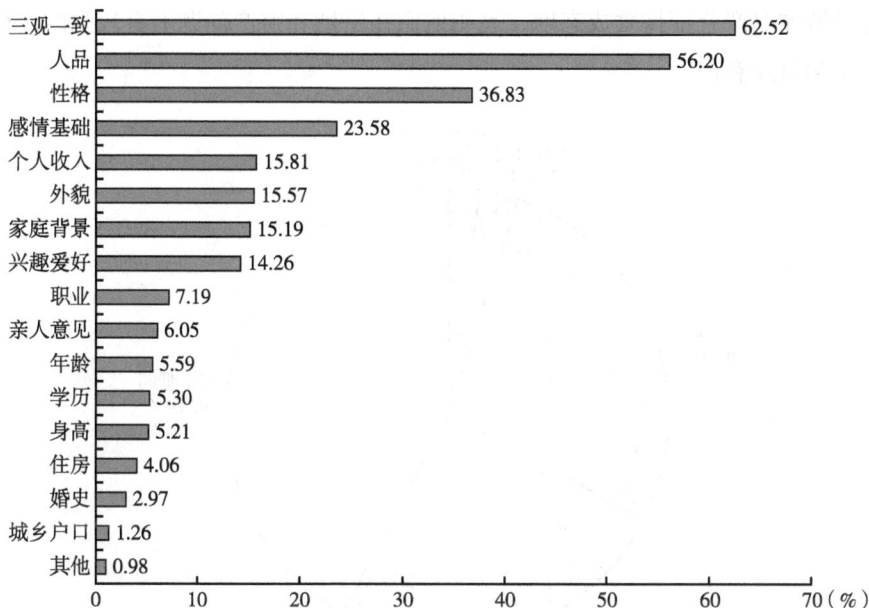

图4　未婚青年择偶看重的因素（N=9221，多选）

价值观和道德品质的匹配程度。其次，性格的重要性体现在相处过程中的和谐度与冲突解决能力上，它影响着彼此的相处方式、沟通方式以及处理问题的方式。理解并尊重彼此的性格差异是建立健康、稳定婚姻关系的关键，而感情则是关系发展的基础。对个人收入的选择比例相对较低，则反映了当下青年在择偶过程中更注重情感和互动质量，而非仅仅在意经济条件。

2. 近七成赞成婚前财产公证

随着人们的财产保护意识持续增强，婚前财产公证逐渐成为婚姻关系确立和发展过程中重点关注的问题。婚前财产公证，是保证婚姻关系双方在婚姻关系确立前的财产状况和财产权利的重要措施，有助于减少离婚财产分割的纠纷和法律成本。[①] 对于婚前财产公证的态度，如图5所示，67.36%的青年持赞成态度，仅有5.09%的青年明确反对婚前财产公证。可见，多数青

---

① 杨秀芬：《婚前财产公证的现实意义研究》，《法制博览》2023年第10期。

年对婚前财产公证持赞成态度，表明他们在婚姻和财产问题上有较强的法律意识和风险意识。

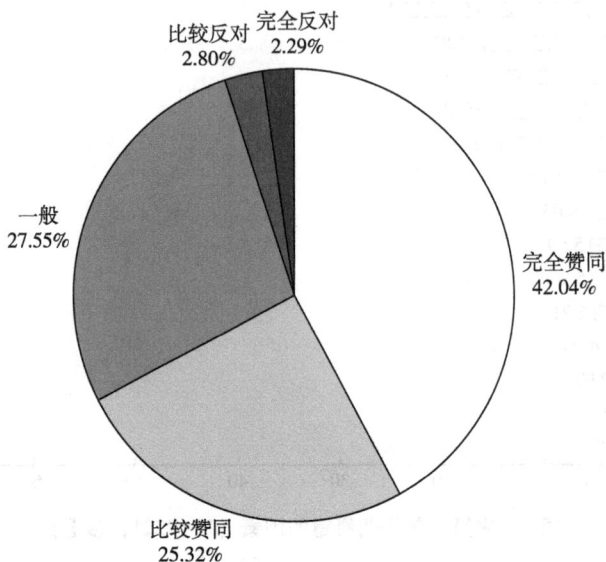

图5 对于婚前财产公证的态度（N=13501）

3. 超九成认为婚检是必要的

婚检，即婚前医学检查，对于促进婚姻家庭幸福和谐，实现优生优育具有积极意义。福建在全省范围内推行婚孕前保健门诊紧邻婚姻登记就近设置，优化"一站式"服务。截至2024年3月底，福建全省婚登、婚检"一站式"或紧邻设置（相隔500米内）率为58%，较2021年高出30个百分点，超过半数的"一站式"服务模式为婚姻登记中心和婚检服务共同进驻行政服务中心。2023年全省婚检率为52.9%，较2021年上升24.9个百分点。① 实施自愿婚检后，婚检属于个人行为，青年对婚前医学检查的看法和态度，则在一定程度上反映了他们对婚姻生活和家庭建设的重视。调查数据

---

① 《福建省卫生健康委员会关于省十四届人大二次会议第1101号建议的答复》，https://wjw.fujian.gov.cn/xxgk/zfxxgkzl/zfxxgkml/yjda/rddbjy/202405/P020240514355432842079.pdf，2024年5月6日。

显示，高达 90.68% 的青年认为婚检是必要的（见图6）。这一结果表明，身体健康和优生优育已经成为青年的婚姻关注点。这不仅体现了他们的责任感和权利保护意识，也是对社会和谐、家庭幸福的积极回应。

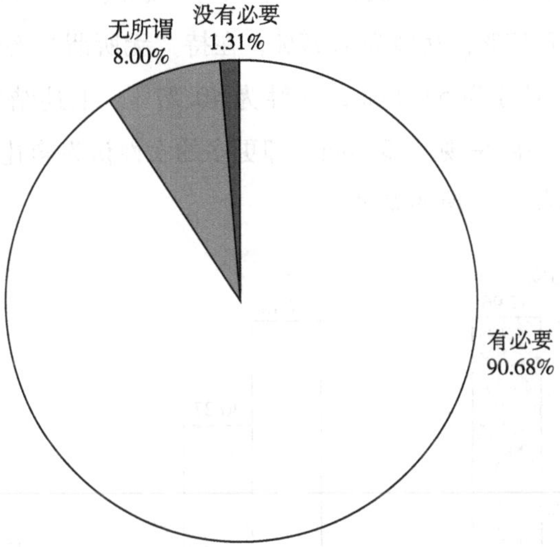

无所谓
8.00%

没有必要
1.31%

有必要
90.68%

图6　未婚青年对婚前医学检查的态度（N=9221）

4. 彩礼观念趋于理性

彩礼是男女双方及家庭之间表达感情的一种方式，也蕴含着对婚姻的期盼与祝福。作为婚礼中一个重要的环节，彩礼习俗一直备受关注和讨论。2024 年 2 月 1 日，《最高人民法院关于审理涉彩礼纠纷案件适用法律若干问题的规定》正式施行，通过明确裁判规则，引导公众更加理性地看待彩礼，让彩礼真正归于"礼"。关于彩礼这一现象的态度调查中，47.81% 的青年认为无所谓，8.52% 的青年反对彩礼存在，43.67% 的青年认为必须有。可见，青年对彩礼的认知相对理性，越来越多的青年更加注重彩礼的寓意和象征意义，践行移风易俗，弘扬文明新风。如在民营经济发达的晋江、石狮等地，不"炫"彩礼，而将节省下来的钱捐给公益事业，"不比彩礼比公益"的婚俗文明氛围日渐浓厚。①

---

① 廖培煌、王荣锋：《泉州婚俗盛行"慈善风"》，《泉州晚报》2024 年 5 月 13 日。

111

通过对性别与彩礼态度进行交叉分析，卡方检验结果表明，男女两性在对彩礼态度的不同分组上呈现显著差异（$X^2 = 1941$，$df = 2$，$p < 0.001$）。如图7所示，在持"必须有"态度上，男性占比显著低于女性，男性为25.35%，女性为57.96%；在持"不应该有"态度上，男性占比显著高于女性，男性为17.17%，女性为1.77%；在持"无所谓"态度上，男性占比显著高于女性，男性为57.48%，女性为40.27%。上述结果表明，支出一方和接收一方的态度呈现明显不同。即更多的女性认为彩礼必须有，而更多的男性则对彩礼持无所谓的态度。

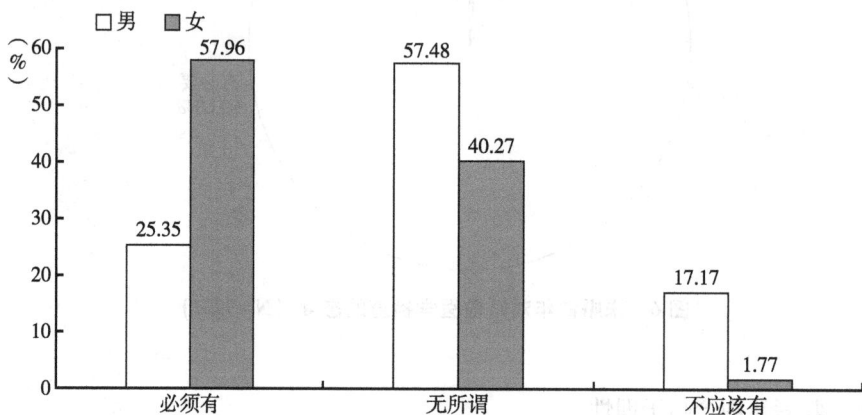

图7　男女青年对彩礼的态度对比（N=13501）

5. 重视婚姻中的夫妻平等

在婚姻关系中，家庭分工与责任是一个不可回避的话题。总体上，青年对于家务分配和婚姻性别角色的认知正在发生深刻变革，他们重视夫妻平等，但男女看法有显著差异。

关于婚后家务均担的态度，57.40%的青年表示完全赞同，25.79%的青年表示比较赞同，14.58%的青年持中立态度，1.14%的青年表示比较反对，1.09%的青年表示完全反对。对性别与婚后家务均担态度进行交叉分析，卡方检验结果表明，男女青年对婚后家务均担的态度存在显著差异（$X^2 = 323.68$，$df = 4$，$p < 0.001$）。具体表现在对婚后家务均担持支持态度

上（见图 8），男性持支持态度的占比为 78.31%，显著低于女性的 86.99%。可见，多数青年赞同婚后家务均担，且女性比男性更赞同。马克思和恩格斯深刻指出："妇女的解放，只有在妇女可以大量地、社会规模地参加生产，而家务劳动只占她们极少的工夫的时候，才有可能。"[①] 女性随着经济日益独立，在婚姻中的平等意识也得到重塑。当男女平等成为家庭成员的思想共识和行为规范时，家务劳动就不再是妇女的专属职责，而是转由家庭成员合理分配，共同承担，因此女性对家务均担的平等意愿更加强烈。

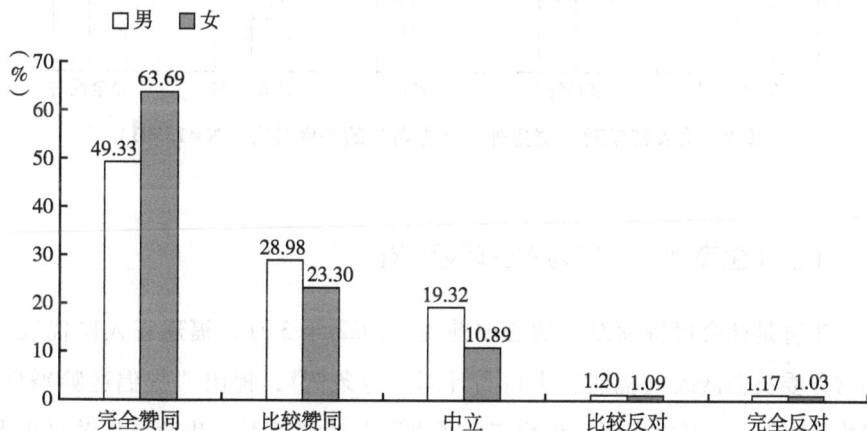

图 8　男女青年对婚后家务均担的态度对比（N=13501）

对于"男主外，女主内"（即婚后应该由男性在外工作挣钱，女性应该在家中打理）的传统观念，17.08%的青年表示完全赞同，13.93%的青年表示比较赞同，38.33%的青年持中立态度，14.41%的青年表示比较反对，16.25%的青年表示完全反对。通过对性别与"男主外，女主内"态度进行交叉分析，卡方检验结果表明，男女青年对"男主外，女主内"的态度存在显著差异。如图 9 所示，在持支持态度上，男性占比为 45.48%，显著高于女性的 19.73%；在持反对态度上，男性占比为 12.57%，显著低于女性

---

① 《马克思恩格斯文集》（第四卷），人民出版社，2009，第 181 页。

的 44.76%。这表明，男性比女性更赞同"男主外，女主内"，女性比男性更反对"男主外，女主内"。

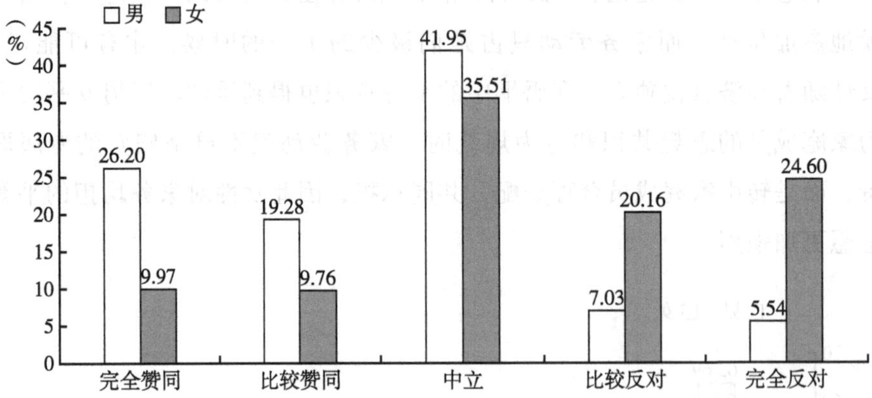

图9 男女青年对"男主外，女主内"的态度对比（N=13501）

（三）生育观念和行为发生明显变化

生育是社会可持续发展的必要前提。2022年3月，福建省人民代表大会常务委员会修改《福建省人口与计划生育条例》，提出"提倡适龄婚育、优生优育""一对夫妻可以生育三个子女"。① 女性怀孕、生育不仅关乎个人和家庭，还将为全方位推进高质量发展超越、加快新时代新福建建设提供坚实基础和持久动力。本报告从生育性别偏好、生育动机等维度，了解青年生育观的现状特征。结果表明，总体上，青年生育观念和行为发生明显变化。

1.不同地区青年生育率差异较明显

2020年福建人口普查数据显示（见表1），福建育龄妇女总和生育率是1.38，高于全国平均水平（1.3），但仍低于1.5的生育警戒线。省内各设区市生育率呈现一定的"山海"差异，即位于经济较发达的沿海地区，如厦门、福州（含平潭）等设区市，生育率相对较低；位于经济较不发达的

---

① 《福建省人民代表大会常务委员会关于修改〈福建省人口与计划生育条例〉的决定》，http：//fj. gov. cn/zwgk/flfg/dfxfg/202204/t20220420_5896083. htm，2022年4月20日。

山区,如龙岩、三明等设区市,生育率则相对较高。福州、厦门,由于经济发展水平相对较高,人口受教育程度普遍较高,生活成本相对较高,因此,育龄妇女可能更倾向于推迟生育或限制子女数量,以追求个人事业和生活质量。① 对比而言,闽西地区的龙岩和三明可能更多地受到传统多子观念的影响,生活成本相对较低,因此生育率相对较高。其中,龙岩是福建生育率最高的设区市,总和生育率为1.82。自开展全国青年发展型城市建设试点以来,龙岩将解决青年"带娃难"问题作为建设青年友好城市的重要课题,积极推动青年友好与生育友好政策有效衔接,缓解了青年的育儿烦恼。

表1 福建各设区市育龄青年妇女各年龄段生育率及总和生育率情况（2020年）

单位：‰

地区	15~19岁	20~24岁	25~29岁	30~34岁	35~39岁	总和生育率
龙岩市	6.30	87.01	144.25	84.23	32.42	1.82
三明市	8.89	76.77	132.59	84.90	30.38	1.71
漳州市	9.67	83.32	121.52	72.98	28.07	1.62
宁德市	4.84	69.38	121.98	78.27	34.28	1.59
南平市	5.84	73.87	115.43	75.84	31.07	1.55
泉州市	7.52	68.98	111.62	63.60	25.88	1.42
莆田市	3.69	71.71	112.39	57.26	19.39	1.36
福州市	3.04	40.54	98.71	65.80	26.95	1.21
厦门市	5.68	34.73	83.49	66.18	29.28	1.15
合计	5.98	57.01	108.14	68.72	27.87	1.38

数据来源：根据《福建省人口普查年鉴2020》表6-4整理,40周岁及以上年龄段数据未列出,http://tjj.fujian.gov.cn/tongjinianjian/rk2020/indexch.htm。

从各年龄段生育率看,25~29岁育龄妇女作为生育的主体人群,这一年龄段的育龄妇女生育率为108.14‰;其次,30~34岁育龄妇女成为生育的第二大人群,这一年龄段的育龄妇女生育率为68.72‰。

---

① 张丽萍、王广州：《女性受教育程度对生育水平变动影响研究》,《人口学刊》2020年第6期。

2.生育性别无差别偏好成为主流

生育性别偏好是影响人口性别比、家庭及社会人口结构和社会稳定的重要因素。如图 10 所示，51.99%的青年认为生男孩或女孩都行，可见，无性别差异生育观念已成为已婚青年的主流。其次，37.07%的青年偏好"儿女双全"；仅有 3.66%的青年表示想生男孩。总体来看，青年的生育性别观念已经由"男孩偏好"转向"男女都一样"的无性别差异偏好。众多实证研究表明，社会保障制度对男孩偏好产生了明显的弱化作用，同时促进了性别平衡；经济发展通过影响人们的价值追求和生活安排，也影响了育龄群体生育男孩的偏好。因此，随着经济水平不断提升，城乡居民收入普遍提高，参与养老保险的比例增加，同时受婚姻成本和自身经济条件等因素的多重影响，青年的生育性别偏好发生了明显的变化，"生男生女都一样"的想法已深入青年内心。

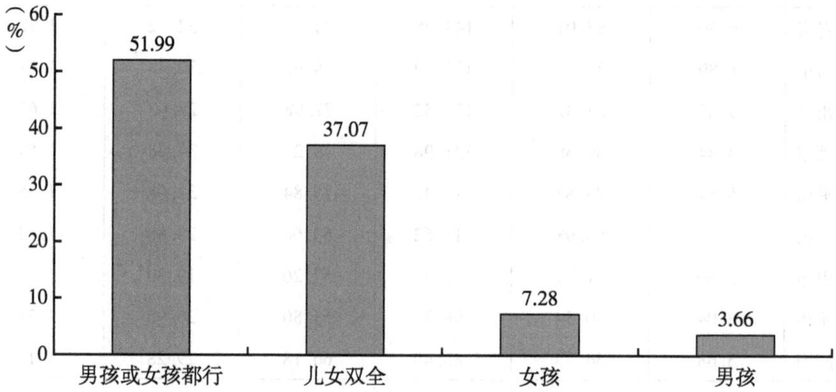

图 10　已婚青年对生育孩子性别的偏好（N=5921）

3.情感价值成为生育主要动机

生育动机通常是指人们对于生育子女价值的看法或观念。关于生育动机，调查数据显示（见图 11），夫妻幸福（44.52%）、人生完整（42.49%）、孩子有伴（33.56%），是最主要的生育动机。另外，老人心愿（17.01%）、传宗接代（14.25%）、养老有保障（11.25%）也是不容忽视的生育动机。在我国传统社会中，传宗接代常常是生育的主要目的，"养儿防老"的观念曾深刻影响了男孩生育偏好。但当前，追求"养儿防老""传宗接代"等子女经济效用的工具性、社会化动机已发生明显变化，而转换为给家庭带来幸福和满足的情感性动机以及强调生育本身意义的价值性动机。

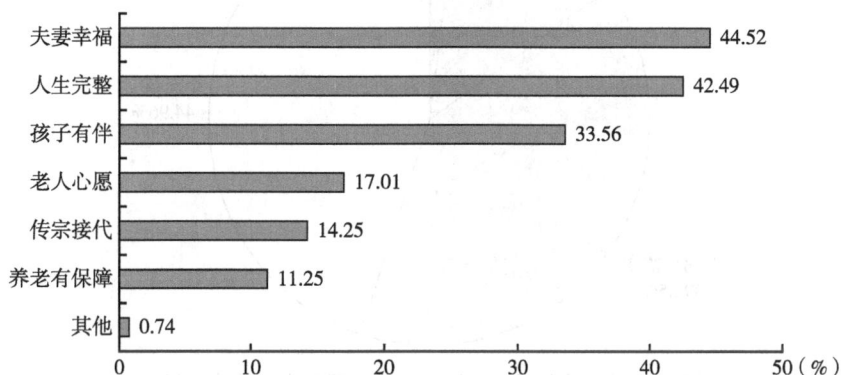

图 11 已婚青年愿意生育的动机分析（N＝5921，多选）

4. 生育支持政策体系逐步建成

在女性孕产哺乳期权益方面，福建积极落实女性青年在怀孕、生育和哺乳期间依法享有的各项权利，《福建省妇女权益保障条例》于 2024 年 6 月 1 日起正式施行，在全国率先规定灵活就业和新就业形态女性劳动者权益保障，进一步建立健全生育保险、假期、健康体检等妇女权益；率先增加系统性的生育支持保障措施，如将国家推广的幼儿园招收婴幼儿范围，扩大至三岁以下，减轻家庭生育负担，获得青年的广泛认可。关于女性在孕期、产假、哺乳期期间所享有的法定权益落实情况的调查显示（见图 12），44.96% 的青年认为这些法定权益已经得到全面落实，39.85% 的青年认为这些法定权益大部分已经得到落实，仅有 1.99% 的青年认为这些法定权益基本无落实。可见，共有 84.81% 的青年认可女性在孕期、产假、哺乳期期间所享有的法定权益落实成效。

在生育补助方面，福建不断推动有条件的地方对生育二孩、三孩的家庭每月予以一定补助。目前，泉州市德化县对依法生育三孩的德化县户籍家庭给予一次性生育补贴 1 万元。对采用"试管婴儿"辅助生育的，孩子出生后给

基本无落实
1.99%

少部分落实
13.20%

全面落实
44.96%

大部分落实
39.85%

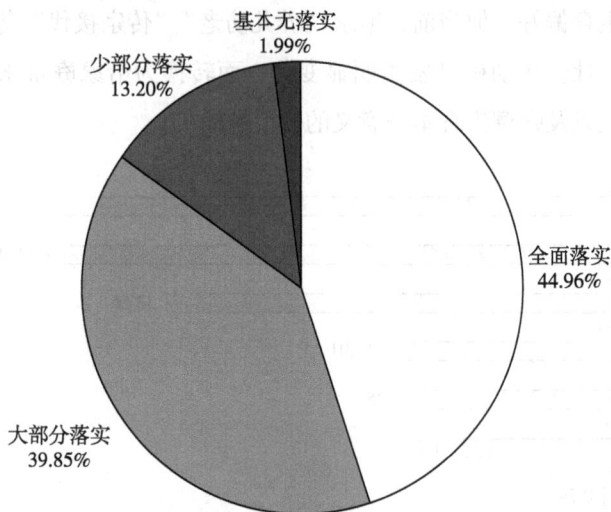

图12　对女性孕期、产假、哺乳期期间享有的法定权益
落实情况的评价（N=11516）

予一次性 2 万元补助。已向 160 户三孩家庭发放生育补贴 160 万元，向 19 户采用"试管婴儿"家庭发放辅助生育补助 38 万元。三明市明溪县对生育二孩及以上且首次产前检查的孕妇，另外给予 600 元辅助生育补助，顺产的另外给予 600 元住院分娩补助，剖宫产的另外给予 2000 元住院分娩补助，已发放补助资金 8.12 万元。邵武市对依法生育三孩的本市户籍家庭给予一次性生育补贴 1 万元。

在托育支持方面，福建省委、省政府连续四年将普惠托位建设纳入全省为民办实事项目，累计建设普惠托育机构 494 个，建设普惠托位近 5 万个，2023 年新建 1.27 万个。组织开展全省托育示范园创建活动，培育一批"公建公营、民办公助、托幼一体、医育结合、企业办托、校企共建、社区普惠"的示范典型。积极推动各地实施入托补助，厦门、漳州对普惠机构入托人员给予每人每月 200~600 元补助。① 总体而言，福建各级党委、政府加强对人口工作的组织领导，生育支持政策体系逐步建成。

---

① 《福建省卫生健康委员会关于省政协十三届二次会议第 20242131 号提案的答复》，https：//wjw. fujian. gov. cn/xxgk/fgwj/zxwj/202406/P020240617387183774366. pdf，2024 年 6 月 5 日。

（四）青年性教育效果基本良好

开展从青春期到成年后面对婚恋、承担家庭责任的性教育，对于青少年健康成长具有重要意义。本报告以中学生和成年青年为研究对象，既从中学生对性教育的重要性认知、性知识的了解度以及教育效果的满意度等维度，也从青年接受性教育的途径等方面，了解福建青年性教育的现状特征。研究结果表明，总体上，福建广泛开展了青年性教育和优生优育宣传教育，青年的性健康素养明显提升。

1. 中学生普遍认可性教育的重要性

性教育对于中学生性观念的形成起着重要作用。调查数据显示（见图13），58.84%的中学生认为性教育非常重要，27.12%的中学生认为性教育比较重要，12.62%的中学生认为性教育的重要性一般，分别仅有0.60%和0.82%的中学生认为性教育不太重要和非常不重要。可见，绝大多数中学生肯定了性教育的必要性。

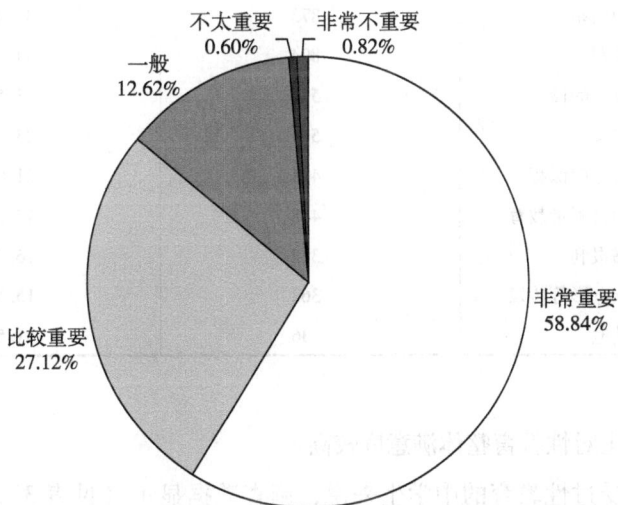

图 13　中学生认为性教育的重要程度（N=2330）

2. 中学生对性知识了解程度较高

在对性知识的了解程度方面，中学生对性知识的获取方式呈现多元化趋势。调查数据显示，有78.54%的中学生表示接受过性教育，还有21.46%的中学生表示没有接受过。在接受过性教育的中学生中，26.87%的中学生认为自己对性知识十分了解，41.76%的中学生认为比较了解，27.17%的中学生认为了解程度一般，3.43%的中学生认为不太了解，0.77%的中学生认为完全不了解。

对于性知识的认知途径，调查数据显示（见表2），青春期性教育专题讲座（45.36%）、视频网站（37.47%）和朋辈（34.51%）是福建中学生了解性知识的主要渠道。

表2　中学生性知识来源途径（N=2330，多选）

单位：人，%

性知识来源途径	人数	比例
青春期性教育专题讲座	1057	45.36
视频网站	873	37.47
朋辈	804	34.51
网络电子阅读	548	23.52
父母	541	23.22
学校开设专门课程	491	21.07
学校某些学科附带教育	448	19.23
图书报刊	382	16.39
广播/电视/电影等传媒	362	15.54
其他	36	1.55

3. 中学生对性教育整体满意度较高

对于接受过性教育的中学生来说，调查数据显示（见表3），22.75%的中学生表示非常满意，32.32%的中学生表示比较满意，37.98%的中学生表示一般，3.73%的中学生表示不太满意，3.22%的中学生表示非常不满意。可见，总体上，中学生对性教育的满意度较高。

表3　中学生对性教育的满意度（N=2330）

单位：人，%

满意度	人数	比例
非常满意	530	22.75
比较满意	753	32.32
一般	885	37.98
不太满意	87	3.73
非常不满意	75	3.22

4. 性知识来源渠道较为多样

关于性知识的来源途径，成年青年调查数据显示（见图14），网络（53.65%）、朋辈（48.32%）、广播/电视/电影（35.03%）、图书报刊（24.93%）、父母（23.90%）、学校课程（19.41%）等是主要的来源渠道。福建成年青年性教育的途径呈现多元化趋势，尤其是以网络渠道最为普遍。

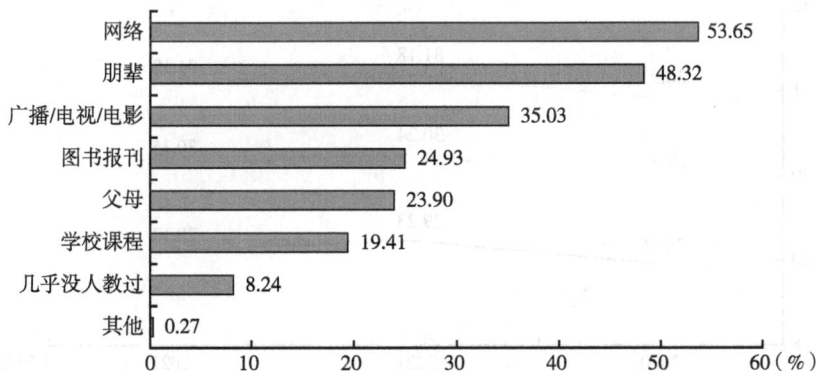

图14　性知识的来源渠道（N=13501，多选）

二　婚恋发展面临的新变化新问题

随着社会的快速发展和变革，社会价值观也出现多元、自主的发展趋势，当代青年追求自由、平等、包容和自我表达的后现代价值观渐渐取代了强调生存、安全、物质的现代价值观。[①] 在此转变趋势下，青年的婚恋发展也面临一些问题和挑战。

（一）晚婚不婚现象突出

在我国，随着受教育程度升高、婚姻支付金额攀升和现代化婚姻观念的传播，婚育年龄推迟也已成为普遍现象。翟振武和刘雯莉通过数据分析发现，2010年以来中国的晚婚趋势更为显著。[②]

从初婚年龄上看，福建青年近三年平均初婚年龄呈现推迟的变化趋势。2020～2022年，全省平均初婚年龄从29.96岁推迟到30.15岁，三年间推迟0.19岁。其中，男性的初婚年龄从30.91岁推迟到31.10岁；女性的初婚年龄从28.96岁推迟到29.12岁（见图15）。男性的平均初婚年龄历年来高于女性约两岁。全省男女两性初婚年龄推迟的特点较为明显，这表明，第二次人口转变中的晚婚或不婚率上升的特点在福建婚育人口中逐渐体现出来。

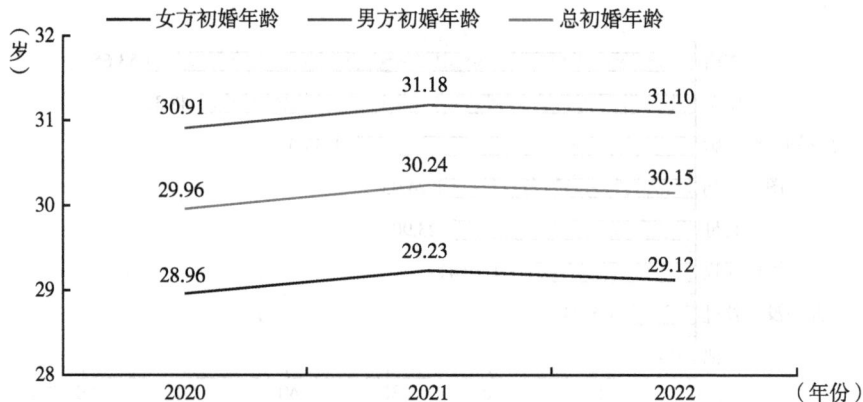

图15 2020～2022年福建初婚年龄分布

数据来源：《福建公布2022年婚姻登记大数据！平均初婚年龄超30岁，"姐弟恋"接近两成》，https://www.toutiao.com/article/7213741513279717940/？log_from=d8ebedc694458_1680146586531&wid=1714530724357，2023年3月23日。

[①] 《"五四"重磅策划｜新时代中国青年的价值观》，https://mp.weixin.qq.com/s/-6-fKnEr5r6i3Ec4Se4lOQ，2024年5月4日，

[②] 翟振武、刘雯莉：《中国人真的都不结婚了吗——从队列的视角看中国人的结婚和不婚》，《探索与争鸣》2020年第2期。

　　从结婚人口分布情况看，福建省统计局的数据显示，2022 年末，全省 15~35 岁人口中，未婚人口占 54.6%，已婚人口占 44.1%，离婚人口占 1.3%。在未婚人口中，男性占 59.5%，女性占 40.5%，男性未婚人口数高于女性。在不同年龄组中，20~24 岁人口中有 92.2%未婚，25~29 岁组有 52.5%未婚，30~35 岁组有 17.6%未婚，未婚人口占比随着年龄增长逐步降低，晚婚人口占比超过 70.1%。从结婚登记数量上看，2022 年，福建共办理结婚登记 166215 对（含补办 8370 对），较 2021 年下降 10.08%。其中内地居民结婚登记 164818 对，涉外、涉港澳台及华侨结婚登记 1397 对。2022 年，从全省结婚登记当事人情况看，初婚结婚登记 257724 人，占全年结婚登记总人数的 77.53%。再婚人数 53802 人，复婚 20904 人。从结婚登记数量年度数据看（见图 16），2018~2022 年，福建结婚登记总量从 275049 对下降至 166215 对，且呈现逐年下降趋势。

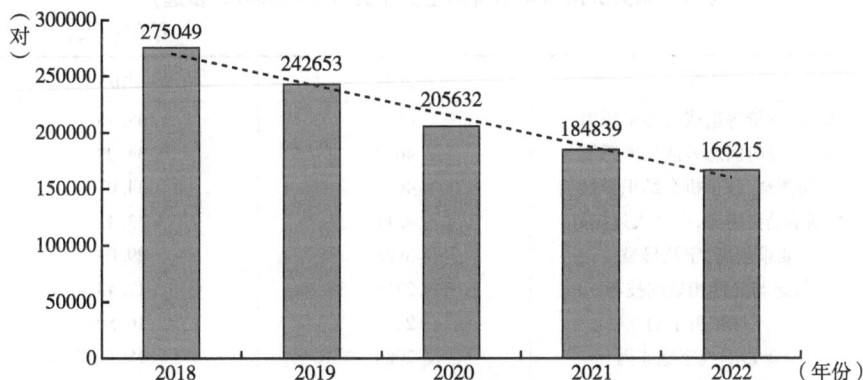

图 16　2018~2022 年福建结婚登记总量

数据来源：《福建公布 2022 年婚姻登记大数据！平均初婚年龄超 30 岁，"姐弟恋" 接近两成》，https://www.toutiao.com/article/7213741513279717940/？log_from = d8ebedc694458_1680146586531&wid = 1714530724357，2023 年 3 月 23 日。

　　调查数据显示（见表 4），房价、物价等造成的经济压力（48.46%），太忙，没时间恋爱或培养感情（34.09%），社交圈窄，缺少机会结识异性（34.07%）等是大龄青年单身的主要原因。可见，客观的经济压力已经成为大龄青年单身的主要原因，其次是个人休闲时间短缺、社交范围较窄。需要指出的是，经济压力中，彩礼、嫁妆、房产等方面面临的压力较为突出。

有学者研究发现，福建的彩礼、嫁妆分别为居民人均可支配收入的 10 倍和 4 倍，远远高于其他省份。[①] 同时，城市高昂的房价也是推高结婚成本的关键因素，如 2022 年福州市平均房价在每平方米 22746 元[②]，但 2022 年福州市城镇非私营单位就业人员年平均工资为 112248 元[③]。在没有父母资助的情况下，青年想靠自身能力买房结婚的经济压力巨大。[④] 婚姻缔结成本的上升影响了结婚率，许多年轻人感到"结不起婚"，进而选择推迟结婚或者干脆不结婚。也有部分学者研究发现，随着经济社会的快速发展和转变，人们的生活和工作节奏都变得越来越快，特别是育龄群体正处于事业的起步阶段，工作往往会耗费他们大部分的时间和精力，在时间资源十分紧张的情况下，婚恋的时间成本又在增加，因此阻碍了青年较早步入婚姻的意愿和行为。[⑤]

表4 认为大龄青年单身的主要原因（N=13501，多选）

单位：人，%

原因	人数	比例
房价、物价等造成的经济压力	6542	48.46
太忙，没时间恋爱或培养感情	4602	34.09
社交圈窄，缺少机会结识异性	4600	34.07
婚姻不是必需品，一个人过挺好	4511	33.41
要求较高，宁缺毋滥	3928	29.09
缺乏与异性相处的技巧	2360	17.48
不够积极主动	2227	16.50
父母影响或家庭原因	2080	15.41
情感曾经受创、对婚恋没有安全感	1905	14.11
自身性格、外貌等原因	1580	11.70
其他	79	0.59

---

① 钟若愚、岑育文：《婚姻转移支付是礼物还是负担？——基于子女婚姻对父母消费及满意度的分析》，《南方人口》2023 年第 2 期。

② 安居客：《2022 福州房价均价》，https://www.anjuke.com/fangjia/fz2022/。

③ 《福州市统计局关于发布 2022 年福州市城镇非私营单位就业人员年平均工资数据的通告》，https://tjj.fuzhou.gov.cn/zz/wjtz/202306/t20230615_4621671.htm，2023 年 6 月 15 日。

④ 张芬、方迎风、彭浩宸：《房价对家庭生育决策的作用机制——基于中国家庭追踪调查数据的实证研究》，《人口研究》2023 年第 2 期。

⑤ 杨凡、郭品锐、刘甲楠：《中国不婚、不育和少育的状况、影响因素与政策应对——中国不婚不育少育群体专项调查主要数据结果分析》，《人口研究》2024 年第 2 期。

（二）离婚登记人数呈上升趋势

《中国婚姻家庭报告 2023 版》数据显示，我国离婚率从 2000 年的 0.96‰ 上升到 2020 年的 3.1‰。但 2021 年离婚冷静期实施后，全国离婚登记数量明显下降，福建的离婚率也下降到 2.0‰。[①] 福建省民政统计数据显示，2020 年福建离婚登记人数为 9.33 万对[②]，而 2021 年福建离婚登记人数下降至 5.53 万对；[③] 2022 年福建共受理离婚登记申请 96338 对，当年完成离婚登记 58303 对，其中当年申请离婚且完成离婚登记的 57471 对，占离婚登记申请总数的 59.66%；33756 对离婚申请在冷静期内主动撤回或逾期未办理视为撤回，占比 35.04%；5111 对因处于离婚冷静期或登记发证期尚未办结，跨年至 2023 年继续办理。[④] 2023 年福建离婚登记人数上升为 6.9 万对。可见，自 2020 年开始，福建离婚登记人数呈现先明显下降，后又缓慢上升的趋势（见图 17）。

对于当前青年婚姻面临的主要问题，调查数据显示（见图 18），离婚率高（42.54%）位列第一，其次是闪婚闪离（30.94%），再次是剩男剩女（30.42%）。离婚率高、闪婚闪离会对社会和家庭产生多方面影响，包括可能面临家庭结构的变化、子女成长问题、心理健康问题、社会凝聚力下降等风险。而剩男剩女问题则可能影响人口发展过程和社会稳定性，进而影响长期的人口发展和社会发展。

（三）晚育不育趋势明显

在生育问题中，随着个人考量因素增多和传统观念影响减弱，"晚育"

[①] 育娲人口研究：《中国婚姻家庭报告 2023 版》，http：//www.yuwa.org.cn/，2023 年 8 月。
[②] 《2020 年 4 季度民政统计数据》，https：//mzt.fujian.gov.cn/gk/sjfb/202102/t20210209_5534212.htm，2021 年 2 月 8 日。
[③] 《2021 年 4 季度民政统计数据》，https：//mzt.fujian.gov.cn/gk/sjfb/202203/t20220322_5864811.htm，2022 年 3 月 21 日。
[④] 《福建公布 2022 年婚姻登记大数据！平均初婚年龄超 30 岁，"姐弟恋"接近两成》，https：//www.toutiao.com/article/7213741513279717940/？log_from=d8ebedc694458_1680146586531&wid=1714530724357，2023 年 3 月 23 日。

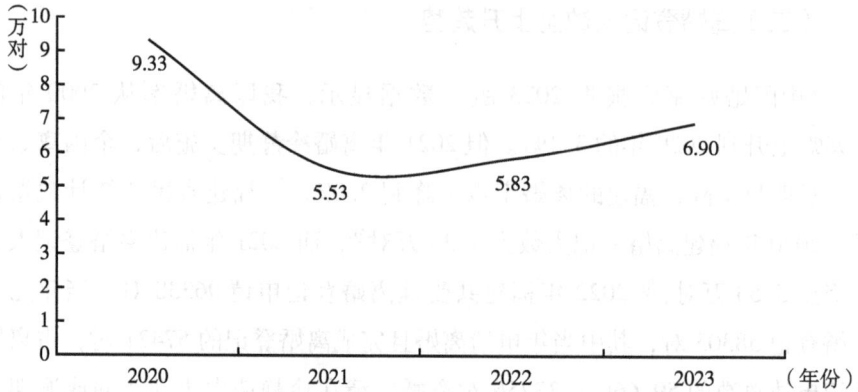

图 17 2020~2023 年福建离婚登记数量

数据来源:《2023 年 4 季度民政统计数据》, https://mzt.fujian.gov.cn/gk/sjfb/2024 04/t20240403_6424182.htm, 2024 年 3 月 26 日。

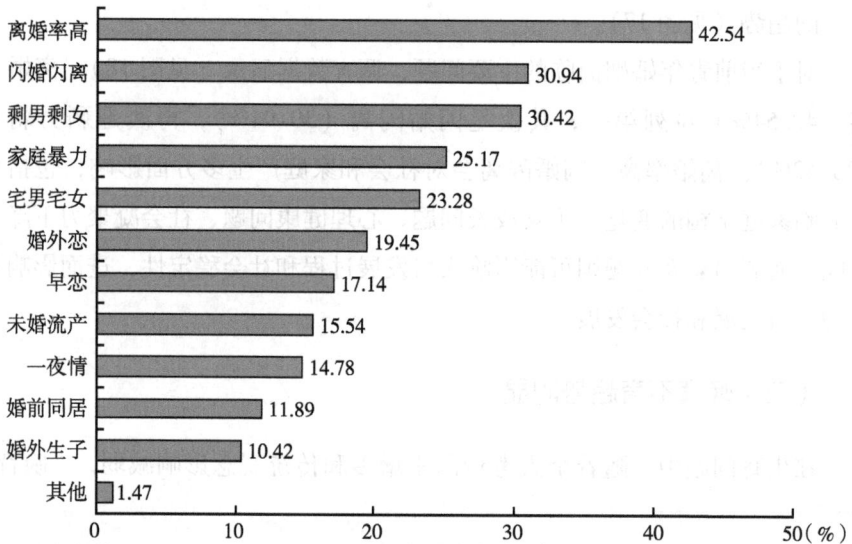

图 18 当前面临的主要婚姻问题 (N=13501, 多选)

"不育"现象也在青年中有所蔓延。

1. 晚育现象逐渐明显

2020 年福建全省育龄妇女各年龄段的生育情况中, 20~24 岁第一孩生育率37.55‰，25~29岁第一孩生育率53.41‰，30~34岁第一孩生育率19.89‰[①]；2022年全省育龄妇女各年龄段的生育情况中，20~24岁第一孩生育率29.92‰，25~29岁第一孩生育率57.41%，30~34岁第一孩生育率24.02‰[②]。2020~2022年，20~24岁第一孩生育率有所下降，而25~29岁和30~34岁第一孩生育率有所上升。25~29岁年龄段的生育率在两年间有所增加，反映出一部分人推迟生育至较晚的年龄。30~34岁年龄段被视为晚育的典型阶段，因为这个年龄段的女性通常已经完成教育学习，工作相对稳定，且有一定的经济能力来养育子女。福建25~34岁年龄段的生育率增加，某种程度上预示着晚育趋势逐渐明显。

2. 存在想生但实际生育率低的"生育赤字"现象

生育意愿作为反映个体生育行为最直接的态度与看法，可以作为生育水平的预测性指标，并在一定程度上反映生育水平的提升潜力。关于已婚青年生育意愿的调查数据显示（见图19），有生育意愿的已婚青年占比89.13%，说明大部分青年在观念上还是想要生的。同时，34.74%的青年选择生1个，50.08%的青年选择生2个，仅有4.31%的青年选择生3个及以上，可见半数以上青年有生二孩的意愿。这与李翔、赵昕东等学者对福建地区15~49岁常住育龄人群的调查结果十分相似。[③] 尽管在观念上，青年具有一定生育意愿，但实际上影响其真实生育行为的因素往往比较复杂，社会发展、经济压力、个体价值观等均可能对青年的生育决策产生影响。已有研究表明，"生育赤字"已成全球普遍现象，生育意愿与生育行为会偏离0.4~0.5。[④] 根据2020年福建人口普查数据，福建育龄妇女总和生

---

① 《福建省人口普查年鉴2020》，https://tjj.fujian.gov.cn/tongjinianjian/rk2020/indexch.htm。

② 《中国人口和就业统计年鉴2023》，https://www.shujuku.org/china-population-employment-statistics-yearbook-2023.html。

③ 李翔、赵昕东：《全面二孩政策效果是否显著？——基于福建地区二孩生育意愿的调查研究》，《东南学术》2019年第4期。

④ 贾志科、罗志华：《青年女性生育意愿与行为偏离的区域差异——基于文化和社会经济视角的发现》，《中国人口科学》2024年第2期。

育率是 1.38，显示了已婚青年在期望子女数和真实生育行为之间存在差距，呈现"生育赤字"。[1]

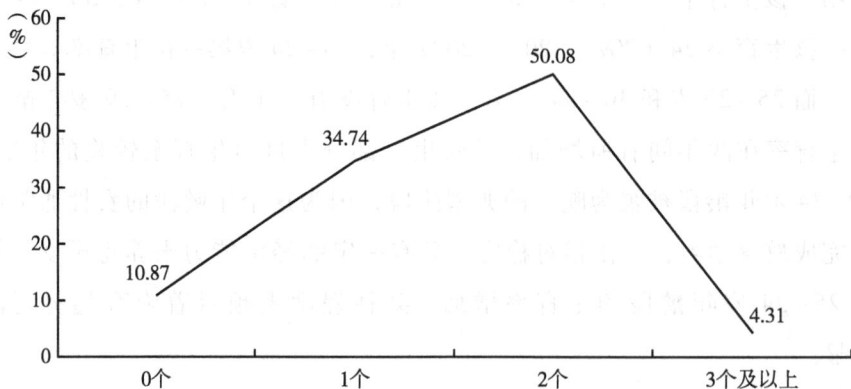

图 19 已婚青年生育孩子的意愿情况 （N=6643）

关于不生育的影响因素，调查数据显示（见图 20），"经济压力大"（66.76%）排在首位，其次是"教育孩子的压力大"（58.45%），"想过二人世界"（25.62%）排在第三位，"不喜欢孩子"（24.38%）排在第四位。可见，绝大多数不愿意生育的青年，主要是迫于经济压力以及孩子的教育成本。根据家庭生育经济理论模型，生育决策主要取决于生育对家庭经济利益的影响[2]，基于经济利益最大化原则，如果生育和抚养孩子的成本超过了本身的收益，人们就会减少生育数量。Lesthaeghe 认为，若将生育子女与抚养子女的过程看作家庭财富的流动过程，生育行为的产生将取决于生育子女是否会增加家庭财富，若能，则选择生育；反之，则选择不生育。[3] 总体上，生育成本高、养育难度大，成为福建青年"想生不敢生"的重要因素。

---

① 吴帆：《生育意愿研究：理论与实证》，《社会学研究》2020 年第 4 期。

② Leibenstein H., "The Economic Theory of Fertility Decline," *The Quarterly Journal of Economics*, 1975, 89 (1).

③ Lesthaeghe R., "A Century of Demographic and Cultural Change in Western Europe: An Exploration of Underlying Dimensions," *Population and Development Review*, 1983: 411-435.

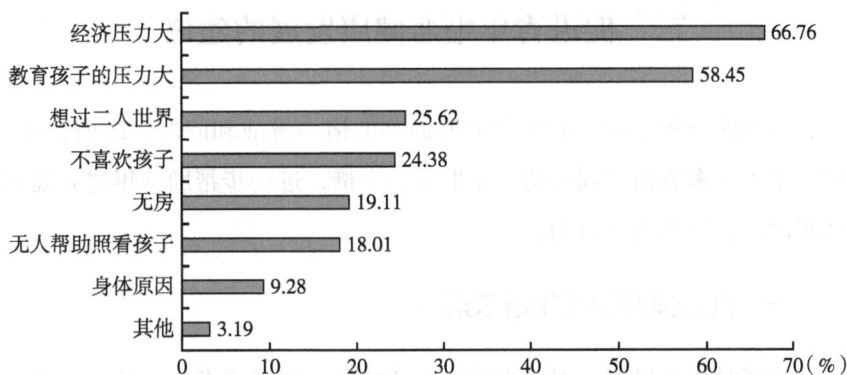

图20 已婚青年不生育的影响因素（N＝722，多选）

经济压力大 66.76
教育孩子的压力大 58.45
想过二人世界 25.62
不喜欢孩子 24.38
无房 19.11
无人帮助照看孩子 18.01
身体原因 9.28
其他 3.19

（四）青少年接受性教育效果有待进一步提升

随着社会的发展和信息的广泛传播，青少年首次性行为的年龄有降低的趋势，但相应的性知识和自我保护意识并未同步提高，青少年面临诸多风险。网络已成为青少年获取性知识来源的重要渠道，如表2显示中学生性知识来源途径中网络资源占比较高（视频网站37.47%、网络电子阅读23.52%），图14显示成年青年性知识的来源渠道也主要是网络（53.65%）。然而，网络资源参差不齐，充斥着血腥、色情、低俗等内容，亟待有关部门严加管理。学校性教育的知识来源途径比较科学正规，但占比还需进一步提升。许多学校的性教育仍然停留在传统的生理卫生知识讲解上，缺乏对性道德、性伦理和性法律的深入教育，对社会性别、性行为、性权利和避孕等话题也较少涉及。传统的性保守思想在一定程度上阻碍了性教育的推广和实施。一些家长和教师对性话题仍然敏感，担心性教育可能会诱导青少年的性行为，这种观念影响了性教育的开展。调查数据也显示，还有不少中学生对学校性教育的效果持一般或不了解的态度，这表明福建性教育的效果仍需进一步提升。

三 促进青年婚恋健康发展的建议

针对当前青年在婚恋和生育方面面临的诸多挑战和问题，政府、社会、家庭、个人等多方需共同努力，采取有力举措，进一步帮助青年建立健康的婚恋观念，促进其生育行为。

（一）营造良好的青年婚恋氛围

顺应新时代人民群众对婚姻美好生活的新向往新需求，全社会要进一步弘扬良好婚俗的新风尚，帮助广大青年建立健康、稳定的婚恋关系。

一是全力推进婚俗改革树新风。深入贯彻落实习近平总书记重要指示精神和党中央、国务院决策部署，持续加强婚姻管理规范化建设，推动形成文明节俭的婚俗新风，依据当地实际制定并细化实施策略，提升政策的执行效力。同时，大力扶持民间婚庆服务组织，坚决抵制不良婚俗现象，营造健康向上的婚礼风尚。党员干部需率先垂范，引领婚俗改革潮流，倡导简约婚礼，抵制高价彩礼，拒绝形式主义婚礼，以实际行动推动婚俗文化的正向变革。

二是多方联动共筑交友桥梁。针对青年交友中面临的问题和挑战，如内向羞涩、社交范围有限以及信任感建立的障碍等，共青团、妇联和工会等有关单位或组织应精心策划并广泛推广一系列高效、多元且具有鲜明特色的交友活动，有效解决青年在婚恋交友方面所遇到的难题。这些活动要紧密结合青年的兴趣爱好和实际需求，依据不同职业背景、兴趣特长及年龄层次，创新性地开展素质拓展、国风文化体验、萌宠互动沙龙、手工艺品创作以及富有创意的"婚礼展示"等多种形式的活动。同时，还可通过组织植树造林、河流保护、志愿服务等公益实践活动，让青年在服务社会中贡献力量，促进他们与志同道合者的相互了解和友谊深化，进一步拓宽他们的交友渠道。

三是进一步营造健康理性婚恋观。媒体可开设专栏或节目，邀请专家、学者或心理咨询师等，就婚恋中的常见问题、沟通技巧、情感管理等方面进行咨询和解答，为青年提供实用的婚恋知识和技巧。针对当前社会中存在的"物质至上""高价彩礼"等不良婚恋现象，媒体应积极倡导理性、务实的婚恋观，弘扬节俭婚恋文化，缓解青年对于高昂结婚成本与烦琐婚礼仪式的焦虑，引导社会回归理性与朴素的婚俗观念。

四是个人积极主动择偶。青年要清晰认识自己对于伴侣的期望和需求，包括性格、兴趣爱好、价值观、生活习惯等方面，积极主动参加各种社交活动，如聚会、兴趣小组、志愿者活动等，从而扩大自己的社交范围，增加结识潜在伴侣的机会。在寻求伴侣的过程中，青年不仅要注重个人形象的塑造，保持健康的生活方式，不断提升自我的知识与技能，增强自信心与吸引力；而且面对择偶过程中可能遭遇的挫折与失败，应保持一颗积极向上的心，坚信缘分终将到来，并从中汲取宝贵的经验，不断前行。

（二）引导青年树立正确的家庭观

习近平总书记高度重视家风建设，提出"要坚持以社会主义核心价值观为统领，树立新时代的家庭观"。[①] 青年形成正确的家庭观念，有助于家庭和谐与稳定。

一是弘扬新时代良好家风。要挖掘家庭观教育内涵，形成注重家庭、注重家教、注重家风的社会风气，深化家文化教育，引导青年从生命起源、延续与价值中，感悟家的意义，珍视亲情、家人与家庭的宝贵。鼓励创作正面文艺作品，积极打造弘扬社会主义核心价值观、传递正能量的家庭文明作品，尤其是利用展现新时代背景下福建地区的美好爱情、和谐家庭与幸福生活的作品，吸引青年从中汲取正能量。

二是发挥模范家庭的榜样效应。加大力度宣传模范家庭背后的家庭故事，深入挖掘和展示那些被评为文明家庭和最美家庭等荣誉称号家庭的真实

---

① 中共中央党史和文献研究院编《习近平关于注重家庭家教家风建设论述摘编》，中央文献出版社，2021，第70页。

故事，让更多人了解和感受到家庭的温暖和力量。广泛开展健康家庭观念的宣传教育活动，引导青年深刻理解并积极履行个人与家庭的责任，激励他们追求健康、积极向上的生活方式，有效减少不良嗜好和行为对婚姻生活的潜在负面影响，从而降低离婚率。

三是做好家庭的咨询调解服务。推进婚姻登记业务咨询和婚姻家庭辅导购买服务工作，充分利用社会志愿者、心理咨询师、律师等资源，推动家庭辅导从单一的离婚前调解向提供婚前教育、婚内咨询、婚姻危机干预、夫妻相处、亲子沟通等婚姻家庭全覆盖咨询服务模式转型，加大婚姻存续期个人的婚姻权益保护力度。

（三）构建生育友好型社会

为有效消除青年在生育决策方面的顾虑，促进青年积极考虑并实践生育计划，必须营造鼓励生育的良好氛围，从而充分释放人口生育的潜力。

一是打好积极生育政策组合拳。强化跨部门协作，通过制度创新与政策扶持，为青年生育提供更坚实的后盾，增强家庭发展的内生动力，有效激发生育潜力，逐步达到一个合理的生育水平，从而保障人口的长期稳定与均衡发展。具体而言，可针对多子女家庭（特别是三孩家庭），探索实施一系列阶梯式激励措施，包括但不限于生育补贴、婴幼儿照护津贴、教育资助及住房优惠等，并不断提高这些福利的补贴标准，以实质性减轻家庭在生育、抚养及教育过程中的经济负担。

二是不断增加普惠性托育服务供给。促进省、市级托育服务体系构建，涵盖综合服务中心、公办项目及普惠性托育点，以此激发地方政府投资与社会资本的活力。鼓励社区依托现有资源拓展托育服务功能，丰富和打造"15分钟托育圈"。倡导具备条件的企事业单位设立员工福利性托育设施，树立全国及省级"爱心托育标杆单位"。同时，各地应加大对普惠性托育服务的财政支持力度，实施生均补助政策，并根据经济社会发展水平适时提高补助标准，以保障托育服务的可持续发展。

三是积极营造生育友好的社会氛围。充分发挥各类媒体作用和群团组织优势，深入宣传人口国情与福建省情，协同构建完善的公共服务体系。同时，弘扬传统美德，倡导适龄婚育、优生优育理念，强调生育的社会价值及夫妻共同育儿责任。

（四）进一步推广青少年性教育

推广青少年性教育对于青少年性健康有着深远的影响，因此要切实提升中学生性教育效果，普及青年性教育。

一是稳步推动性教育体系建设。研发和更新性教育教材，确保其科学性、适用性和时代性，满足青年的学习需求。通过建设专业性教育网站、开发相关应用程序或利用社交媒体平台，传播正确的性教育观念和信息。设立专门的性咨询热线或在线平台，为青年提供专业的性心理咨询和辅导服务，帮助他们解决性相关的问题和困惑。

二是优化学校性教育。学校要将性教育纳入日常教学计划，进一步拓展学校性教育的渠道和形式，让性教育课堂生动有趣，激发学生的学习兴趣并提升参与度。在校园文化或班级布置中融合性教育的理念，让学生在日常生活中也能接触到性教育的科学知识和内容。

三是推动家长负起性教育责任。家长通过自己的行为为孩子树立正面的性教育榜样，展示出尊重、责任和对身体的正确认知。积极实践与孩子间开放、坦诚的交流对话，当孩子提出有关性的疑问时，需正视其探索的好奇心，以科学、审慎的态度予以回应。通过提供与年龄、认知相符的性教育，家长不仅传授必要的性知识，更应在日常互动中引导孩子建立健康的性观念，提升自我保护能力，营造理解与尊重的成长环境。

参考文献

风笑天：《青年婚恋观与生育实践研究》，《广东青年研究》2023年第4期。

甘雪慧：《私人领域的育儿实践与青年职业女性的三孩生育意愿——基于内蒙古已

婚职业女性的抽样调查》，《广州青年研究》2023 年第 4 期。

　　裴谕新、林媚、孙睿：《90 后青年的婚姻观与生育状况研究——一份来自广州市的调查报告》，《广东青年研究》2023 年第 2 期。

　　杨菊华：《中国离婚潮的变动轨迹与性别模式——经验数据中的理论逻辑》，《探索与争鸣》2023 年第 9 期。

　　陈卫：《中国的低生育率与三孩政策——基于第七次全国人口普查数据的分析》，《人口与经济》2021 年第 5 期。

　　汪永涛：《新生代青年的婚恋实践及其影响因素分析》，《中国青年研究》2021 年第 12 期。

　　景晓娟：《共青团服务青年婚恋模式研究》，《中国青年研究》2020 年第 4 期。

2024年福建青年就业创业研究报告

周　芳　姜金花　宋文玲　陈超敏*

摘　要： 本报告从青年就业、创业、职业生涯规划等维度，分析福建青年就业创业现状。研究结果显示，福建青年就业收入较为稳定，就业满意度较高，职业选择多样化，青年留闽意愿较强，但也存在"不就业""慢就业"比较突出等问题；创业动力源自热爱，创业意向分布广泛，创业整体氛围较好，但也存在就业创业实践不够充分等问题；职业规划较明确，职业认知渠道多样化，职业理想凸显个性化，但也存在中学生职业生涯规划意识不足的问题。因此，福建要进一步加强政策顶层设计，改善青年就业创业环境，增强青年就业创业动力，提升青年就业创业能力，弘扬闽商精神培优扶强青年企业家。

关键词： 福建青年　就业　创业

　　青年是推动经济社会发展的生力军，青年创新创业是激发国家高质量发展新动能的重要力量。中共中央和国务院长期重视青年创新创业工作，2017年出台的《中长期青年发展规划（2016—2025年）》中明确提出"鼓励青年创新创业的政策和社会环境需要不断优化"。青年就业与创业是关系到福建经济长远发展、社会和谐稳定的重要议题。福建深入学习贯彻习近平总书记重

---

　　* 周芳，福建江夏学院公共事务学院，副教授，研究方向为创业管理；姜金花，福建江夏学院马克思主义学院，讲师，研究方向为思想政治教育；宋文玲，福建江夏学院工商管理学院，副教授，研究方向为组织行为与人力资源管理；陈超敏，福建江夏学院电子信息科学学院，助教，研究方向为思想政治教育。

要指示精神，把青年就业创业作为工作重中之重，更加突出就业优先导向，千方百计促进高校毕业生就业，确保青年就业形势总体稳定。福建人素有"敢为人先、爱拼会赢"的开拓创新精神，福建经济充满活力、特色鲜明，尤其是以"晋江经验"为优势的民营经济发展，为广大青年搭建了创新创业创造的广阔舞台，青年创新创业创造拥有强劲的动力。

本报告从青年职业选择、创业青年的创业行为、待业青年的影响因素、中学生职业生涯规划等维度，分析福建青年就业创业发展现状、特征及面临的问题，提出有针对性的对策建议。

一 就业创业现状分析

福建不断推动完善促进青年就业创业政策体系。2023年1月印发《福建省进一步支持大学生创新创业若干措施》，结合福建省实际，提出推进创新创业平台建设，加大大学生创新创业普惠金融支持力度等措施。2023年6月出台《促进2023年高校毕业生等青年就业创业十条措施》，涵盖扩就业、拓岗位、促创业、强服务、暖帮扶等举措，利用一切有利因素为在闽高校学子与省外优秀闽籍学子在闽就业创业创造条件，全力推进高校毕业生高质量充分就业。青年就业创业的社会支持体系不断完善。

（一）就业满意度较高，留闽工作意愿较强

针对青年就业现状的调查，主要从收入水平、工作满意度、择业偏好、未来预期等方面展开分析。

1. 就业收入较稳定

据国家统计局福建调查总队住户抽样调查，2023年福建居民人均可支配收入45426元，比上年名义增长5.4%。从收入来源看，全省居民人均工资性收入、经营净收入、财产净收入、转移净收入分别名义增长5.5%、

6.2%、3.8%、5.0%。[①] 对此，福建青年具有获得感。其中，35.46%的青年认为平均月收入小幅度提高，10.62%感到平均月收入大幅度提高（见图1）。

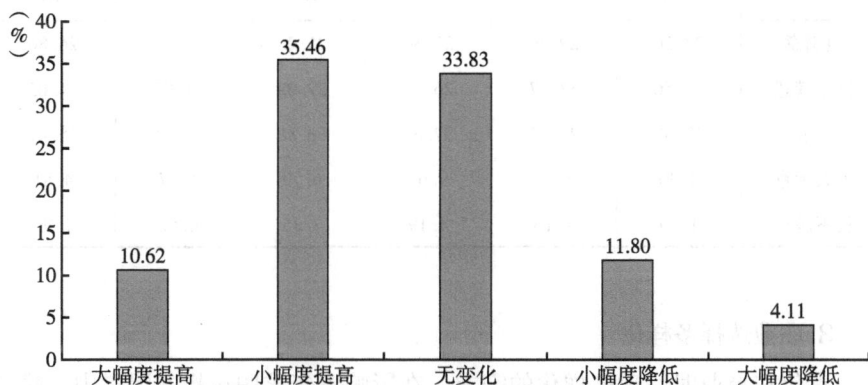

图1　平均月收入变化情况感知（N=7577）

注：本数据扣除了拒绝回答和无收入的青年样本。

2.就业满意度较高

职业青年的工作满意度主要从岗位工作内容、工作环境、收入待遇、职业未来发展、同事关系以及职业的社会地位六个维度来考察。调查数据显示（见表1），对岗位工作内容的评价，60.82%的青年表示"很满意"和"比较满意"（统称为"满意"，下同），66.96%对工作环境表示满意，48.63%对收入待遇表示满意，54.33%对职业未来发展表示满意，75.60%对同事关系表示满意，57.89%对职业的社会地位表示满意。2019年以来，福建各地区出台一系列助力大学毕业生来闽就业的政策，如岗位补贴、就业补贴、创业补贴、新福卡、租房补贴等，越来越多本地和外地大学毕业生选择来闽留闽就业、圆梦，呈现较高的就业满意度。

---

① 《2023年福建居民人均可支配收入增长5.4%》，国家统计局福建调查总队微信公众号"福建调查"，https://mp.weixin.qq.com/s/mB7sT_SV0idcN0I1C_Bjww，2024年1月18日。

表1 职业青年对工作的满意度评价（N=7908）

单位：%

满意度评价	岗位工作内容	工作环境	收入待遇	职业未来发展	同事关系	职业的社会地位
很满意	27.26	29.49	21.86	25.25	34.57	26.86
比较满意	33.56	37.47	26.77	29.08	41.03	31.03
一般	33.38	28.73	37.52	36.81	22.41	35.41
不太满意	4.30	3.15	9.66	6.50	1.37	4.81
很不满意	1.49	1.16	4.19	2.35	0.62	1.90

3. 职业选择多样化

青年在择业时呈现多样化的需求。在影响青年求职选择的因素中，排名前五位的分别是："薪资待遇好"（43.27%）、"工作稳定"（27.02%）、"符合自己兴趣、志向"（24.41%）、"有发展空间和前景"（21.63%）、"工作时间灵活/有较多休假时间"（20.88%）（见表2）。此外，"符合自己的能力""工作压力不大""工作环境好"等也是较多考虑的因素。这说明青年在求职择业时优先选择能提供良好经济回报的职业，其次是考虑工作的稳定性，求稳心态较为常见，然后是考虑职业与个人兴趣和价值观的匹配度，再次是有发展空间和前景等。

调查数据显示，22.16%的青年期望成为公务员，15.98%的青年期望成为事业单位员工，12.53%的青年期望成为国有企业员工（见表3），这部分青年在职业选择时更倾向于稳定性较强的体制内工作。15.86%的青年期望成为自由职业者，12.12%的青年期望自己开个小店（线上或线下），6.67%的青年期望创业开公司，2.42%的青年期望从事网红、直播等新媒体行业，这部分青年在职业选择时更倾向于自由度高、灵活性强的工作。职业选择方向多元，也体现了青年在择业时对于自由职业的向往和追求。

表2　求职择业时的偏好（N＝9885，多选）

单位：%

求职择业考虑因素	占比	求职择业考虑因素	占比
薪资待遇好	43.27	工作地点离住所近	14.29
工作稳定	27.02	能体现个人价值	14.17
符合自己兴趣、志向	24.41	与自己专业对口	11.99
有发展空间和前景	21.63	加班少	10.54
工作时间灵活/有较多休假时间	20.88	受人尊敬、有社会地位	6.49
符合自己的能力	19.00	符合家人、老师的意见	5.14
工作压力不大	16.00	社会地位高	4.27
工作环境好	15.16	其他	0.08
发展机会大	15.11		

表3　最理想的就业方向（N＝9885）

单位：%

就业方向	占比	就业方向	占比
公务员	22.16	暂不工作	4.52
事业单位员工	15.98	私营企业员工	2.58
自由职业者	15.86	外资企业员工	2.48
国有企业员工	12.53	从事网红、直播等新媒体	2.42
自己开个小店	12.12	非营利社会组织员工	1.87
创业开公司	6.67	其他	0.80

4. 留闽工作意愿强

针对职业青年和大学生留闽工作的原因进行调查，结果显示（见图2），"家在福建或在福建上学，对福建比较熟悉"（68.70%）排在首位。被福建自然环境（40.13%）、人文环境（35.33%）、经济发展（32.89%）所吸引，因而选择留在福建工作也是主要因素。总体而言，不论是闽籍还是非闽籍青年，被福建所吸引而愿意在闽工作，反映出广大青年对福建这方水土的热爱，留闽意愿较为强烈。如2021年3月，习近平总书记在福州调研期间提到"七溜八溜，不离虎纠（福州）"，这句方言俚语的意思是"尽管到过很多地方，还是身处心系、离不开福州"，尽显福州的城市魅力，也吸引了大批在榕学子留榕工作。近年来，福建出台一系列人才政策，为人才的住房、生活、待遇提供更为系统的保障，营造了良好的青年就业创业氛围，吸纳来自全国各地的青年留闽就业创业。

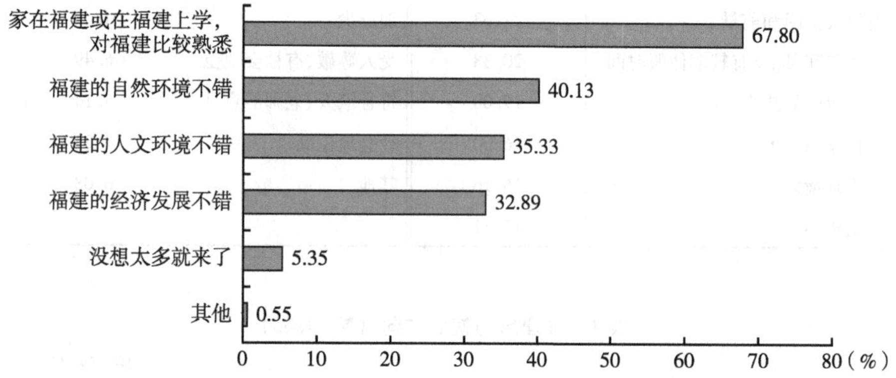

图2　职业青年和大学生留闽工作的原因（N=9885，多选）

　　2022年以来，福建省委组织部、省人力资源和社会保障厅发布《关于引导和鼓励高校毕业生留闽来闽就业创业工作的通知》，提出求职免费住宿、人才储备生活补助、扶持创新创业等12条利好措施，吸引高校毕业生留闽来闽就业创业。福建深入实施"八闽英才"培育工程和大学生实习"扬帆计划"，搭建"人才福建周""人才创业周"等引才平台，助力优秀闽籍青年返闽就业创业，如为在闽实习的省外优秀闽籍学子提供实习补贴、租房补贴等，针对在北京、上海等省外闽籍学子集中的高校建立高校工作站，加快省外优秀闽籍学子信息库建设，常态化开展联系，充分吸纳闽籍学子回闽就业创业。此外，2022年以来，福建省委组织部通过引进生项目选拔引进高水平高校优秀毕业生248人，北京大学、清华大学等10所高校领导集中来闽参加福建引进青年人才座谈会，进一步密切省校合作。2022年通过"扬帆计划"吸引国内外知名高校32719名优秀学子来闽实习，较2021年（10987人）增长198%，人数是2019年的35倍。

（二）创业方向多元化，创业氛围评价较好

习近平总书记在参加十三届全国人大二次会议福建代表团审议时强调，要营造有利于创新创业创造的良好发展环境，要向改革开放要动力，最大限度释放全社会创新创业创造动能，不断增强我国在世界大变局中的影响力、竞争力。[①] 2021 年 3 月，习近平总书记来闽考察时强调，要加大创新支持力度，优化创新生态环境，激发创新创造活力，为福建做好创新创业创造工作进一步指明了方向。[②] 福建先后出台《关于营造有利于创新创业创造良好发展环境的实施意见》等一系列政策措施。创业呈现蓬勃发展态势，日益成为福建经济社会高质量发展的新引擎。本报告主要从创业动力、创业意向、创业氛围、创业资金需求四个方面分析青年创业的基本情况。

1. 创业动力源自热爱

调查数据显示（见图 3），青年创业动力源自"做自己喜欢做的事"（44.73%）排在首位，"追求理想的生活方式"（43.96%）排在第二位，"证明自己的能力，挑战自我"（35.48%）排在第三位，而"追求个人财富积累"（32.13%）排在第四位。可见，多数青年创业出于发展型动机。福建创业政策支持力度大，民营经济活跃，这使得青年创业意愿较强，他们积极投身于市场经济的浪潮，追求自我实现和发展，对标创业楷模和创业精英形象，努力成为一名优秀的创业者。"缓解就业压力"（26.74%）排在第五位，说明生存型创业也是一个重要方面。值得注意的是，有部分青年将创业视为自己为社会作出贡献（15.94%）的一种方式。创业确实能够发挥积极作用，在一定程度上解决社会问题，比如降低生产成本、创造更多就业机会等。

---

① 《营造有利于创新创业创造的良好发展环境——习近平总书记参加福建代表团审议时的重要讲话产生热烈反响》，中华人民共和国中央人民政府网站，https://www.gov.cn/xinwen/2019-03/11/content_5372720.htm，2019 年 3 月 11 日。

② 《习近平在福建考察》，中华人民共和国中央人民政府网站，https://www.gov.cn/xinwen/2021-03/25/content_5595687.htm，2021 年 3 月 25 日。

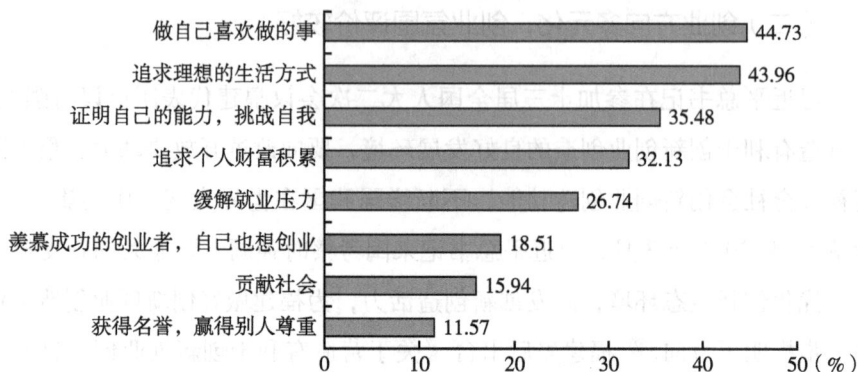

图3　创业动力来源（N=389，多选）

2.创业意向分布广泛

从创业行业来看（见图4），有20.82%的青年选择主播/网红/新媒体运营，占比最高，这体现了互联网和新媒体的快速发展影响了青年的创业意识，拓宽了青年的创业领域，渗透到青年的创业行动中。批发零售位列第二，占19.54%，这表明传统行业对年轻人依然具有一定的吸引力，尤其在商品流通和零售领域，创业青年可以通过线上线下结合的方式，实现更广泛的覆盖和更高效的销售。15.94%的青年创业意向为文化、体育和娱乐业，显示出年轻人对于创意和文化产业的浓厚兴趣。越来越多的年轻人在选择行业时既考虑了市场需求，也注重个人的兴趣和技能，青年的创业方向呈现多元化和个性化的特点。

3.对福建创业氛围评价较高

创业青年对所在县市创业氛围的评价结果显示（见图5），认为氛围"非常好"的创业青年占比25.45%，认为"比较好"的占比42.16%，这表明多数创业青年对所在县市的创业环境持积极评价。福建地处东南沿海，是创新创业的福地，拥有得天独厚的地理和资源优势，同时福建政通人和、行政效率高、优惠政策多、市场充满活力，在"敢为天下先，爱拼才会赢"闽商精神的加持下，福建创新创业氛围浓厚，营商环境具有显著优势，为创业者提供了广阔的发展空间。近年来，福建通过持续开展"创

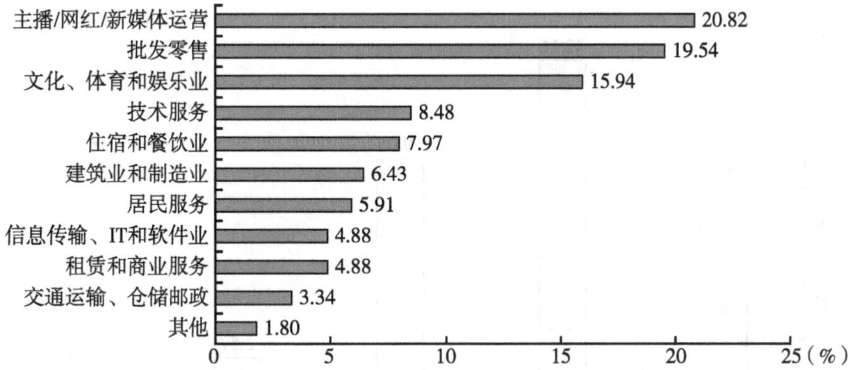

图4 创业青年最青睐的创业行业 （N=389）

青春"福建省青年创新创业大赛、福建省返乡大学生创新创业大赛、福建省"互联网+"大学生创新创业大赛、海峡两岸女大学生创新创业大赛等，以赛促创，为青年创业者提供创业辅导、展示交流、资本对接、骨干培训等支持，着力构建青年创业生态圈，为青年"筑梦搭台"，助力每一位心怀梦想的创新创业者在八闽大地追梦、筑梦、圆梦，在创新创业中书写精彩人生。截至2022年12月，青年创新创业赛事活动历年累计总投入近5120万元，吸引投资资金5500多万元，扶持创业青年2450多名。① 作为共青团福建省委着力打造青年创业生态圈、不断完善服务青年创新创业工作体系的品牌赛事，"创青春"福建省青年创新创业大赛自2014年启动以来已连续举办10届，福建省返乡大学生创新创业大赛自2019年启动以来共举办5届，福建省妇联连续10年举办海峡两岸女大学生创新创业大赛。涌现出"石墨烯碳塑合金材料""AI人工智能管道巡检机器人"等一批科技含量高、市场潜力大的优质创新项目，为福建的创新创业发展注入了新鲜血液和活力。

4.期待的创业支持方式多样

在希望获得的创业支持调查中，"提供一定的启动资金"（32.13%）、

---

① 《福建以赛促创 为青年"筑梦搭台"》，福建省人民政府网站，https：//fujian.gov.cn/xwdt/fjyw/202212/t20221204_6070943.htm，2022年12月4日。

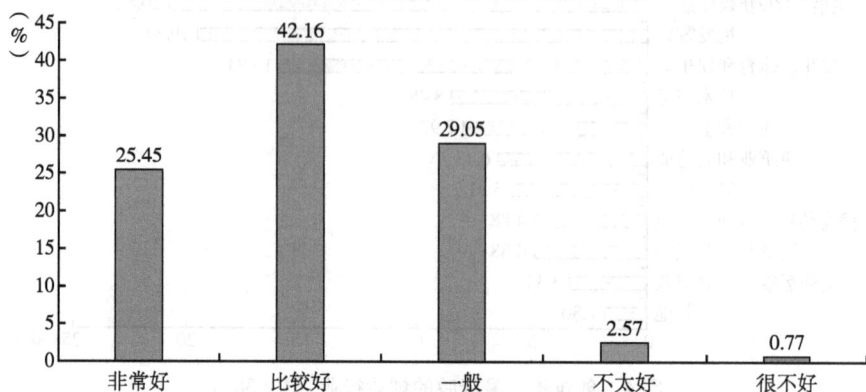

图5 创业青年对创业氛围的评价（N=389）

"优化贷款、担保政策"（30.08%）、"开展创业培训和指导"（22.62%）、
"给予税收优惠"（21.85%）、"提供产业资源"（19.79%）是众多青年希望
获得的主要创业支持方式。此外，青年对于"加强创业服务机构建设，如
建立创业孵化平台"（19.54%）、"简化注册审批程序"（17.74%）、"提供
与同行交流的平台"（17.74%）等支持也充满期待（见表4）。

表4 创业青年希望获得的创业支持方式（N=389，多选）

单位：%

创业支持方式	占比
提供一定的启动资金	32.13
优化贷款、担保政策	30.08
开展创业培训和指导	22.62
给予税收优惠	21.85
提供产业资源	19.79
加强创业服务机构建设,如建立创业孵化平台	19.54
简化注册审批程序	17.74
提供与同行交流的平台	17.74
拓宽融资渠道	15.68

创业支持方式	占比
提供创业基础设施设备	15.42
拓宽交易渠道	13.37
舆论支持	6.43
其他	1.80

（三）职业认知渠道多样化，职业理想个性化

青年成功就业创业，依托于良好的职业生涯规划、职业认知、职业选择和职业行动，是基于青年职业理想的努力成效。本报告针对就业青年、大学生和处于职业启蒙阶段的中学生开展调查，总体上，青年职业理想呈现多样化的特点，他们在职业选择中更加注重个人兴趣和创意的发挥，同时也关注社会服务和职业发展。

1. 职业规划较明确

关于个人未来的发展规划，职业青年和大学生选择最多的三个职业规划方向是"继续学习深造，争取更高学历"（42.15%）、"在本单位寻找新岗位或晋升"（37.30%）、"考公务员或事业编制单位"（34.94%）（见图6）。可见，绝大多数青年都有较为清晰的职业规划，他们在规划时勇于追求进步，既有对学历的追求，也有对职业发展的追求。

调查数据还显示（见图7），37.28%的青年拥有初级职业技能或职业资格，19.13%的青年拥有中级职业技能或职业资格，职业技能或职业资格是年轻人进入某些领域的敲门砖，青年有一定的获取意愿和行动。

2. 职业认知渠道呈现多样化

对于中学生职业认知渠道，调查数据显示（见图8），视频网站（62.80%）、父母（53.31%）、朋辈（51.15%）是主要来源。此外，网络电子阅读（28.55%）、广播/电视/电影等传媒（22.28%）、图书报刊（20.12%）以及学校开设专门课程（16.44%）亦是主要渠道。可见，随着互联网的普

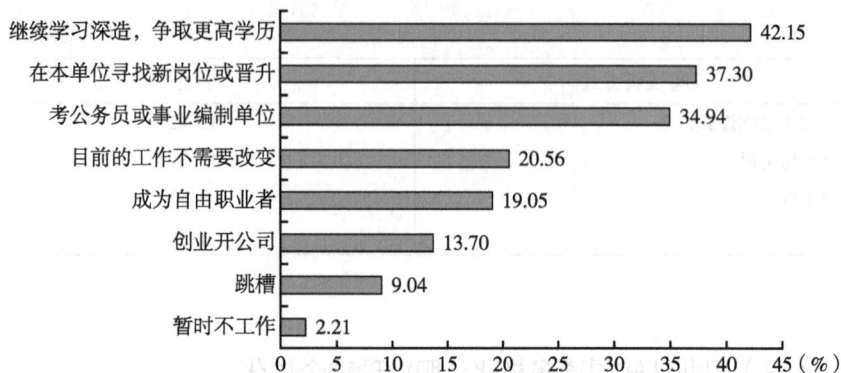

图6 职业青年和大学生未来三年的发展规划（N=9885，多选）

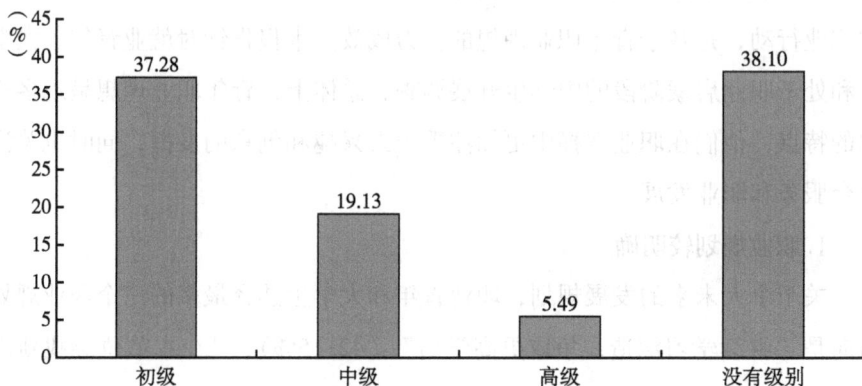

图7 职业青年和大学生职业技能/职业资格等级情况（N=9885）

及和发展，中学生倾向于通过网络更快速地了解各种职业信息、行业动态和市场需求。

对于职业青年和大学生的就业信息获取渠道，调查数据显示（见图9），通过专门的招聘网站（38.92%）、直接与用人单位接触（或登录用人单位网站）（31.23%）、熟人介绍（30.42%）、招聘会（29.94%）、人才市场（28.70%）、学校推荐（26.26%）是主要渠道。总体上，青年职业认知渠道多样化。

3.中学生职业理想凸显个性化

中学生将来最想从事的职业呈现多样化、个性化的特点。创意和艺术类

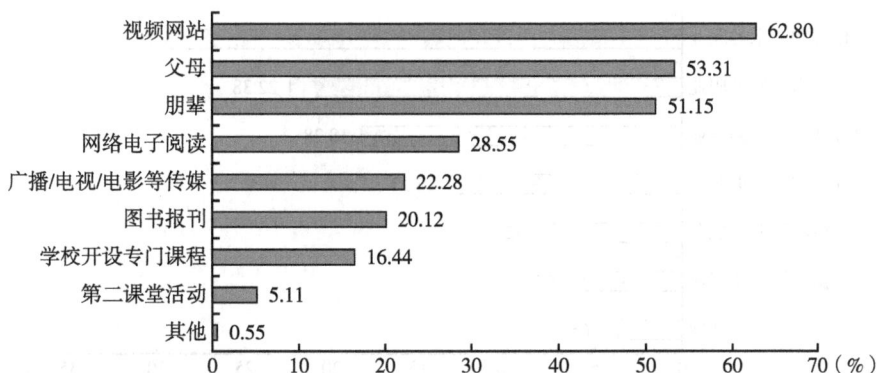

图8　中学生职业认识途径的主要来源（N=2330，多选）

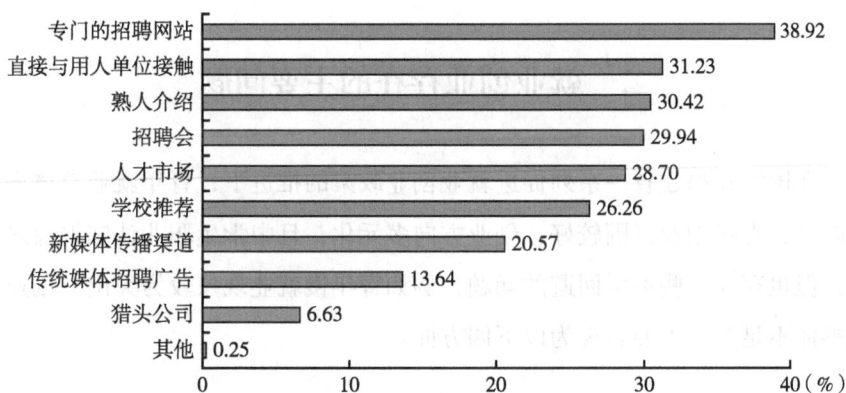

图9　职业青年和大学生获取就业信息的主要渠道（N=9885，多选）

职业成为中学生最向往的职业方向，占比29.42%（见图10），这表明当前中学生注重个人兴趣和创意的发挥，他们渴望通过艺术、创作和表达来实现自我价值。医学、科研等学术科研类职业也受到不少中学生的青睐，占比22.38%，这反映出中学生对于科学研究、医学等领域的兴趣和向往，也体现了他们对于知识探索和学术研究的追求。另外，有18.28%的中学生选择服务性和教育类职业（如导游、服务员、教师等），这展现出中学生服务社会的责任感初显。同时，推销员、经理等商业和管理类职业以及会计、职员等行政职能类职业也受到部分中学生的关注。

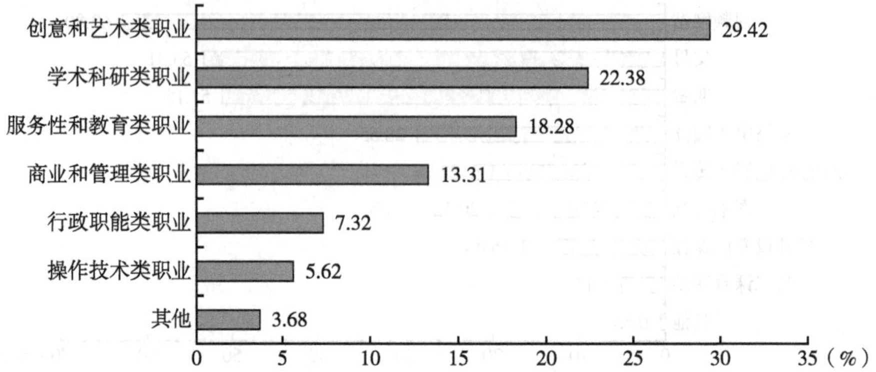
创意和艺术类职业
29.42
学术科研类职业
22.38
服务性和教育类职业
18.28
商业和管理类职业
13.31
行政职能类职业
7.32
操作技术类职业
5.62
其他
3.68
0
5
10
15
20
25
30
35（%）

图 10　中学生最想从事的职业类型（N=2172）

二　就业创业存在的主要问题

在国家和福建省一系列促进就业创业政策的推进下，青年就业总体满意度较高，青年创业氛围较好，创业方向多元化，且中学生职业认知渠道多元化，但也存在一些不可回避的问题，例如青年慢就业现象较为突出、创业实践整体不足等，主要表现为以下四方面。

（一）普遍存在一定就业焦虑

当前，世界经济形势较严峻，经济恢复基础尚不牢固，就业市场亦受到一定冲击，青年就业促进工作仍面临诸多挑战。如福建省人力资源市场2024年第三季度职业供求状况分析显示，劳动力供求总量同比下降、环比上升。本季度职业供求总量为46.89万人次，同比下降4.33%。其中：岗位需求登记25.21万人次，同比下降5.5%；求职登记21.68万人次，同比下降2.93%。有技能要求的熟练工求人倍率为1.99；在岗位（工种）上，“其他生产制造及有关人员”“营销员”“快递员”企业需求缺口最多，“行政办事员”“秘书”“商品营业员”则供大于求，总体呈现供求不旺盛的趋势。

对于就业焦虑的调查，超半数的青年表示"有点焦虑"（57.00%），20.82%表示"很焦虑"，仅有22.18%表示"不焦虑"，说明青年存在就业焦虑。这种焦虑可能源于个人理想的职业发展前景与现实的落差、对自身能力的担忧、对激烈的人才竞争市场的认知等多种因素。

（二）"不就业""慢就业"比较突出

对尚未就业青年的调查数据显示（见图11），"竞争压力大"（42.61%）、"刚毕业，继续考研或考编"（37.31%）、"等待获得更好的就业机会"（30.30%）排在原因的前三位。部分青年在就业市场竞争压力增加的背景下，选择继续提升学历、考编制或者暂时待业，进一步导致"慢就业""缓就业""暂不就业"等现象。

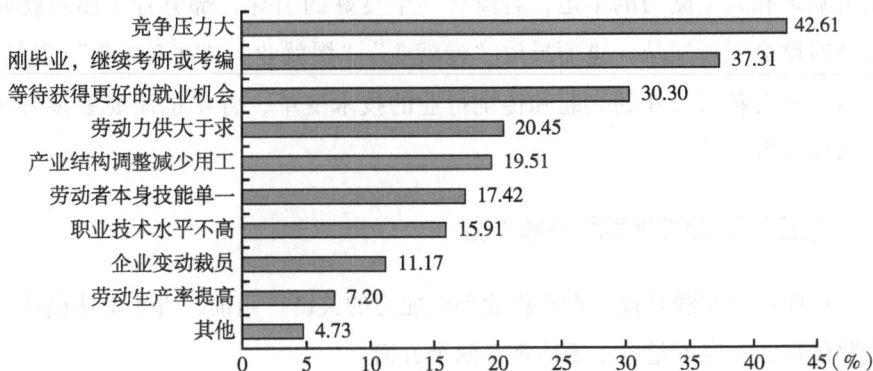

图11 尚未就业的原因（N=528，多选）

此外，"劳动力供大于求""产业结构调整减少用工""企业变动裁员""劳动生产率提高"等外部经济因素也是造成青年未就业的原因。可见，解决青年待业问题是一项系统工程，需要政府、学校、家庭、社会、企业等多方协同发力。随着人工智能等技术的应用，未来将有许多低技术含量的工作被替代，需要青年不断储备自身人力资本，不断积累经验，打造个人的核心竞争力。

关于青年的"慢就业""缓就业""暂不就业"现象，原因可能有两点。第一，受社会环境和家庭期望的双重影响。随着科技的发展和产业结构的调整，就业市场发生了巨大的变化，传统行业有所衰退，新兴行业快速崛起。然而，部分青年对于新兴行业的认知不足，坚守传统的就业观念，导致他们难以适应市场的变化，面对如此激烈的竞争时，往往会产生焦虑、迷茫等负面情绪。同时，随着受教育水平的提高，家庭对子女的期望也普遍提高，许多家长希望子女能够找到一份稳定、高薪的工作，然而这并非年轻人自己对职业的最佳预期。现实的压力、家庭的期望与自己的职业理想产生冲突时，青年在就业选择上会出现焦虑、迷茫等心态。第二，职业发展观念不成熟。许多青年在职业发展观念上还不够成熟，缺乏长远的职业规划和目标，对未来发展方向缺少一个高远和前瞻性的判断，进而忽视了自身人力资本的不断储备和职业发展的可持续性。由于职业经验的缺乏和人生阅历的不足，若没有一个良好的引导，部分青年面对就业选择时就会无所适从，进而导致"慢就业""缓就业""暂不就业"现象。当然，随着新兴行业的兴起和传统行业的技术变革，青年也需要更多时间去适应这种变化。

（三）就业创业实践不够充分

就业创业实践是提升青年就业创业能力的关键。当前，青年就业创业实践整体存在一定不足，主要体现在两个方面。

一是就业创业教育与实践呈现一定的脱节态势。高校作为青年迈向就业创业市场的培养阵地，承载着为青年提供接触、了解市场的重要窗口功能。然而，福建就业创业领域的课程仍然以理论知识的单向灌输为多，缺少有机融入实际工作场景的生动案例。部分就业创业课程体系缺乏精准的"靶向性"，难以依据不同青年的特质、需求与目标，量身定制差异化的教育方案与精准指导策略，导致青年在参与过程中难以切实从中汲取养分，实现自身就业创业素养的实质性突破。

根据中学生对学校职业生涯规划教育效果的评价可知（见图12），32.27%的中学生认为目前学校职业生涯规划教育效果明显，超过一半的中学生对学校的职业生涯规划教育效果持中性和负面评价。其中，选择"效果一般"的学生占比最高，达到44.76%，这反映出学校的职业生涯规划教育在内容和实施上还存在不足，未能满足学生的实际需求。而选择"效果不明显"（占比10.43%）和"没有开展"（占比12.36%）的学生仍然占据一定比例，直接反映了部分学校职业生涯规划教育存在脱离实际、未落实到位等问题。

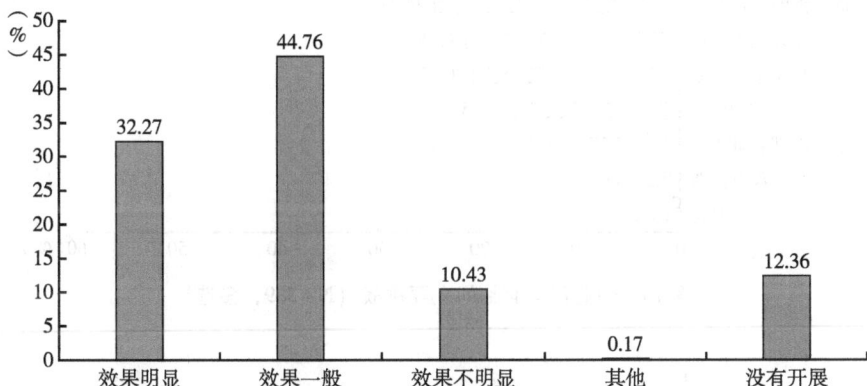

图12 中学生对学校职业生涯规划教育效果的评价（N=2330）

二是青年创业面临一定的外在不利因素。2020年以来，受国际国内经济形势的影响，创业形势相对严峻复杂，这给青年创业带来了较大的挑战。调查数据显示（见图13），市场竞争激烈（48.33%）、人力资源成本高（30.08%）和厂房店面租金高（27.51%）是青年创业面临的主要挑战。青年创业者还面临诸多来自政策、资金、市场等多方面的挑战，需要更多的政策支持和资金扶持。调查数据显示（见图14），青年创业者获取创业资金的途径主要依赖个人积累和家庭支持，国家和金融机构在创业资金支持方面存在一定局限。具体而言，个人积累（59.90%）、家人和亲属资助（53.73%），以及朋友、生意伙伴与其他社会关系（35.73%）是青年创业资金的三大来源。相比之下，政府（8.23%）、创投机构（12.08%）、金融机构（15.94%）则排在较后位置。由于青年已有的资源和经验较为不足，他们在创业的道路上会遇到各种挑战和不确定因素，这些问题可能让他们望而生畏，不敢轻易尝试创业。

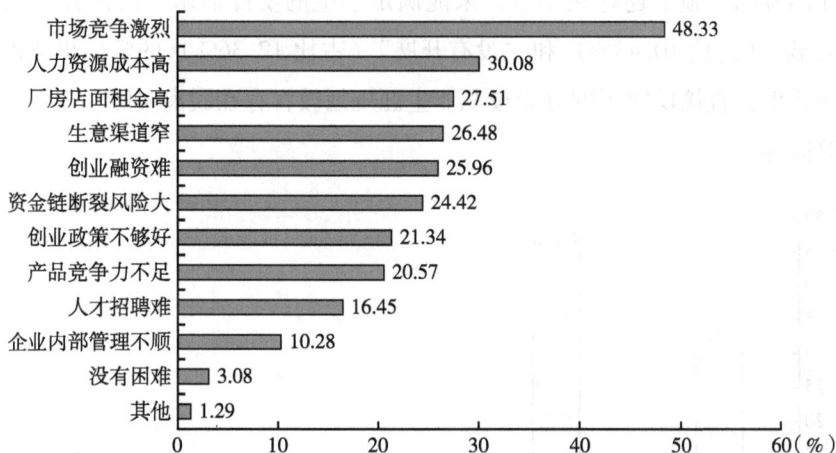

市场竞争激烈 ████████████████ 48.33
人力资源成本高 ██████████ 30.08
厂房店面租金高 █████████ 27.51
生意渠道窄 █████████ 26.48
创业融资难 █████████ 25.96
资金链断裂风险大 ████████ 24.42
创业政策不够好 ███████ 21.34
产品竞争力不足 ███████ 20.57
人才招聘难 ██████ 16.45
企业内部管理不顺 ████ 10.28
没有困难 █ 3.08
其他 ▌1.29

0　　10　　20　　30　　40　　50　　60（%）

图 13　创业青年面临的主要挑战（N=389，多选）

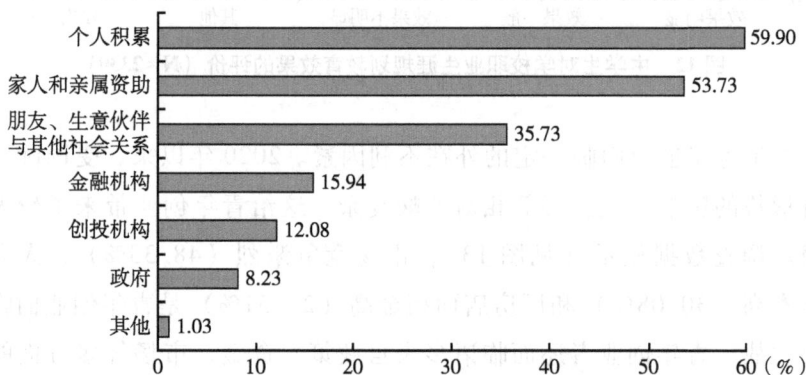

个人积累 ████████████████████ 59.90
家人和亲属资助 ██████████████████ 53.73
朋友、生意伙伴与其他社会关系 ████████████ 35.73
金融机构 █████ 15.94
创投机构 ████ 12.08
政府 ███ 8.23
其他 ▌1.03

0　　10　　20　　30　　40　　50　　60（%）

图 14　创业青年创业资金来源情况（N=389，多选）

（四）中学生职业生涯规划意识不足

中学生就业创业意识的培养对于学生个人成长具有重要意义。然而，在高考的压力之下，社会各界普遍注重学生传统的学科知识学习，而对职业生涯规划和就业创业意识的培养不够重视，这种倾向导致部分中学生缺乏对自身职业生涯的规划，对未来的就业和发展没有清晰的认识和目标，还存在就业创业意识淡薄、职业生涯规划意识不强等问题。对职业了解程度的调查数据显示（见图15），35.41%的中学生表示仅对身边人或自己感兴趣的职业较为了解，8.88%的中学生表示对职业的内容了解较少，而6.78%的中学生几乎不了解任何职业。中学生在学业压力和个人成长的双重负担下，往往难有时间和精力来思考未来的职业，也缺乏足够的信息获取途径，职业认知相对较为薄弱，对职业生涯教育的重要性认识不足，因而需要社会、学校、家庭加强职业规划的启蒙教育。

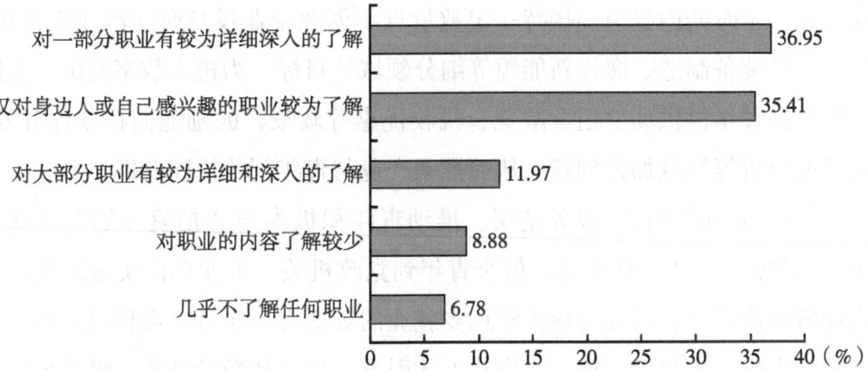

图15　中学生对职业的认知情况（N=2330）

三　促进青年就业创业发展的对策建议

促进青年就业与创业，需政府部门、教育系统、行业、社会多方协同，优化政策体系、教育体系、产业体系、公共服务体系，激发青年就业创业活力，提升青年就业创业能力。为此，福建应从匹配青年就业创业的社会总供给和总需求切入，多措并举推进青年就业创业高质量发展。

（一）强化顶层设计，激发就业创业梦想

进一步强化顶层设计，打造更加完备的政策体系、优化政策执行，确保

政策落实，是青年就业创业工作顺利开展的重要支撑。

一是结合本省产业优势进行人才需求预测。深入分析福建优势产业，如电子信息、机械装备、纺织服装等，以及新兴的数字经济、海洋经济产业等。围绕这些产业制定长期和短期青年就业创业战略规划，吸引青年投身其中。持续推进"技能福建"建设，深入实施技能提升工程，构建产业需求导向、供需衔接的人才培养体系，促进青年就业创业发展。鼓励青年参与海上丝绸之路沿线国家的贸易往来和项目合作，为福建跨境电商、港口物流等产业注入新的活力。将海洋产业打造成青年就业创业的重点领域之一，设定在未来一定时期内吸引和扶持一定数量青年创业企业投身海洋渔业现代化、海洋高端装备制造、海洋新能源等细分领域的目标。为进入数字经济产业园区创业的青年提供场地租金减免、税收优惠等政策，鼓励他们在软件开发、大数据分析等领域加强创新，从而推动产业与青年创业协同发展。

二是引导鼓励青年服务基层。推动青年积极参与"扬帆计划""三下乡""返家乡"等实践活动，健全青年到党政机关、事业单位实习制度，加大优质岗位供给，增强闽籍青年返乡就业的吸引力。实行更加积极开放、更具吸引力的人才政策，进一步完善人才引育、扶持和激励措施，吸引更多青年人才来闽留闽、聚闽兴闽。

三是持续完善金融扶持青年创业政策。针对青年创业资金短缺的问题，推出专为青年创业设计的低息贷款产品，简化贷款申请流程，提高审批效率。设立青年创业引导基金，如数字经济创业基金、海洋产业创业基金等，对具有发展潜力的项目进行直接投资或提供担保，降低青年创业的资金门槛，助力他们将创意转化为实践项目。

（二）完善公共服务平台，改善就业创业环境

聚焦助力青年就业创业，积极营造有利于青年发展的良好平台和公共服务，营造良好的青年就业创业社会舆论环境，优化福建省青年就业创业环境。

一是加强平台建设，保障信息流通。整合福建现有的各类青年就业创业服务平台，如福建"24365"大学生就业创业服务平台、福建省毕业生就业

创业公共服务网等，实现数据共享和功能互补，避免重复建设和信息孤岛。加强国家与其他省级就业创业服务平台的对接，拓宽青年就业创业的视野和渠道。在平台上设置精准匹配功能，利用大数据和人工智能技术，根据青年的专业、兴趣、技能和企业的需求，实现岗位与人才的精准对接。

二是完善公共服务，为青年就业创业减压。住房、婚育、工作、子女教育、养老、医疗等公共服务是青年密切关注的现实话题，现实压力会影响青年的就业创业观念。住房、婚育、养老服务等不断完善，可以提升青年就业创业归属感和获得感。组织开展丰富多彩的青年联谊活动，拓宽交友渠道，多措并举保障青年人才安居乐业，营造更加开放包容的重才爱才、用才敬才氛围，不断提高青年人才对福建的认同感。提供离校未就业高校毕业生实名就业服务、人事代理服务、落户服务、档案保管服务、档案转递信息查询服务等各类公共服务。

三是营造良好的社会舆论环境，助力青年创业。加强典型宣传，一方面为创业者和潜在的青年创业者创造更好的创业或企业发展环境；另一方面致力于提升青年企业家现有的公众形象，创造一个适宜青年企业家成长的氛围，发扬成功创业青年的模范作用和宣传导向作用，弘扬创业文化，为青年创业推波助澜，真正做到让想创业的有机会、会创业的有舞台、创大业的有地位。

（三）加强职业规划引导，增强就业创业动力

鼓励青年做好职业生涯规划，树立正确的职业价值观，给予青年就业创业更多的支持与引导，提升其就业创业动力。

一是引导青年进一步做好职业生涯规划。对于职业青年，应引导其收集职业信息的收集、拓宽信息获取渠道、做好物质和心理准备，了解和掌握行业市场发展趋势、专业结构情况、社会对专业人才的要求，从职业方向、职业知识、职业目的、职业要求、职业价值等个体特点出发，结合对职业信息的认识和掌握，树立自己的职业目标和职业方向，明晰自己的职业阶梯，打造个人在职场的核心竞争力。对于创业青年，引导其在创业过程中善观时

变，敢于应变，主动创新、勇于创新，寻求适合自己的职业生涯模式，及时调整职业生涯规划以应对日益变化的创业环境和经济形势，寻求有意义的职业和有价值的生活方式。对于中学生，引导他们综合分析与权衡个人的兴趣爱好、个性特点、多元能力、职业价值观等，强化自我认知和职业认知，将高考志愿填报专业与个人职业规划结合起来。

二是强化就业创业指导，增强就业创业动力。社会、高校、企业、家庭应多方协同，给予青年就业创业更多的关爱与引导，提升其就业创业动力。从就业角度，改变原有的"不就业""慢就业"现象，增强青年就业的主动意识，规避就业问题上青年的"等、靠、要"思想，拓宽就业渠道，加强就业指导，提升青年就业能力。鼓励青年创新创业，在青年中倡导"幸福是奋斗出来的"思想观念，营造奋斗有我、勇于创新创造的社会氛围，聚焦新产业、新业态、新职业，加强青年创业指导，增强青年创业动力，让青年在城市发展实践中担当作为。引导青年创业者优化经营理念、管理能力、创新思维，把握市场信息、社会资源，并把它们转变为现实中的商业运作能力。

（四）健全教育培训体系，提升就业创业能力

健全的教育培训体系，一方面可以提升青年职业认知能力以减少职业迷茫，另一方面可以提升青年就业创业的人力资本和社会资本储备，提升其核心竞争力，这对于他们未来的职业发展具有重要意义。

一是注重知行合一，优化就业服务协同保障机制。推广福州"工匠榕城"技能提升工程的良好做法，开展全省"新兴业态"技工培训活动，探索职业技能培训"揭榜挂帅"机制。根据市场需求和青年就业创业方向，提供多样化的职业技能培训课程，如数字经济、智能制造等领域的专项技能培训。推广泉州"涌泉"行动的良好做法，加大对全省高校毕业生等青年人才的吸引和集聚力度。提高生活补贴标准和扩大发放范围，如对不同学历的青年人才给予更具吸引力的一次性生活补贴和社保补助等。

二是强化引导培训，提升青年创业能力。创业培训应涵盖个人定位、行

业分析、创业基础和创业实践等多个方面，培养青年创业意识和创业能力。增设创业实践培训课程，培养创业精神和实践能力。高校可以通过开展各类实践活动来丰富教育内容，如实习、实训、模拟演练等，积极开展企业开放日、引才进企、青年职业体验等活动，多角度、成体系地在实践中增强青年的创业能力。引导青年更深入地了解职业领域的要求和挑战，培养解决问题的能力和应变能力，促进青年之间的交流与合作，培养团队合作精神和沟通能力。完善创业导师制度，进一步加强导师队伍建设。加大导师就业创业知识培训力度，通过举办专业培训和学术交流活动来提升导师的专业知识和技能，使其更好地掌握最新的就业创业教育理论和方法，引导他们逐步成长为优秀的就业创业教育者。鼓励高校建立双导师制度，由高校教师和行业导师担任职业导师，从学生入学时便为每一名学生分配 1~2 位职业导师，在教授专业知识的同时帮助学生做好就业创业指导。通过这些举措，既可提升导师队伍的整体素质，提高其教学水平，也可为青年尤其是大学生提供更优质的创业教育服务与培训。

（五）弘扬闽商精神，激发就业创业活力

福建人一向秉持"爱拼才会赢"的信念，闽商精神体现了福建商人的核心价值观和特质，它不仅是对传统文化的尊重和传承，也是对现代企业文化的创新和发展。应进一步在福建青年中弘扬与传承闽商精神，从而激发青年就业创业活力。

一是塑造青年闽商文化。首先，应加强对闽商精神的宣传，结合各类创新创业赛事等宣传活动凝聚人心，汇聚力量。让闽商精神成为锤炼青年道德品质的能量源、激发青年励志奋斗的助推器、增强青年闽商文化自信的铺路石，成为锤炼青年就业创业的良好示范和价值引领。其次，可在优秀青年就业创业群体中培育新生代闽商队伍，培育造就有站位、有能力、有胸怀的新生代闽商队伍，组建新生代闽商组织，弘扬闽商精神，树立青年闽商文化，进一步营造推动青年创新创业的良好氛围。在青年创新创业中融入闽商人物、闽商精神、闽商名言，构建闽商文化孕育下的青年就业创业环境。

二是激发青年就业创业活力。民营经济是福建经济的特色所在、活力所在、优势所在。鼓励青年以饱满的创新热情、创业豪情、创造激情,进一步解放思想,改革创新,敢于担当,勇于作为,不断做大做强,促进联合发展。鼓励青年弘扬和创新"晋江经验",善观时变、顺势有为、合群团结、自强不息,以此助力民营企业发展,增强闽商发展的底气和信心。指导选树一批具有示范引领效应的青年就业创业典型案例,用身边人鲜活事例激励青年树立正确的就业观、创业观。通过形式多样的政策宣传,鼓励青年提振信心,脚踏实地,勇担时代使命,实现人生价值。

参考文献

刘晓欣、陈天鑫:《重新认识当代宏观经济运行的基本规律——基于"实体经济—虚拟经济"分析框架视角》,《当代经济研究》2024 年第 4 期。

何文炯:《基于共同富裕的养老金体系优化》,《社会保障评论》2024 年第 2 期。

张青松、代伟:《青年失业率攀升的形成机制与政策应对》,《青年探索》2024 年 4 月 15 日。

王欢:《新媒体背景下大学生就业创业指导工作创新路径探析》,《四川劳动保障》2024 年第 2 期。

周丽姣、马志强:《新媒体时代促进大学生就业创业思路探究》,《新闻研究导刊》2024 年第 4 期。

姚成林:《福建省普通高校毕业生就业质量评价研究——基于 2019—2021 届福建省毕业生就业监测数据》,《太原城市职业技术学院学报》2024 年第 1 期。

丁倩:《创新创业教育与大学生就业核心竞争力提升的关联性研究》,《就业与保障》2024 年第 1 期。

邓丽丽、王维宏:《借鉴国外经验改革创新创业教育提升大学生就业创业能力策略研究》,《沈阳工程学院学报》(社会科学版)2024 年第 1 期。

刘高雷、马连志:《新就业形态下大学生就业创业的困境和对策》,《中国就业》2024 年第 1 期。

李嫚:《构建高职青年教师就业创业能力评价机制的路径》,《四川劳动保障》2024 年第 3 期。

李辉:《提升毕业生高质量就业服能探索》,《中国大学生就业》2024 年第 2 期。

B.7

2024年福建青年文化研究报告

隆颖 徐秋*

摘 要： 本报告从文化传承、文化传播、文化消费、文化创新四个维度，分析福建青年文化发展现状、特征及面临的问题。研究结果显示，福建青年文化呈现传统与现代相结合的传承方式、数字化与创意驱动的传播特点、时尚与个性化的消费趋势以及科技与文化深度融合的创新特征。面对青年文化传承主动性不足、传播深度与广度有限、消费结构优化不完善以及创新能力有待提升等问题，福建要持续加强文化多元共融，推动文化创意产业高质量发展，优化文化消费环境，激发青年文化创新潜能，完善文化基础设施，逐步完善具有福建特色的青年文化生态系统。

关键词： 福建青年 文化环境 文化传承 文化传播 文化创新

党的二十大报告提出"推进文化自信自强，铸就社会主义文化新辉煌"的重大任务，就"繁荣发展文化事业和文化产业"作出了部署安排，为新时代文化发展指明了方向。① 福建拥有丰富的优秀传统文化资源，包括非物质文化遗产（以下简称"非遗"）、传统工艺、民间艺术和特色建筑等。这些文化瑰宝不仅是福建的历史记忆，也是激发福建人文化自信的重要根基。在文化全球化和多样化发展的背景下，福建青年对优秀传统文化的态度、行

---

* 隆颖，福建江夏学院设计与创意学院，副教授，研究方向为数字媒体艺术、文化遗产教育；徐秋，福建江夏学院公共事务学院，讲师，研究方向为绩效管理、制度实施评价。

① 《繁荣发展文化事业和文化产业（认真学习宣传贯彻党的二十大精神）》，http://www.news.cn/politics/2023-01/10/c_1129270203.htm，2023年1月10日。

为和实践，不仅反映了他们对文化传承的责任感，也展现了他们在文化创新与消费中的积极角色。

本报告从文化传承、文化传播、文化消费、文化创新四个维度，分析福建青年文化发展现状、特征及面临的问题，提出有针对性的对策建议。

一 文化发展现状分析

传承、传播、消费和创新是文化发展的核心框架：创新驱动文化的发展和进步，保证文化的时代性和活力；传承确保文化的连续性和深度，为青年文化提供根基和灵魂；传播扩大了文化的影响力，通过现代通信技术将地域文化推向全球舞台；消费则反映了文化的实际价值和市场反馈，显示了青年对文化产品和活动的偏好。总体而言，福建青年文化的创新、传承、传播和消费呈现了独特的面貌特征和发展趋势。

（一）"传统+现代"文化赓续传承

青年文化传承是对福建悠久历史文化的继承与发扬，是对地方特色文化的坚守与维护。这种传承不仅是对家乡文化的自豪表达，也是赋予其新活力与新思想的关键动力。在全球化的语境下，青年的文化传承活动对于提升地方文化的国际影响力及促进跨文化交流具有重要意义。在时代发展的浪潮中，福建青年在文化传承方面展现了多样化的手法和创新性的路径。他们将传统与现代相结合，推动文化活态传承实践，确保文化传统在现代社会中的连续性和相关性。

1. 传承方式多样，青年参与渠道拓宽

调查数据显示（见图1），青年对传统文化的认知和重视程度显著。具体而言，43.67%的青年认为传统文化"非常重要"，41.76%表示"比较重要"，累计85.43%的青年表达了对传统文化重要性的积极认可。相比之下，12.85%的青年对传统文化的重要性持中立态度，认为其重要性"一般"。数据结果表明，青年普遍认同传统文化的价值，并对其传

承发展高度重视，为"福"文化传承发展工程的持续实施提供了坚实的社会基础。

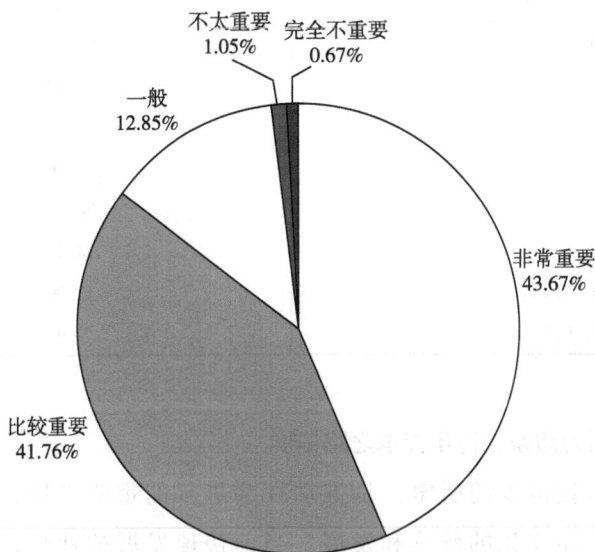

图1 对传统文化的重要性认知（N＝15831）

在文化传承的社会化实践方面，福建地区的活动展现了显著的多样性。青年参与传统文化活动情况的调查数据显示（见表1），传统节日与庆典（64.25%）、地方信俗活动（34.87%）和民俗活动（28.96%）排在第一、第二和第四位，显示出这类活动在日常生活中的普及性和文化重要性；美食文化节（33.02%）排在第三位，凸显了饮食习俗在福建传统文化中的根深蒂固；手工艺与传统工艺体验、书法与绘画体验的参与度相对不高，一定程度上反映了快节奏现代生活的影响，因为这些体验式的文化活动需要投入较多的时间和精力；而传统体育与游戏活动参与人数不多。综上所述，青年通过参与多种传统文化活动，展现了对地方文化和精神的多层面、多角度传承。不同类型的文化活动受欢迎程度虽有差异，但这种多样性丰富了文化传承的手段，为青年文化繁荣提供了更为广阔的发展空间。

表 1   参与的传统文化活动类型（N=15831，多选）

单位：%

活动类型	占比
传统节日与庆典	64.25
地方信俗活动	34.87
美食文化节	33.02
民俗活动	28.96
艺术与表演	24.27
书法与绘画体验	14.21
手工艺与传统工艺体验	12.29
传统体育与游戏活动	9.92

2. 创新活力激发，青年传承之路拓展

创新是时代进步的引擎，是推动社会进步的重要力量；而传承则是文化的根基，是文化的延续和发展。当前快速发展的社会背景下，激发创新活力并拓展文化传承的路径，以实现传统文化与现代文化的有机融合，已成为一项重要课题。青年在文化传承方面表现出很强的创新精神。他们不仅继承了优秀传统文化，还通过自己的努力和创新，将传统文化与现代文化相结合，在充分挖掘弘扬优秀传统文化内涵和价值的基础上，创新性地融入现代文化元素，创造出富有强烈时代感的新的文化形式和表达方式。

在中华优秀传统文化传承发展工程的推动下，青年以守正创新的态度积极参与到文化传承活动中。在群众零距离接触的公共服务"最后一公里"方面，截至 2022 年，福建超过 80% 的县级及以上图书馆、文化馆达到国家三级馆以上标准，191 家公共文化场馆实现错时、延时开放，创新布局"城市书房"等公共文化新型空间 733 家；福建已建成公共图书馆 96 家、文化馆 97 家，乡镇（街道）综合文化站 1113 家，村（社区）综合文化服务中心 1.6 万多家，五级公共文化服务设施网络基本形成；"百姓大舞台""乡村音乐会"等群众文化品牌受追捧，每年 7000 万人次以上群众参与近万场

群众文化活动，公众尤其是青年的文化参与度和认同感显著提升。① 教育领域亦成为文化传承的重要阵地。青年将地方文化与校园文化融合起来，在高校和中小学开设民俗文化课程，采用"地方文化+思政"的教育模式，分阶段、有层次地培养青年的文化自信和传承意识。

数字化转型为文化传承开辟了新的视角和途径。福州市非物质文化遗产数字博物馆利用 VR 技术，为青年提供了在线体验传统工艺的机会，如福州软木画和脱胎漆器，使得非物质文化遗产在网络空间中焕发新生，推动了非物质文化遗产的创新性转化。同时，福建青年充分利用电子商务平台，推广具有地方特色的文化产品，如漆器、茶叶、陶瓷等，有效促进了文化产业的发展。

文化交流活动亦成为文化传承的重要手段。青年通过各种文化交流活动促进文化的传承与发展。一是深化两岸文化的互动与融合。依托地域优势，青年积极参与到影视剧合拍及文化项目的团队合作中，促进了闽台文化的深度交流。特别是将台湾非物质文化遗产传承人纳入福建评审体系，这一举措不仅加深了两岸文化认同，也为传统文化的融合与传承开辟了新的路径。二是强化公共文化活动的组织与实施。福建通过举办多样化的文化活动，如第32届中国金鸡百花电影节、第五届海上丝绸之路国际艺术节等，为传统文化的传承与保护提供了新的平台，为公众尤其是青年提供了丰富的文化体验和参与机会。这些活动不仅丰富了文化生活，也成为传统文化传承的重要载体，增强了传统文化的活力和影响力。三是创新文化惠民活动的设计与推广。福建创新性地开展了一系列文化惠民活动，如"欢乐常相逢"、百姓大舞台、乡村音乐会等，这些活动在内容和形式上加以创新，使得传统文化更加贴近现代社会的文化消费需求。通过这些活动，传统文化得以在现实生活中得到创新性落实，有效提升了其在青年中的吸引力和感召力。

综上所述，青年通过多样化的文化交流途径，彰显了传统文化在现代社

---

① 《福建文化和旅游发展 10 年成绩单发布》，https：//culture. gmw. cn/2022－10/09/content_ 36074563. htm，2022 年 10 月 9 日。

会中的创新生命力与发展潜能。这些活动不仅为福建传统文化的传承与发展开辟了新思路和实践模式，而且促进了青年对传统文化认知的深化及态度的积极转变。调查数据显示，16.13%的青年表示对本地特色文化"十分了解"，39.99%表示"比较了解"，"十分了解"和"比较了解"合计占56.12%（见图2）。

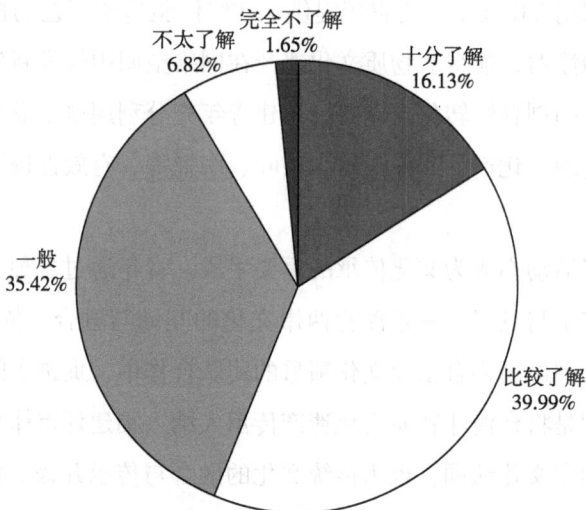

图2 对地方特色文化的了解情况（N=15831）

（二）"数字+创意"文化传播"上新"

青年文化传播是指青年将本群体的文化理念、价值观和生活方式传递给更广泛社会群体的过程。这一过程不仅涉及文化的创造与传承，也关乎有效传播与积极社会影响。它不仅增进了不同文化之间的交流，也促进了青年的自我表现与全面成长。在当前快速发展的社会背景下，《"十四五"文化产业发展规划》明确提出"实施文化产业数字化战略，加快发展新型文化企业、文化业态、文化消费模式"，为青年参与文化传播指明了方向。① 福建

---

① 《文化和旅游部关于印发〈"十四五"文化产业发展规划〉的通知》，https://www.mct.gov.cn/preview/whhlyqyzcxxfw/wlrh/202106/t20210611_925191.html，2021年5月6日。

青年在文化数字化传播实践中的积极性和创造力日益凸显，为福建文化的繁荣注入了新的活力和创新元素。

1. 创新引领，青年探索文化传播新业态

近年来，福建数字动漫、数字电视、数字出版等新兴文化业态展现出快速成长势头。福建启动全国首家省级共青团融媒体平台，形成以"青春福建"为品牌、全省 188 个团属新媒体阵地为辐射的引领力矩阵，粉丝总数突破 1000 万，编创网络文化产品 7480 多组，传播 14.3 亿人次，福建共青团"双微"影响力位居全省政务类第一、全团前列，网上"团团"的红色清新形象，赢得青少年真心喜爱、社会广泛认可。[①] 福建省博物院制作的《福博寻宝》文物科普数字动漫，以福建海丝文化的象征——福船为创意原型，创造了卡通形象"船船福"作为讲解员，以活泼可爱的风格，讲述文物背后的故事，使历史文物以更加生动的形式呈现在公众面前，有效提升了文物的教育价值和文化影响力，赢得了广大受众的青睐。[②] 宝宝巴士股份有限公司通过创新性的融合策略，将中华优秀传统文化与数字教育产品相结合，推出《宝宝巴士之奇妙汉字》《中华文化》《奇妙小茶园》等一系列数字教育产品。这些产品不仅致力于传承和弘扬中华传统文化、礼仪、品德和安全知识，而且通过数字化的启蒙方式，促进了优秀文化的国际传播。其中，《宝宝巴士之奇妙汉字》被中宣部对外推广局认定为涉外专用文化外宣品。[③] 可见，青年作为文化传播的主力军，不仅推动了地方文化的全球传播，也为文化传播的数字化转型注入了新的活力。

2. 技术赋能，青年推动新媒体文化传播

互联网和移动通信技术的发展使得青年成为新媒体使用的主力军。青年通过社交媒体、在线平台等渠道，不仅消费文化产品，更参与到文化创作和传播

---

① 《你好！团代会 | 五年来福建共青团思想引领篇——"青春心向党"的政治本色更加鲜明》，http://new.qq.com/rain/a/20230502A02LYB00，2023 年 5 月 2 日。

② 《〈福博寻宝〉文物科普视频上线 以数字动漫讲好文物故事》，http://wwj.wlt.fujian.gov.cn/xwzx/wbyw/202307/t20230717_6208755.htm，2023 年 7 月 17 日。

③ 《2024 年度宝宝巴士股份有限公司社会责任报告》，https://www.babybus.com/mediaInfo/detail?id=323，2025 年 1 月 20 日。

中。这种参与性和互动性是青年文化传播的显著特征。据《福建日报》报道，青年利用数字福建的优势，强化互联网思维，把握传播领域移动化、社交化、可视化趋势，充分运用声、画、影等现代视听技术和新媒体传播平台，探索建设沉浸式的博物馆、展览馆、图书馆等，不断创新文化的表达方式。①

调查数据显示，青年对数字技术的运用给予高度重视，并在传播活动中展现出显著的积极性。如图 3 所示，青年在过去一年中使用微信公众号、视频号、朋友圈（61.10%）进行文化传播的比例位居第一，使用小红书和抖音等移动应用（50.45%）位居第二，线上视频、社交平台（36.61%）位居第三。通过这些参与性和娱乐性的线上媒介，青年进行了广泛的文化传播创作与展示。与传统的文化传播媒介相比，如线下文化类演出或展览（18.05%）和报纸杂志（12.55%），新媒体技术在青年中的使用频率较高，这一现象表明福建青年更倾向于利用数字化手段进行文化内容的接收与传播。这种偏好不仅促进了文化内容创新和形式多样化，也反映了青年在文化生产和传播中的活跃参与和创新实践。可见，新媒体技术已经成为青年文化传播的首选工具，被青年广泛地应用于数字媒体平台，进行文化创作与文化交流。

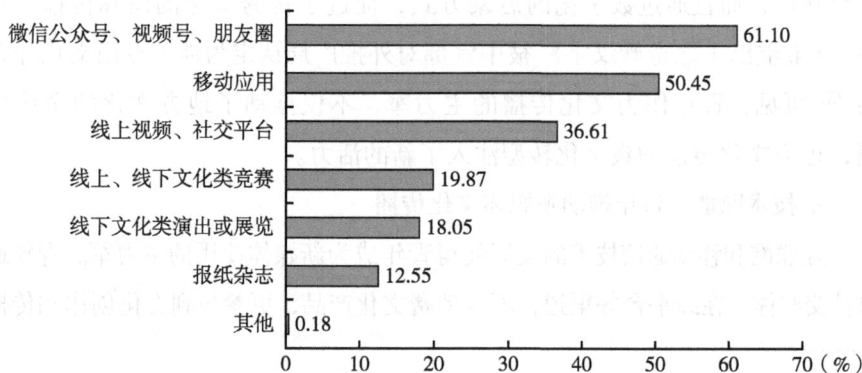

图 3　最近一年进行过文化传播的渠道（N=8696，多选）

---

① 《守护八闽文化根脉　奋力推进福建文化强省建设》，http：//wwj.wlt.fujian.gov.cn/xwzx/wbyw/202306/t20230620_6189519.htm，2023 年 6 月 16 日。

3. 讲好故事，青年塑造福建特色文化新表达

青年在文化传播中注重地域特色的展现。福建拥有丰富的文化资源，如妈祖文化、闽南文化、客家文化等，这些传统文化在青年文化传播中得到了新的诠释。通过动漫、游戏、影视等形式，传统文化与现代技术相结合，形成了具有福建特色的青年文化产品，增强了文化的吸引力和影响力。例如，妈祖文化作为福建非物质文化遗产，吸引了许多青年参与到其传播和研究中。2023 年 9 月，中共中央、国务院印发《关于支持福建探索海峡两岸融合发展新路　建设两岸融合发展示范区的意见》，提出发挥妈祖等民间信仰精神纽带作用，开展形式多样的文化传播活动。[①] 为此，青年通过参加妈祖文化节、参与妈祖文化研究等方式，积极推动妈祖文化传播。此外，青年综合利用各种传播手段大力传播闽南特色文化。厦门理工学院的三位网络与新媒体专业学生创办名为"tia 闽南厦门声音博物馆"的主题展览活动，该展览借助线上、线下相结合的形式向大众展示了百余种带有闽南特色的物件及声音，使闽南文化得到了更为有效的传播。另外，永定区政府通过与腾讯游戏合作，打造《天涯明月刀》沉浸式数字文旅产品，传播客家土楼文化。项目中的开场舞和文化表演展现了客家文化的侠骨柔情，而数字环兴楼与实体环兴楼的结合为游客提供了多元化的互动体验。该项目在2022 数字中国创新大赛和 2023 年第 12 届中国旅游投资艾蒂亚奖中获得认可，显示了其在文化传播和创新方面的卓越成就。[②]

总体来看，青年在文化传播活动中展现出以下特点：对传统文化的深厚情感、对新兴文化产业的积极探索、对新媒体技术的灵活运用以及对创新和创造性表达的追求。这些特点不仅有助于文化的传承，也为文化的现代传播开辟了新的路径。青年的这些活动和努力，不仅促进了文化的传播，也为文化的创新发展注入了新的活力。

---

① 《中共中央　国务院关于支持福建探索海峡两岸融合发展新路 建设两岸融合发展示范区的意见》，https://www.gov.cn/zhengce/202309/content_6903509.htm，2023 年 9 月 12 日。
② 《永定土楼"天涯明月刀"沉浸式文旅项目落成仪式在环兴楼举行》，永定文体旅游局公众号，2023 年 10 月 14 日。

（三）"时尚+个性"文化消费升级

文化消费是消费主体为丰富或满足自身的精神文化需求而对各种精神文化产品和服务等采取不同方式的消费行为，这些行为包括对精神文化产品和服务的占有、欣赏、享用或使用等。随着物质生活水平的提高，文化消费逐渐成为消费领域的重点，并在青年中展现出独特的发展趋势和显著的社会意义。青年的文化消费行为不仅反映了他们对精神文化生活的追求，而且对促进地区文化创新、提升文化软实力和推动文化产业的繁荣发展发挥了积极作用。福建青年文化消费的多样化和个性化特征，以及对数字媒介的偏好，正在引领文化消费新模式的兴起，并加速文化消费结构的转型升级。

1. 文化产业发展迅速，青年文化消费机会增加

在文化产业迅猛发展的当代社会背景下，文化资源的本底条件及其传承保护的程度，成为决定青年文化消费供给领域存量与丰度的关键因素。根据福建省文化和旅游厅发布的"2024年福建省文旅经济发展大会"成果展示，2023年福建在国家级和省级文旅品牌建设上取得了显著成就，新增国家级文旅品牌单位27个，省级文旅品牌单位157个。这些品牌包括国家文化产业和旅游产业融合发展示范区、全国文化产业赋能乡村振兴试点县、国家文化产业示范基地、国家夜间文化和旅游集聚区以及国家历史文化名城等，充分展现了福建文化资源的丰富性和多样性。[①]

截至2023年，福建省文旅经济总产值达到1.38万亿元，增长8.8%，文旅经济增加值5458亿元，增长9.5%，占全省地区生产总值的10%。旅游接待总人数达到5.72亿人次，比上年增长45.9%，恢复至2019年水平的111.9%。[②] 2023年，福建关键业务环节全面数字化企业占比居全国第三位，

---

① 福建省文化和旅游厅发布的"2024年福建省文旅经济发展大会"成果展示，https://wlt.fujian.gov.cn/zwgk/ztzl/fjswljjfzdh/cgzs/wltpyyxczx/202404/t20240417_6431993.htm，2024年4月17日。

② 《福建发布文旅经济产业规模测算结果》，https://www.mct.gov.cn/wlbphone/wlbydd/xxfb/qglb/fj/202401/t20240111_950777.html，2024年1月11日。

数字经济增加值达 2.9 万亿元，表明当前数字文化产业继续保持稳步增长态势。

在公共财政支持方面，福建省一般公共预算中文化旅游体育与传媒支出从 2012 年的 46.07 亿元增长至 2022 年的 117.35 亿元，其在一般公共预算中的比重由 1.77% 增至 2.06%（见图 4）。这一增长趋势对青年文化消费环境的改善起到了重要的推动作用，为青年提供了更加多样化和高质量的文化消费机会。

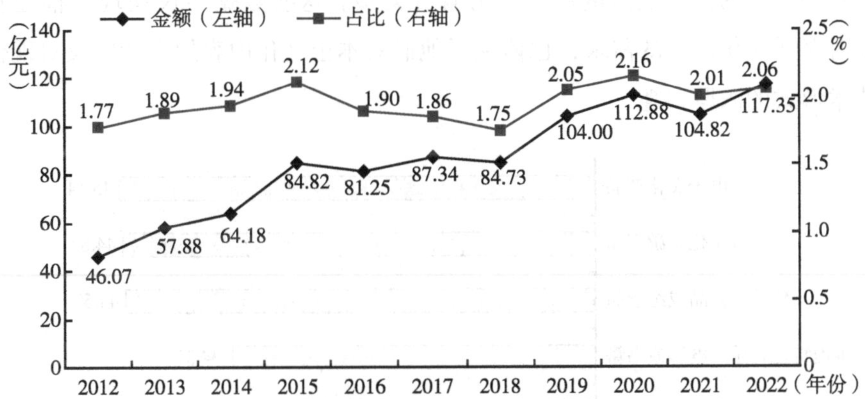

图 4　福建省一般公共预算中文化旅游体育与传媒支出及其占比（2012~2022 年）

数据来源：2013~2023 年《福建统计年鉴》。

这些数据不仅凸显了福建在文化资源保护和利用方面的积极进展，而且反映出文化消费在青年中日益增加的重要性。通过国家级和省级文旅品牌建设，福建成功地提升了其文化产品的知名度和吸引力，进而丰富了青年的文化消费选择，激发了他们的文化消费热情。文旅经济总产值和增加值的显著增长，以及旅游接待人数的大幅上升，也体现了文化消费市场的活跃和青年对于文化体验的强烈需求。公共财政中文化旅游体育与传媒支出的持续增长，反映了政府对改善青年文化消费环境的承诺和努力，这不仅为青年提供了更高质量的文化服务，也为文化消费市场的健康发展提供了强力的支持。

伴随着文化产业的迅猛发展及文化消费机会的持续扩增，青年的文化消费活动呈现显著的增长态势。调查数据显示（见图5），青年的文化消费整体状况积极向好，且各类文化产品的市场消费显示出良好的稳定性。其中，曾购买电子文化产品（45.14%）位列第一，凸显出数字文化内容在青年中具有较高的渗透度和接受度。文化旅游产品（44.82%）的消费排名第二，表明青年对文化和旅游融合表现出兴趣。传统工艺品或纪念品（44.57%）的消费排名第三，反映出传统文化商品在青年市场中的持续吸引力和价值。另外，本地特色音乐、电影或书籍（34.31%）以及现代艺术品或设计品（31.43%）的消费也是重要的文化消费类型。这些数据不仅展现了福建青年对多元文化产品的需求，也体现了他们对本土文化内容的支持以及对现代艺术形式的浓厚兴趣。

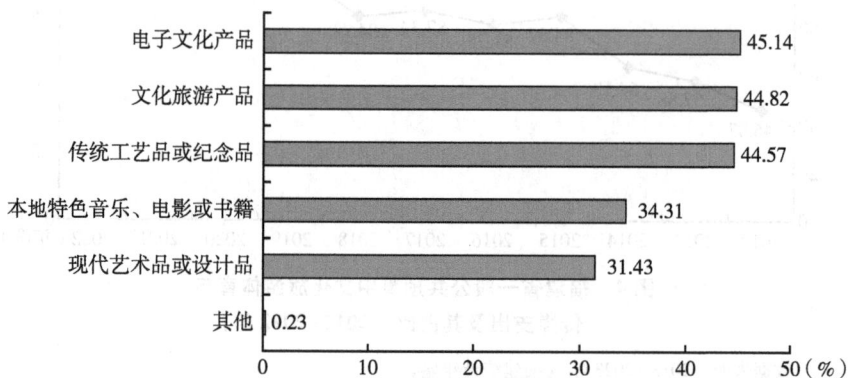

图5　最近一年有文化消费行为的青年消费类型（N=10663，多选）

2.公共文化空间不断完善，青年消费环境更加便捷

福建公共文化空间的持续完善和消费环境的便捷化，为青年文化消费提供了坚实的基础。精心规划和实施"15分钟文化圈"计划，成功构建了一个覆盖城乡、高效便捷的公共文化空间网络，这一战略举措显著提升了青年文化消费的普及率和参与度。青年对"15分钟文化圈"内各文化设施的使用情况调查数据显示（见表2），文化活动广场（29.02%）和健身小广场、小舞台（26.82%）成为青年热衷的文化消费场所，这一现象不仅映射出青年对开放性文化空间的明显偏好，而且凸显了文化休闲活动在青年日常生活

中的重要地位。阅读阅览室和农家书屋（24.24%）排名第三，这揭示了青年对知识文化教育的重视，体现了他们在个人发展和文化素养提升方面的积极投资。这些公共文化空间不仅是文化消费的场所，更是社区交流和文化互动的平台，对于增强青年的社区归属感和文化认同感起到了至关重要的作用。

表2　福建"15分钟文化圈"内各文化设施的使用情况（N=13132，多选）

单位：%

文化设施类型	占比
文化活动广场	29.02
健身小广场、小舞台	26.82
图书阅览室和农家书屋	24.24
公益性公共文化空间	19.01
社区/村级文化活动室	17.86
公益培训或文化艺术活动	17.70
乡村的合唱团、艺术团、民乐团、书画社、摄影社、文学社等活动	16.17
邻里节、社区亲子等文化活动	16.04
其他	0.17

综上所述，当前福建公共文化空间建设不仅为青年文化消费提供了坚实的物质基础，而且在提升社区凝聚力、促进文化认同、激发知识追求等方面发挥了重要作用。福建通过不断提供多样化的文化活动和便捷的文化服务，成功满足了青年日益增长的文化需求，为实现文化产业繁荣和青年个人成长的双重目标奠定了坚实基础，从而为完善青年文化消费环境提供了重要支撑。

3. 文化消费需求多元化，青年消费结构日益多样

随着经济的蓬勃发展和社会的持续进步，物质生活水平的提升显著增加了青年对于精神文化生活的需求。在这一背景下，青年文化消费已由传统的单一型模式逐步转型为多元化消费结构。当前的消费趋势正从单一消费模式向分层消费模式过渡，并从注重实用性的消费逐步转向注重个人发展的消

费。文化消费的领域不断拓展，涵盖教育、文化娱乐、体育健身和旅游观光等多个层面。在新时代的语境下，文化消费被赋予新的内涵，其特点表现为多元化、个性化、全球化和跨界化。消费结构的层次变化不仅体现了对文化产品的直接需求，也包括为了满足文化消费需求而产生的物质消费品需求，以及获取这些物质消费品所必需的文化设施建设。科技进步，尤其是互联网和移动通信技术的发展，为文化创作和传播提供了更加广阔的平台。青年通过互联网、移动设备等现代媒介，得以广泛接触和消费包括电影、音乐、游戏、动漫在内的丰富文化内容。这种多元化的文化内容不仅满足了青年个性化需求，也推动了文化消费市场的快速增长。科技的发展进一步促进消费方式的多样化，使得青年可以通过在线平台、社交媒体等渠道，实现随时随地的文化产品获取和消费。这种灵活的消费方式与青年追求个性化和自由度的消费理念相契合，从而使得青年文化消费更加多元化、便捷化和个性化。这些变化不仅丰富了青年的文化生活，也为文化产业的发展注入了新的活力。

针对青年主要文化休闲活动方式的调研结果反映了青年文化消费的数字化和网络化等特点，揭示了多元化消费模式的普及。调查数据显示（见图6），听音乐（26.88%）和上网刷短视频（26.62%）分别位居第一、第二，这显现了数字媒介在青年文化生活中的重要地位，反映出即时性和便捷性是现代青年文化消费的关键特征。这种趋势不仅与全球青年的文化消费倾向相吻合，而且凸显了数字平台在满足个性化需求和多样化选择方面的独特作用。同时，青年在传统文化消费方面也表现出多样性，显示了青年在文化消费上"线上线下并行"的趋势。这种并行趋势揭示了青年在享受科技便利的同时，仍然重视传统体验和社交互动的价值。

综上，青年的文化消费行为分析显示了其对数字媒介的偏好，体现了文化消费的即时性、便捷性、个性化，以及多样化和复合性等特征。这些特征既包括快速获取信息和娱乐的数字活动，也包含富有体验性和社交性的线下活动，揭示了青年在传统与现代之间寻找平衡的生活方式。这些文化消费的特点对当地文化发展产生了深刻的影响。首先，青年对数字化和网络化媒介的偏好推动了文化产业的数字化转型，加速了网络文化和娱乐产品的发展。

听音乐　　　　　　　　　　　　　　　　　　26.88
上网刷短视频　　　　　　　　　　　　　　　26.62
旅行　　　　　　　　　　16.90
看电影（线下）　　　　　16.29
外出餐饮　　　　　　　15.61
体育锻炼　　　　　　　15.30
游戏　　　　　　　　　15.27
亲友聚会　　　　　　　15.06
网络游戏　　　　　　14.22
看网络小说　　　　　14.17
逛街购物　　　　　12.09
网络购物　　　　10.10
看电视（线下）　　9.78
看书刊　　　　8.21
志愿服务　　5.90
看音乐会、舞台剧（线下）　5.40
做家务　　5.28
看球赛　　5.11
培训充电　2.56
其他　0.60

0　　　5　　　10　　　15　　　20　　　25　　　30（%）

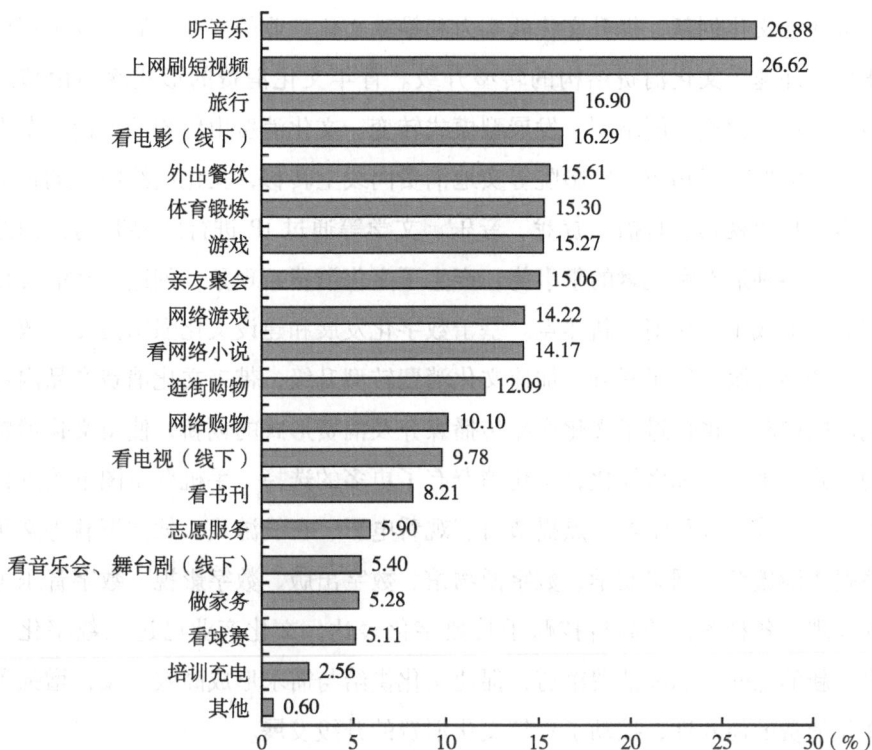

图 6　主要的文化休闲活动方式（N=15831，多选）

这不仅满足了青年对即时性和便捷性文化产品的需求，还促进了新兴文化业态如在线音乐、电子书籍、网络游戏及 VR 体验的兴起。其次，青年对多样化文化生活的追求促使文化内容和形式更加丰富多元，推动了传统文化和旅游业的创新与发展，特别是在电影、旅游等线下活动领域。再次，青年倾向于参与互动性强、体验感丰富的文化活动，促使文化机构重视互动体验的设计，提高公众对文化的参与度和体验感。而在数字化和传统文化消费之间的平衡选择，有助于传统文化在现代社会中的传承与发展，促进了现代文化元素与地方传统文化的融合，形成具有地域特色的文化产品和服务。最后，年轻人对个性化和定制化服务的需求促使文化市场更加细分，发展出更多符合个性化需求的文化产品和服务，推动文化市场的细化和多元化发展。

因此，青年的文化消费行为不仅反映了他们的生活方式和价值观，也对促进地区文化创新、提升文化软实力和推动文化产业的繁荣发展发挥了积极作用，加速了文化消费结构的转型升级。青年文化消费的形式逐渐由传统型、实用型模式向网络型、发展型模式转变。文化消费由传统的书籍、杂志等纸质消费或博物馆、电影院等实地消费向线上转移，文化供给内容的种类增多。长短视频、直播、游戏、音乐、文学等通过 IP 进行跨界联动，创造出融合多种形态和元素的新事物，产生了文化消费新现象，创造了新的文化产品，形成了文化消费新热点。基于数字化发展和建设文化强国需要，数字文化产品和服务质量提升，加速文化消费转型升级，带来文化消费产品内容创新的同时，也促进了文化产品传播媒介及消费形式的创新，使得文化消费的形式更加开放和多样化，文化消费有了更多的选择。手机登录图书馆进行电子书阅读，远程学习、点播节目、观看电影、在线游戏、软件下载等文化消费逐渐繁荣。网络文学、数字博物馆、数字出版、数字影视、数字音乐等的涌现，各种各样的高科技赋予其数字化表达，文化产业已进入数字化世界。新的媒介形态和消费渠道，促使文化供给与需求形成高效对接，增强了文化消费的便利性，推动了青年文化消费的升级发展。

（四）"科技+文化"创新"出圈"

文化自信作为青年传承和发扬民族优秀文化的内在动力，对于新时代青年发展具有不可替代的重要作用。福建青年以开放包容、积极乐观的精神风貌，积极参与多元化的文化交流，并在深入吸收借鉴中华优秀传统文化的基础上，创造性地构建了具有鲜明福建地域特色、独特风格和时代气派的青年文化体系。

1.文化科技高质量融合，推动青年文化环境改善

当前，数字信息技术作为新一轮科技革命的先锋，正引领全球经济社会的转型，科技创新力成为衡量国家竞争力的关键指标。福建响应国家战略，通过《福建省"十四五"文化和旅游改革发展专项规划》等政策性文件，确立了文化与科技融合的发展目标，旨在通过数字化转型，提升文化产业的核心竞争力，进而优化青年文化环境。《数字中国发展报告（2022 年）》

对全国 31 个省（区、市）数字化综合发展水平的评估结果显示，2022 年福建数字经济规模达到 2.6 万亿元，占全省地区生产总值的近 50%，其数字化综合发展水平在全国排名第六。① 这样的数字文化环境为青年提供了更加丰富和多元的文化体验，同时为传统文化的传承与创新奠定了坚实的技术基础。青年充分运用信息技术、网络手段、数字技术等现代先进技术手段，对传统文化产业进行技术改造和设备更新，一方面利用 VR、AR、3D 裸眼等现代科技手段，对艺术品、文物、非遗等文化资源进行数字化转化和开发。在数字赋能下，福建丰富多彩的非遗项目，如泉州木偶戏、德化陶瓷等，不仅得以传承和创新，还增强了其互动性和可达性，吸引了大量青年。另一方面，青年运用云计算、大数据、物联网、全息技术等高新技术，创建数字化文化产品和渠道，为青年文化体验与消费环境的升级提供了新体验，也为青年文化创新提供了更多的机遇。2017~2022 年，福建青年文化精品数量由 313 项增至 418 项，相关宣传片累计传播受众超 5 亿人次。当前，福建正在积极推进实施福建文化数据库关联形成、文化数字化基础设施夯实、文化数据服务平台搭建、文化机构数字化转型升级、数字化文化消费新场景、公共文化服务数字化、文化产业数字化拓展布局七大工程，推进红色基因库（福建）、中国文化遗产标本库（福建）、中华文化数据库（福建）等 18 个重点项目。这为青年参与文化创新和文化体验提供了新的平台，对福建文化的传承与发展发挥了重要作用。

随着文化市场的快速扩张，新兴的文化消费市场，如线上艺术展览、数字图书馆和在线音乐会等消费方式也迅速发展，为青年提供了更便捷、更高质量的文化服务。调查数据显示，青年对于本地的文化环境普遍持积极态度。在回答"对于本地文化环境是否满意"时，81.06% 的青年对当地文化环境给予正面评价，其中 26.73% 表示"很满意"，54.33% 表示"比较满意"。这一高比例的积极响应表明青年对当前文化政策和活动的广泛认可。

① 《国家互联网信息办公室发布〈数字中国发展报告（2022 年）〉》，https://www.cac.gov.cn/2023-05/22/c_1686402318492248.htm，2023 年 5 月 23 日。

2. 数字技术降低文化创新门槛，促进青年文化创新发展

在数字技术的推动下，文化创新的生态经历了革命性的变化。互联网、大数据、云计算和人工智能等技术的应用，已经显著降低文化创新的门槛，并促进文化产品的多样化与普及。这种变革为青年参与文化创新活动提供了前所未有的机遇，尤其在数字技术领先的福建，这一变化表现得尤为显著。青年通过短视频、直播等方式，低成本、高效率地创作文化内容，推动传统文化的传播和创新。

福建发布《福建省推进文旅经济高质量发展行动计划（2022—2025年）》，明确提出利用数字技术推动"福"文化资源的转化利用，以此提升福建"福"文化品牌的知名度。[1] 福文化作为福建的特色文化，在其丰富历史背景和多元文化融合的现代表达中展现出独特的地域性和创新力。这一策略不仅促进了文化产业的发展，也激发了青年对"福"文化的新认识和新理解。青年通过数字平台积极表达自己的文化理念，创造了大量文化产品，实现了文化创作、传播和消费的多元化与便捷化；通过网络平台，如社交媒体、博客和在线市场，轻松地发布和销售自己的文化创意产品。这些平台为青年提供了一个低成本、高效率的环境，使得青年创作者能够迅速获得反馈，持续改进自己的作品，不断推进优秀文化的传承与发展。蟳埔女习俗非遗传承人、泉州市青年文化推荐官黄丽泳，利用数字平台将传统的簪花围手艺推向网络，吸引了全国乃至全球的关注，使得这项国家级非物质文化遗产焕发新的生机。杖头木偶戏年轻传承人徐宁，创新性地将川剧艺术融入杖头木偶戏的表演艺术之中，新颖独特、生动有趣的艺术形式吸引了大批青年的参与和互动。在广大青年共同努力下，福建的古籍典藏、传统戏曲和民间艺术等，通过数字化得到更好保存和广泛传播，使传统文化在现代社会中焕发新生。

数字技术还为文化创新提供了新的工具和方法。青年广泛使用数字绘

---

① 《中共福建省委办公厅 福建省人民政府办公厅印发〈福建省推进文旅经济高质量发展行动计划（2022—2025 年）〉》，https://wlt.fujian.gov.cn/zwgk/ghjh/202211/t20221111_6044191.htm，2022 年 8 月 29 日。

画、音乐制作软件和视频编辑工具等，极大地提升了文化创作的能力。客家土楼旅游发展有限公司推出的沉浸式剧场《天涯共此楼》，将电竞、国风等元素与传统文化创新融合，使土楼文化在新时代背景下获得更为丰富和立体的诠释，为观众提供了一种全新的文化体验。泉州青年通过参与博物馆的"打卡"活动，加深了对历史文化的认识和兴趣。福建技术师范学院的青年宣讲团成员，通过沉浸式讲述和情景宣讲的方式，传播古厝文化和"福"文化，在青年中点燃了保护优秀传统文化的激情。福建省大数据集团的青年讲师，通过"小场景"生动讲述了数字福建、数字中国的故事，加深了人们对数字中国及其实践起点和思想源头的理解。这些案例展示了青年充分利用科技成果和创新精神，从不同的角度积极推动传统文化在现代社会中的传播和发展。

在教育领域，数字技术的融入也极大地提高了青年文化创新能力。各级学校和教育机构通过开设相关课程，如"数字媒体制作""网络营销""数字艺术"等，培养了青年的数字技能和创新思维。这些课程不仅提供理论知识，还强调实践操作，鼓励学生将传统文化与现代技术相结合，创造出新的文化形式。例如，青年通过参与南音文化的系统学习和比赛，领略了传统音乐的精髓，还在传承中创新性地加入青春元素，使得这项世界级非遗项目更加贴近现代社会的审美和文化需求。青年学生积极参与"福"文化创意设计大赛，通过 IP 设计、文创产品等创新性地展示了"福"文化内涵，拉近青年与"福"文化的距离。福建青年还以讲故事的形式，传播"福"文化，掀起了宣传"福"文化的热潮。这些实践活动不仅丰富了文化生态，也为传统文化的传承和发展注入了新的活力。

在此背景下，青年对文化创新的参与意愿也得到了提升。调查数据显示（见图 7），青年普遍抱有积极的参与态度。29.72%的青年表达了强烈的参与愿望，34.12%表示有合适机会时愿意参与，累计 63.84%表示愿意参与。这种积极的态度和参与意愿凸显了青年在文化创新中的重要作用和推动文化创新发展的巨大潜力。

完全不感兴趣
3.44%

不太感兴趣
6.27%

非常愿意
29.72%

一般
26.45%

比较愿意，如果有
合适的机会
34.12%

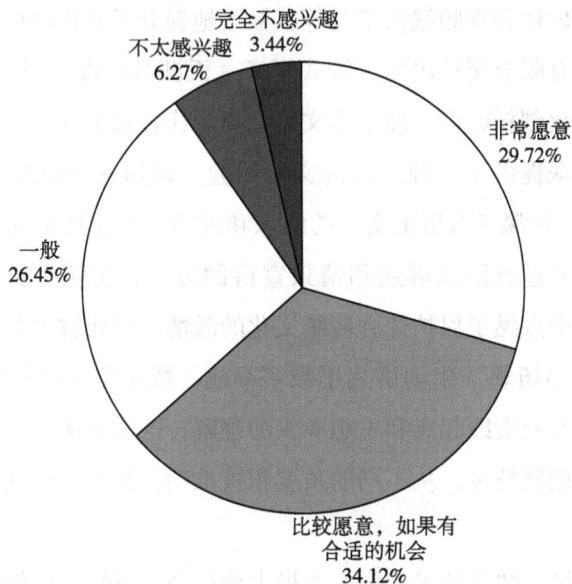

图7　参与文化创新的意愿调查（N=13132）

二　文化发展存在的主要问题

当前，青年文化呈现一幅多层次、动态发展的图景。这一文化生态既根植于传统文化的深沉土壤中，亦在现代文化的潮流中不断吸纳新鲜血液，展现出蓬勃生机和旺盛活力。全球化引入了丰富的文化资源，激发青年在维持地方文化特色的同时追求开放性与包容性，但也给福建青年文化的发展带来了不少问题和挑战。

（一）本土文化传承环境有待改善

在全球化和信息技术飞速发展的背景下，青年的文化传承环境正面临前所未有的挑战。这些挑战不仅体现在地域性文化保护的困境上，更深层次地反映了全球范围内文化交流与变迁所带来的问题。青年文化传承所遭遇的挑战，实质上映射了一个更广泛的社会文化现象，其核心在于文化生活方式和价值观念的演变、全球化对本土文化特色的冲击、经济发展不平衡对文化资源分配的影响，以及传承教育模式的局限性。

一是文化传承活动的参与度有待提升。数字化和全球化的双重影响下，青年文化生活方式和价值观念发生了明显变化。网络和社交媒体已成为青年获取信息和娱乐的主要渠道，削弱了传统文化活动的影响力。郭彩霞等研究显示，青年对非遗的认知度为41%，认可度仅为32%，严重影响了非遗传承人的梯队建设。现有的传承人大多年龄偏大且知识结构相对陈旧，而本应成为传承主力的青年却往往不愿加入文化传承队伍。[①] 这一现象不仅反映了传统文化活动在福建青年中呈现边缘化趋势，也揭示了文化传承的整体环境面临的诸多挑战，进而影响了青年主动进行文化传承的积极性。

二是文化传承环境的地域差距有待缩小。经济发展的不平衡进一步影响了青年文化传承的深度与广度。虽然在科技加持下，文化传承活化的力度不断加大，但这种进步并未均等惠及所有青年。受到经济、科技、文化发展因素的影响，当前厦门、福州、泉州的文化传承活跃度明显高于三明、龙岩、南平等地区，区域发展极不平衡。城乡之间、不同经济社会背景的青年在传统文化资源获取与利用上存在显著差异，城市青年更易接触各种文化设施和活动，而农村青年因资源限制难以享有同等文化服务。这种不平衡的文化环境对文化公平性和可及性提出了挑战，也在一定程度上影响了青年文化传承。

三是文化传承教育模式有待优化。教育体系在促进文化传承与可持续发展方面存在潜在的不足。虽然福建在教育改革中加大了对文化课程的投入，但教育实践中对应试技巧的偏重可能限制了青年的文化视野和创新能力的培养。这种教育模式可能削弱了青年对本土文化遗产的认同和参与，从而影响了文化的持续传承。

---

① 郭彩霞、刘淑兰：《乡村振兴战略下非物质文化遗产活化的现状及路径分析——以福建省为例》，《台湾农业探索》2022年第1期。

（二）文化传播积极性有待提高

在全球化与信息时代的复杂背景下，青年在本土文化传播领域面临多维挑战，这些挑战触及文化传承、资源获取、技术运用以及文化自信的建立等关键层面，影响了青年参与文化传播的积极性。

一是文化传播的参与度有待提升。社交媒体的普及加速了全球文化的传播，使得本地特色文化面临一定的挑战。在当代信息丰富的社会环境中，青年更倾向于接触流行文化，而忽略了本土文化的价值与意义。调查数据显示，尽管青年普遍运用新媒体技术进行文化创新与传播，但在回答"过去一年，是否曾向外展示、发布过自己创作的本地文化创意类作品"时，33.78%的青年表示尚未发布过。这一数据揭示了一个现象：尽管数字技术在文化创新领域的应用已广泛普及，青年在本土文化具体传播活动中的参与度却表现出一定的不均衡性。这一现象暗示着青年在文化参与动力方面可能存在缺失，以及参与机会不充分，迫切需要制定针对性的策略来提升他们对本土文化传播的参与度和贡献度。

二是青年文化传播平台有待完善。高效的文化传播平台及相应资源的缺乏是一个突出问题。地方政府及相关文化机构往往未能提供持续的支持与足够的资金，这些因素共同导致文化活动参与度和文化创作动力不足。目前，福建尚未形成一个有效的青年文化交流与推广的专属平台，加之缺乏专业培训与指导，限制了青年在文化创新与传播的潜力。

三是青年文化传播技术应用有待均衡。技术的进步为文化传播提供了新机遇，但技术应用的不均衡也带来了挑战。VR、AR等新兴技术虽然为文化传播提供了新的手段，但这些技术的分布与利用仍然不均，特别是文化资源分配的不均等，制约了创新性和多样性的实现。为了推动青年在文化传播方面的发展与进步，不仅需要深入剖析福建青年文化传播面临的技术问题，还需实施一系列针对性的策略，并确保各方面的有效支持。

（三）文化消费结构有待调整

在经济社会快速变迁的背景下，青年的文化消费行为表现出复杂多变的趋势，这不仅反映了个体价值观的转变，也映射出市场供给和消费环境的多重不足。

一是青年文化消费需求与供给有待平衡。青年文化消费需求与文化产品供给之间存在不均衡现象。根据《全球 Z 世代消费洞察报告 2024》的分析，尽管中国已成为全球第二大消费市场，Z 世代的文化消费行为尚未完全成熟，其消费模式往往缺乏深度与多样性。[1] 尽管青年对电子文化产品、文化旅游产品、本地特色音乐、电影、书籍和现代艺术品的消费呈现上升趋势，但仍有部分青年未曾消费任何文化产品。这表明当前青年文化消费的潜力有待进一步挖掘。而对于供给端而言，青年对多样化和高质量文化产品的需求日益增长，文化产品的供给市场亟须进一步丰富和拓展。

二是文化消费的特色化需求有待进一步满足。尽管当前文化产品供给市场十分活跃，但是个性化、特色性的文化产品仍比较稀缺。中欧国际工商学院发布的《2022 全球品牌战略与时尚产业白皮书》指出，年轻人的价值观越来越多元，他们对文化消费的需求也更为个性化，但市场上缺乏能够满足这些需求的产品和服务。[2] 在回答"希望未来在哪些方面看到更多的文化消费产品或活动"（多选）时，与福建文化特色相关的体验或活动（57.21%）、与文旅经济结合的产品或服务（47.13%）、技术与文化结合的体验（45.56%）是三大主要需求，反映了青年渴望通过文化消费体验的升级与地方文化建立更深厚的联系。然而，满足这些特色化需求，实现文化个性消费体验与地方文化深度融合的目标，当前还存在一定的发展距离，需要进一步努力和探索。

---

① 《全球 Z 世代消费洞察报告 2024》，https：//www.thepaper.cn/newsDetail_forward_26228749，2024 年 2 月 2 日。

② 《2022 全球品牌战略与时尚产业白皮书》，https：//www.sohu.com/a/720652589_12164065 2，2023 年 9 月 15 日。

三是文化消费场景有待进一步改善。文化消费场景的不完善也是福建青年文化消费面临的一个重要问题。如前文所述，虽然福建积极打造"15分钟文化圈"，为青年文化消费提供基础设施与场所，但在回答"是否体验过家门口的'15分钟文化圈'场所或服务"时，仍有25.67%的青年表示没有体验过。为此，进一步改善青年文化消费场景，强化文化活动的组织和推广，并积极构建线上消费场景，引导与满足青年消费需求，对于提高青年文化生活质量、推进福建文化产业发展、提升文化软实力有重要意义。由此可见，青年文化消费所面临的挑战既包括结构性问题，也包括功能性障碍。这些问题根源于消费理念的演变、市场供给的局限，以及消费场景的不足。

（四）文化创新支持力度有待加大

在全球化大潮中，青年文化传承与创新正面临前所未有的转型挑战。这些挑战不仅关乎文化的生存与发展，更是地方身份认同和全球参与性的关键体现。

一是青年文化创新的基础有待进一步巩固。青年对本土文化的深度认同是文化创新的重要基石。然而，在经济全球化和文化同质化的大背景下，福建独具特色的地方文化正经历一定的边缘化压力。在现代教育和媒体的双重影响下，青年一代对传统文化及福建特色文化的认同与传承有所削弱。调查数据显示，仍有8.47%的青年对福建本土文化不了解。2023年一项针对福建省内五所高校大学生的调查结果同样表明，大学生对福建传统文化的认知水平不高，尤其缺乏积极参与文化创新的意识。[①] 这些现象反映了一部分青年对本土文化认知的不足，这种不足可能对青年积极参与文化创新活动产生影响。因此，提升青年对本土文化的认同度显得尤为必要，同时也凸显了加强地方文化遗产传承教育的紧迫性，为文化创新提供更

---

① 陈春梅、陈静：《大学生传统文化的认知困境及教育对策》，《福建商学院学报》2023年第2期。

坚实的基础。

二是青年文化创新条件亟待优化。推动福建丰富的文化遗产与现代创意产业融合的过程中，青年面临技术和理念上的隔阂，以及资金不足、技术不足和市场认知度不足等问题。这些问题虽未削弱文化创意产业的巨大潜力，却限制其充分发展。项目初期，资金链紧张成为许多青年创业者的常见难题，这不仅束缚了项目的发展，有时也导致项目无法继续。此外，缺乏专业技术支持也是将文化创意产品从构思转化为成品的阻碍。而对市场认知度不足，可能限制文化创意产品的市场渗透力，削弱青年创业者的积极性和创新动力。

三是青年文化创新的政策支持需要进一步加强。政府与社会各界已经采取一些支持性措施来应对文化创意产业面临的挑战，但在政策的覆盖广度、审批流程的效率以及政策执行的及时性方面仍有改进空间。当前的政策未能全面覆盖所有需要支持的群体和地区，审批流程的复杂性和执行落地的不及时性，影响了青年文化创新的活力。为了更好地激发青年的创新精神和创造力，需要进一步优化政策环境，确保政策能够更加精准、高效地服务于青年文化创新。

三 促进青年文化发展的对策建议

当前，青年如何既坚守文化自身的独特性，又在世界文化舞台上实现互鉴与共融，成为亟待解答的课题。可从文化环境、文化创意、文化传播、文化消费以及文化基础设施等方面进一步优化提升，以期推动青年文化的繁荣发展。

（一）加强青年文化多元共融，优化青年文化发展环境

福建以其独特的地理位置和丰富的文化遗产，为青年文化发展提供了得天独厚的条件。福建省文化景观具备显著多样性特征，既包括融合中原文化、闽越文化、海洋文化及华侨文化特色的闽南文化，又包括融合红色文

化、廊桥文化、茶文化特色的闽东文化，还包括蕴含中原古风和地方特色的莆仙文化和客家文化等，均为青年文化创新与发展提供了极其丰富的素材和灵感。鉴于此，青年应坚持开放包容的心态，积极吸纳外来文化的精髓，与本土文化相融合，形成具有鲜明福建特色的青年文化新形态。一是积极推动青年文化的多元共融，增进文化交流与融合。充分挖掘文化资源，利用以福建海丝文化为代表的相关活动，推动青年文化走向世界，向全球展示和推介具有福建特色、体现福建精神、蕴含福建智慧的青年文化。二是强化数字媒体技术的应用。利用年轻人喜闻乐见的文化表现形式，积极推广和传播地方特色文化，开展数字化的客家山歌、古厝、布袋戏多媒体交互秀等活动，丰富文化传播的形态，加快文化传播速度与扩大影响范围，促进青年文化内容创新及文化参与的民主化。三是完善优化青年文化发展环境。政府、社会组织与教育机构应共同致力于构建开放型、包容性及创新性的文化发展生态，建设文化创意园区、举办文化创新大赛等活动。构建青年文化交流与创新的发展平台，加大对青年文化项目的资金支持力度，鼓励青年参与文化遗产保护与创新。推进高校和研究机构协作，积极开展青年文化研究和教育项目，以此提升青年文化自信与创新能力，有效推进青年文化的多样性融合与创新性发展。

（二）扶持青年文化创意产业，增强青年文化创新意识

青年文化的发展不仅是社会进步与创新的驱动力，更是文化多样性与活力的重要体现。福建拥有丰富的文化资源和活跃的青年群体，具备推动青年文化创意产业发展的独特优势。因此，制定并实施针对性的发展策略，对于培育青年的文化创新意识和促进青年文化创意产业的繁荣，具有至关重要的意义。一是加大对青年文化创意产业的扶持力度。通过提供税收优惠、资金支持和政策指导等措施，降低青年创业的门槛，激发其创业热情，促进青年文化创意产业快速发展。二是加快构建多元化的创意平台。创建青年文化中心、艺术团体等机构，为青年提供充满活力的文化生态环境，从而强化青年之间的交流与合作。三是教育部门与文化机构协同推进

文化素质教育。举办组织系列讲座、学术研讨会等活动，加深青年对本土文化的理解与认同，从而增强其文化自信，鼓励青年积极参与文化项目的策划与实施，通过实践活动提升其创新能力和实践技能，有效促进文化遗产传承与文化创新发展。此外，教育部门还应加强对现代媒介技术的教育应用与推广，提升学生利用互联网和社交媒体等工具进行文化创新的能力，以此扩大福建青年文化的影响力，确保更广泛的受众群体能够接触并参与到福建的青年文化活动中。

（三）激发青年创新动力，加速文化传播发展进程

基于新时代背景，为全面促进福建青年文化的发展，采取综合策略以激发青年创新动力，加速文化传播进程显得尤为关键。因此，一要构建开放型的交流平台，结合激励机制，为青年提供自由表达和分享文化观点的空间，该平台应融合线上社交媒体和线下社区中心，以体现高度的开放性和包容性。二要举办各类文化创意比赛和短视频挑战赛等活动，激发青年文化创作的积极性，促进青年创造力的发展，提升其文化参与意识，以此推动福建青年文化的创新发展和活跃传播。三要充分发挥教育领域在激活青年文化传播力量方面的媒介作用。开设文化传播相关课程，举办系列讲座等活动，强化教育培训，有效激发青年在文化传播中发挥主体作用，促进文化的多元发展和广泛传播。四要培养青年的文化意识和传播技巧，鼓励青年批判性地反思文化现象，成为具有洞察力和分析力的文化传播者。另外，还要加大政府和社会组织对青年文化传播的财政支持与资源供给力度，特别是对资源有限但创意无限的青年而言，资金、技术培训、传播渠道等支持，将是激励其成为文化传播积极主体的关键动力。

（四）培育文化消费市场，引领青年消费方向

在新时代的背景下，青年文化发展必须重视文化消费市场的培育，并科学引导青年的消费方向。一是加强文化产品供给与消费者需求的对接是培育和扩大文化消费市场的核心任务。文化产品的内容与形式需与当前消费市场

紧密相连，适应市场供给侧结构性改革的需求。这不仅包括培养文化消费理念、拓展文化消费业态，还包括引导健康向上的文化消费方式。这些策略将有效促进经济增长，并将文化消费塑造为弘扬和践行社会主义核心价值观的关键途径。二是建立契合区域特色文化的青年文化消费市场。遵循文化产品开发的固有生命周期，创立具有自主知识产权的文化品牌，并通过市场细分策略，研究并推出多样化的商品类型，以满足青年的具体需求。这不仅将丰富青年文化消费的种类，而且有利于提升文化产品的品质，满足青年对文化消费的多样化、多层次、个性化需求。三是建立激励机制以支持优秀文化产品的发展，规范文化产品的发展轨迹，更好地满足青年日益增长的标准化、多层次文化需求。通过深度挖掘福建地区特色文化资源，并加强创新与品牌建设，有效避免盲目模仿，实现文化产品的多元发展。

（五）加强文化基础设施建设，夯实青年文化发展基础

文化基础设施的建设与完善是巩固青年文化发展基石的关键措施。作为支撑文化活动、传播文化理念、培育文化人才的核心平台，文化基础设施对于青年文化的成长与发展起着至关重要的作用。一要优化基础设施建设。借助优化基础设施布局、创新设施类型与功能、强化设施运营与管理、促进资源共享与联动、融合科技手段提升服务效能、提高青年参与度等策略，有效推动青年文化的进步，并为培养具备创新精神与实践能力的青年人才提供坚实的支持。结合青年文化发展需求与特点，依据青年的特征与偏好，创新文化基础设施的类型与功能，合理规划布局文化基础设施，强化设施的均衡配置，确保其广泛覆盖且易于青年接近。注重设施的均衡配置，以满足不同区域、不同青年群体的文化需求。针对青年的特征与偏好，创新文化基础设施的类型与功能，建设青年文化活动中心、创意产业园区、数字文化体验馆等，为青年提供多元化的文化体验与学习空间。二要加强文化设施共享平台建设，促进文化基础设施的资源共享与联动，实现资源的优化配置与高效利用，强化设施间的交流与协作，共同推动文化发展。三要提升文化基础设施的效能。充分利用科技手段，如大数据、人工智能等现代科技，提升文化基

础设施的服务效能与吸引力。通过智能化管理系统提高设施使用效率，并运用虚拟现实等技术手段丰富青年的文化体验。四要鼓励青年积极参与文化基础设施的建设与管理，充分发挥他们的创造力与热情。通过组织志愿者活动、开展设施使用培训等措施，引导青年成为文化基础设施建设的积极参与者和受益者。五要建立健全文化基础设施的运营和管理机制，确保设施的高效利用与可持续发展。通过引入专业团队、加强人员培训等手段，提升设施的管理水平与服务质量，为福建青年文化的繁荣发展提供坚实的物质与技术基础。

参考文献

马中红、井常灿：《新文化生命体：传统文化创造性转化与青年文化传承性再生》，《青年发展论坛》2024年第1期。

许敏、朱康有：《在加强新时代青年的历史教育中推动文化传承发展》，《人民论坛·学术前沿》2023年第15期。

王玉玲、范永立、洪建设：《小镇青年消费文化特点研究——以文化产业领域为切入点》，《中国青年研究》2019年第6期。

巫泽茹：《青年，扛起文化传承的责任》，《群众》2023年第14期。

吴佩婷：《主体·拼贴·创新——青年在场视角下B站青年的传统文化传承样态》，《当代青年研究》2020年第6期。

王梅琳、李安增：《中华优秀传统文化传承中的青年责任》，《广西社会科学》2019年第4期。

胡邦宁、达锬：《青年发展与传统文化传承的路径研究——基于高校共青团工作视阈》，《青年发展论坛》2017年第2期。

杨红、孙涵：《青年亚文化如何在跨文化传播中"破壁"——基于"Z世代"眼中的"科目三"专题调查》，《对外传播》2024年第3期。

高翠、史丽莹、付烨等：《创新文化传播激活青年科技工作者创新活力探索》，《科技传播》2024年第3期。

杨卓凡、吕佰顺：《接受逻辑下"Z世代"纪录片跨文化传播的叙事策略——基于"看中国·外国青年影像计划"系列微纪录片的分析》，《艺术传播研究》2023年第3期。

B.8
2024年福建青年社会融入与社会参与研究报告

陈盛淦 苏海贵*

摘　要： 本报告从发展型城市创建、组织引领以及青年政治参与、社区参与、志愿服务参与、国际国内交流参与等维度，分析福建青年社会融入与社会参与的现状及特征。研究结果显示，发展型城市成为青年社会融入与社会参与的重要渠道，以共青团为主导的青年组织体系不断健全，青年社会融入途径多元、社会参与内容多样。但仍存在青年发展公共服务供需不够均衡、青年全面社会参与水平有待提高、青年社会组织专业能力仍需提升等问题。为此，应优化青年公共服务供给结构，推进青年公共服务创新；拓展青年参与渠道，搭建多元参与服务阵地；提升社会组织专业水平，强化数字技术赋能。

关键词： 福建青年　社会融入　社会参与

　　党的二十大擘画了以中国式现代化全面推进强国建设、民族复兴伟业的宏伟蓝图。习近平总书记强调："要实现强国建设、民族复兴宏伟目标，需要全党全国各族人民包括广大青年团结一致、全力以赴，继续爬坡过坎、攻坚克难。"[1] 这些重要论述不仅为青年发展指明了前进方向，也为青年社会融入与社会参与提供了根本遵循。广大青年志存高远、脚踏实地，聚焦服务

---

* 陈盛淦，福建江夏学院公共事务学院，副教授，研究方向为人口社会学；苏海贵，福建江夏学院公共事务学院，讲师，研究方向为青少年事务社会工作。
[1] 《为推进中国式现代化贡献青春力量》，《人民日报》2024年5月4日，第01版。

新发展格局、推动高质量发展、打赢脱贫攻坚战、抗击新冠疫情等重大任务，不惧挑战、挺膺担当，用青春能动力和青年创造力激荡起民族复兴的澎湃春潮。福建是青年扬帆逐梦的舞台，也是青年建功立业的福地，推动青年社会融入与社会参与是引领福建青年在八闽大地成功圆梦的重要引擎。福建青年积极响应习近平总书记的号召，以崭新姿态融入社会，深度参与新福建建设，奋力谱写中国式现代化福建篇章，为实现中华民族伟大复兴的中国梦贡献青春力量。

本报告从发展型城市创建、组织引领以及青年政治参与、社区参与、志愿服务参与、国际国内交流参与等维度，分析福建青年社会融入与社会参与的现状、特征及面临的问题，提出有针对性的对策建议。

一　社会融入与社会参与现状分析

福建通过政策的高起点谋划、经济的高质量发展、氛围的高标准营造，为青年全面发展提供了充分保障，为青年高水平社会融入与社会参与创建了积极条件，有效推动新时代青年在中国式现代化福建实践中挺膺担当。

（一）青年发展型城市创建成为青年社会融入与社会参与的重要渠道

青年发展型城市是扎实推进以人为核心的新型城镇化战略，积极践行青年优先发展理念，更好满足青年多样化、多层次发展需求的政策环境和社会环境不断优化，青年创新创造活力与城市创新创造活力相互激荡、青年高质量发展和城市高质量发展相互促进的城市发展方式。福建各地在建设青年发展型城市方面积极探索和实践，通过出台相关政策、优化公共服务、加强创新创业支持等措施，为青年提供更加友好、宜居的发展环境，成为青年社会融入与社会参与的重要抓手。

1.收入水平、生活氛围、社会福利成为青年友好环境的重要因素

理想的青年友好环境是由多个关键要素共同构成的，涵盖收入水平、生

活氛围、社会福利、竞争环境、职业发展、住房问题、自然环境、政策环境、基础设施建设、文化氛围以及青年规划等多个维度。调查数据显示，"较为可观的收入水平"以 38.93% 的占比高居榜首（见图 1），显示出福建青年对于经济层面的高度关注。经济收入关乎个人的生存与发展，更是社会融入的基础和物质保障。在这一方面，福建拥有良好的经济发展环境。根据福建省人民政府工作报告，2023 年，福建居民人均可支配收入为 4.54 万元，位居全国前列。

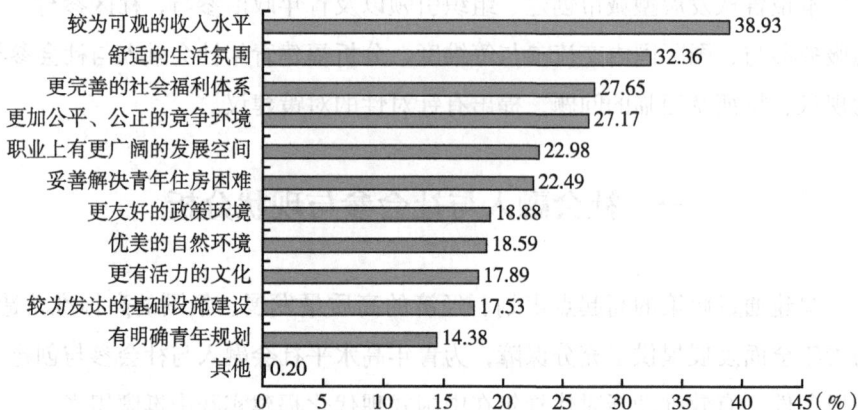

图 1　理想中的青年友好居住环境要素（N=13132，多选）

"舒适的生活氛围"以 32.36% 的比例紧随其后，显示出青年对于生活品质的追求，希望能够在轻松、愉快的氛围中生活。在社会福利体系方面，有 27.65% 的青年强调更完善的社会福利体系的重要性，希望能够在医疗、养老、教育等方面得到更好的保障。此外，27.17% 的青年期望更加公平、公正的竞争环境，以便能够在平等的条件下展示才华和实现自我价值。在职业发展上，青年普遍看重职业发展的广阔空间，占比达到 22.98%。同时，妥善解决青年住房困难也被视为构建青年友好环境的重要一环，占比 22.49%。

从不同类型青年看，中学生关注的要素主要是"舒适的生活氛围"（44.24%）、"更加公平、公正的竞争环境"（36.20%）和"较为可观的收入水平"（33.35%）。大学生和职业青年关注的要素主要是"较为可观的收入水平"（39.90%）、"舒适的生活氛围"（30.88%）和"更完善的社会福利体系"（29.37%）。这说明无论处于哪个年龄段，青年都希望拥有一个良好的生活基础和物质保障。这两个群体也存在一定差异，中学生更加关注公平、公正的竞争环境，而大学生和职业青年则更加关注社会福利体系的完善，进一步显示出青年所认为的友好环境与不同年龄段的生活经历和基本需求有关。

2.各地市加快推进青年发展型城市建设

青年发展型城市积极践行青年优先发展理念，致力于创造更加优越的政策环境与社会环境，以更好地满足青年多样化、多层次的发展需求。2022年6月，龙岩市被确定为全国青年发展型城市建设试点，集美区、闽侯县、上杭县被确定为全国青年发展型县域试点。2022年10月，福建省委宣传部、省发改委、团省委等21部门联合印发《关于开展福建省青年发展型城市建设试点的意见》，旨在促进青年高质量发展，打造对青年更友好的城市环境，让青年在城市中发挥更大作用。该意见明确了福建省青年发展型城市建设的指导思想、基本原则、适用范围和目标任务，提出了一系列具体的政策措施和行动计划。

在2024年各级政府工作报告中，各地市均明确提出建设青年发展型城市或青年友好城市的目标和措施，体现了福建对于青年发展的高度重视和积极推动青年友好型城市建设的决心。实施一系列政策和项目，如优化青年就业创业环境、提升青年教育医疗水平、丰富青年文化生活等，为青年提供更多发展机遇和更好的生活条件。福州市围绕"城市更友好，青年更有为"的目标，启动建设"海峡青年发展型城市"，打造人才工作品牌，建立完善青年住房保障体系，助力两岸青年同心筑梦。龙岩市聚焦青年急难愁盼问题，实施包括红色铸魂、就业促进、创新创业、安居保障、幸福家庭、青享优教、文化发展、青春建功等在内的"八大工程"，努力打造对青年更友好的城市环境。泉州市通过升级生活补贴、安居保障、创业扶持、科研资助、引才激励、育才平台、培训补助、优才服务等8项政策支持，积极打造青年人才向往地、青年发展友好城市。

厦门市集美区通过构筑"引、育、融、留"的青年服务体系，实施青年创业、就业、生活、学村学子、台青聚融、青年成长等"六大青年友好工程"18 项计划，为青年提供全方位的支持和服务，使青年能够在这里找到归属感和成就感，全力打造青年发展型城区。

3. 在闽省外青年普遍认可福建发展环境

一个青年发展型城市，能够为省外流动青年提供更为宽松和友好的社会环境，进而促进他们的社会融入。调查数据显示（见图 2），25.61% 的在闽省外青年认为在闽发展环境"非常友好"，46.13% 认为"比较友好"，回答"比较友好"和"非常友好"的在闽省外青年合计占比高达 71.74%，这表明大多数在闽省外青年对福建的发展环境持有非常积极的看法，也反映了福建省政府和相关部门在促进青年发展、推动社会融合等方面所采取的政策和措施是有效的，得到了广泛认可。有学者基于中国流动人口动态监测调查的 2017 年福建省数据进行研究，结果显示流动人口认为"我喜欢现在居住的城市/地方""我很愿意融入本地人当中，成为其中一员""我觉得本地人愿意接受我成为其中一员"的比例分别为 97.69%、88.31% 和 88.58%。[①] 这些数据也验证了外地青年对福建的认可。

（二）以共青团为主导的青年组织体系不断健全

共青团福建省委统筹推进青联、学联、少先队改革，共青团、青联、学联组织在促进青年社会融入与社会参与中的主导作用充分发挥。全省学校领域团组织覆盖率达 100%，高校学生会改革 15 项主要指标全部达标。坚持党建带团建，主动融入基层党建工作格局，深入开展"两新"组织团建攻坚行动，社会领域团组织增长到 1.8 万个，在闽全国 500 强企业全部完成建团，传统领域组织和工作覆盖率大幅提升。全省各县（市、区）全部成立少工委，中小学 100% 建立学校少工委，少先队社会化工作体系全面建立。

---

① 肖宝玉、朱宇、林李月：《多维耦合视角下的流动人口主观社会融入研究——以福厦泉城市群为例》，《人文地理》2021 年第 2 期。

比较不友好
1.85%　　非常不友好
　　　　　1.27%

一般
25.14%

非常友好
25.61%

比较友好
46.13%

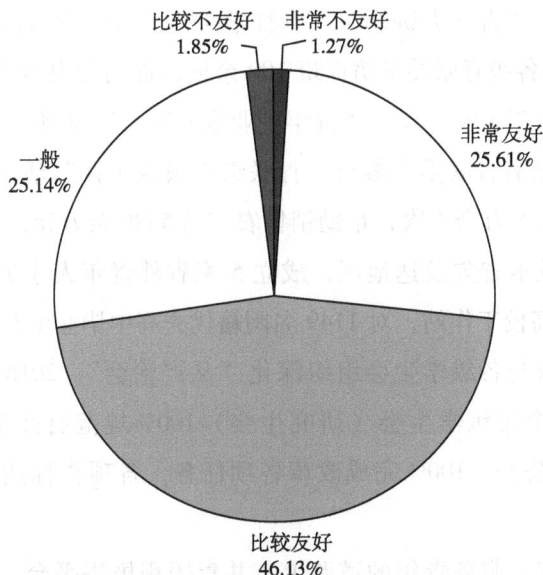

图 2　在闽省外青年对在闽发展环境的态度（N=1730）

建成"青年之家"实体阵地 1332 个，实现县乡全覆盖。2023 年，福建大学生实习"扬帆计划"累计动员用人单位 8855 家，提供实习岗位 135119 个，吸引 48084 名在校大学生上岗实习。活动覆盖 142 所"双一流"高校和香港大学、台湾大学等 48 所高水平大学。[①] 2018～2023 年，共青团策划启动的"千校万岗"云招聘共帮助 4.5 万余名毕业生实现就业；福建省 12355 青少年服务台为 61.2 万人次提供心理辅导等服务；开展"创青春""挑战杯""振兴杯"等赛事为 1859 个项目发放资金 4629 万元；培训农村创业青年 3.5 万余人次；动员超 100 万名青年学生参与"三下乡""返家乡"社会实践；持续开展海峡青年论坛、海峡青年节等活动，4.4 万名两岸青少年参与交流。这些举措极大促进了青年的社会融入与社会参与，展现了青年的活力与担当。

福建省青联积极汇聚青年智慧力量，服务青年成长成才。分群体、分领

---

① 《今年我省大学生实习"扬帆计划"提供实习岗位 13.5 万个》，http://www.fujian.gov.cn/xwdt/mszx/202311/t20231115_6297918.htm，2023 年 11 月 15 日。

域、分界别开展"青联大讲堂""青社学堂""青联读书社"等学习活动
200 余场，举办各级青联委员培训班 100 余期，推动党史学习教育、团员和
青年主题教育走深走实。开展"青年企业家八闽行"活动，组织 46 支青联
服务团、2100 余名青联委员参与"青联组织服务千村"活动 177 场，培训
农村创业青年 3.5 万余人次，帮助销售农产品 5980 余万元；选派 1766 名志
愿者服务西部及本省欠发达地区，成立 5 家省外青年人才工作联络处、14
所"双一流"高校工作站，对 1149 名闽籍优秀高中毕业生开展跟踪培养。

福建省学联与各级学生会组织深化"从严治会"。2018 年以来，全省
88 所高校 100 个校级学生会（研究生会）100%规范召开学生代表大会、
100%完成自评公开、100%完成改革各项任务，各项指标达标率为 100%，
全国并列第一。

在凝聚青年、服务青年的道路上，共青团积极搭平台、汇资源、强服
务，推动青年发展与社会进步同频共振。调查数据显示，在回答"共青团
在引领青年、凝聚青年和服务青年方面发挥的作用"时，27.86%的青年认
为共青团在引领青年、凝聚青年和服务青年方面发挥了显著作用，48.27%
的青年认为发挥了一定作用。可见，共青团发挥的主导作用得到了青年广泛
认可。

（三）社会融入渠道多样化

1. 对群体交流高度认同

不同背景、文化、地域和社会经济地位的青年之间的交流融合可以帮助
消除偏见和误解，增进相互之间的尊重和信任，也有助于构建更加和谐、包
容和多元的社会环境。如图 3 所示，认为增进不同青年群体之间交流融合
"十分重要""比较重要"的青年占 85.58%。这显示了青年对于促进跨群体交
流的认同和重视。在实践中，福建为不同青年群体提供了很多交流和融合的
实践平台。创新实施"青雁计划"，在福州、厦门、泉州、三明等地举办新生
代小吃行业人才培训班、新疆美容美发管理人员培训班，为各族青年搭建创
业舞台，组织参观安踏集团、恒安集团等福建知名企业，促进闽疆闽藏青年

的交往交流交融。创新举办福建"三创促三交·两岸各民族青年文创文旅研习营"活动，以青年喜闻乐见的实地研学、田野调查、主题沙龙、文体活动等形式开展铸牢中华民族共同体意识教育，促进各族同胞交流合作，吸引在闽高校就读的福建、新疆、西藏、台湾青年学生和在闽就业创业的两岸青年企业家、专家学者等参加。2024年底，厦门正式发布"鹭青 e"线上青年综合服务平台，发布一系列可供青年参与的线上线下活动，吸引和凝聚在厦青年。"鹭青 e"围绕青年生活、运动、学习等多元化需求，链接图书馆、运动健身、志愿服务、爱心地图、文明实践和工会服务六大主题空间，为青年提供了丰富的休闲学习场所，更成为青年拓展社交圈、提升自我素质的重要平台。龙岩举办青年彩虹跑活动，吸引众多青年参与。武夷山推出"智在武夷"行动计划，为35周岁以下青年提供一站式专属福利，吸引了数万名青年参与。广大青年在这些活动中找到属于自己的乐趣和收获，获得归属感和认同感。

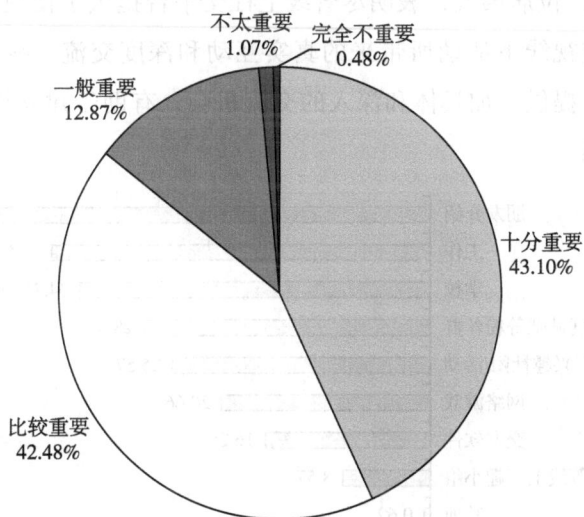

图 3　对增进不同青年群体之间交流融合重要性的评价（N＝13132）

2. 扩展朋友圈形式多样

青年扩展朋友圈的方式和场所具有多样性，既有传统的线下方式，如朋友介绍、工作和学校等，也有新兴的线上方式，如社交媒体和线上兴趣小组等。这些方式各有特点，共同构成了人们扩展社交圈子的多元途径。调查数据显示（见图4），朋友介绍（44.19%）位居第一，这是一种自然且高效的社交方式，而且由于朋友间相互信任，新建立的关系往往更容易获得双方的认可。工作（37.50%）和学校（34.71%）分别位列第二和第三，这两个场所是人们日常生活的重要组成部分，也是社交活动频繁发生的地点。在工作和学校中，人们有机会与同事、同学等建立联系，这些联系可能基于共同的职业背景、学习经历或兴趣爱好，从而更容易形成稳定的社交关系。此外，线上社交平台在扩展社交圈子方面也逐渐显示其重要性。微博、微信、百度贴吧等粉丝群（28.33%）以及豆瓣、知乎、贴吧等线上兴趣小组（8.57%）为人们提供了一种跨越地域、基于共同兴趣结识新朋友的途径。这些平台通过算法推荐、话题讨论等功能，使得具有相似兴趣爱好的人能够聚集在一起，形成新的社交圈子。线下兴趣社团/活动（25.57%）位居第五，表明尽管线上社交平台提供了便捷的社交方式，但青年仍然重视线下活动所带来的真实互动和深度交流。线下兴趣社团/活动往往能够提供更加具体和深入的交流机会，有助于建立更加紧密和稳固的社交关系。

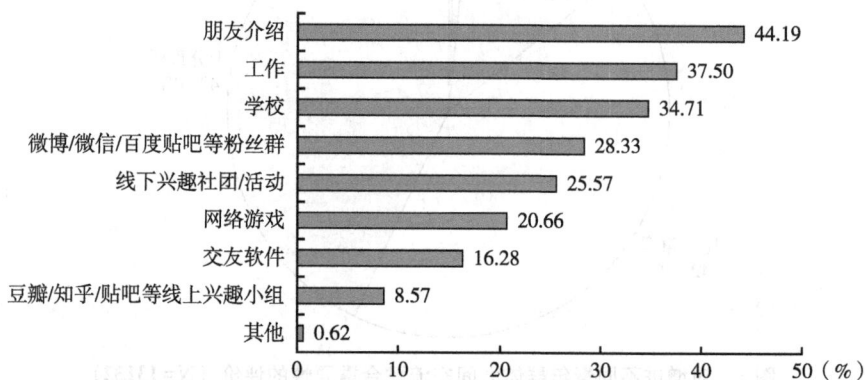

图4 扩展朋友圈的方式/场所（N=13132，多选）

3. 社会组织成为青年社会融入的重要促进者

青年社会组织是联系服务引导青年的新载体和重要力量，是促进青年全面发展的重要组成部分。在助力青年发展、引导青年社会融入与社会参与等方面发挥着积极作用。如图5所示，青年认为各类社会组织在服务青年方面发挥了显著作用的占31.62%，发挥了一定作用的占49.92%。共有81.54%的青年对社会组织的作用有着比较积极的评价，这也意味着各类青年社会组织在吸引青年方面具有鲜明作用。

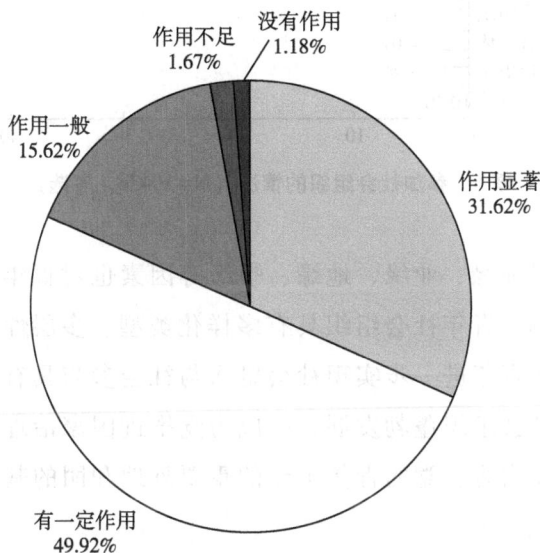

图5　对社会组织在促进青年发展中发挥的作用的认知（N=13132）

青年在学习和生活中参加了多种类型的社会组织。如图6所示，志愿者组织（36.45%）位居第一，公益社团（15.72%）位居第五，这表现出青年对志愿服务与公益活动的投入热情。"工会"（22.99%）、"校友会/同学会"（19.11%）、"文体娱乐等兴趣爱好社团"（18.66%）的选择比例也比较靠前，显示出青年倾向于选择同学之间、基于兴趣的社会组织，同辈群体、趣缘群体构成了青年参与社会组织的重要考量维度。"宗亲会/同乡会"（6.77%）、"业委会"（5.22%）选择比例靠后，反映出虽然社会流动快速演进，但地缘性群体组织仍然会对青年产生影响。

从以上数据可以发现，青年通过社会组织实现社会参与和社会融入的渠道较为丰富，且参加的社会组织多集中于志愿活动、公益活动、休

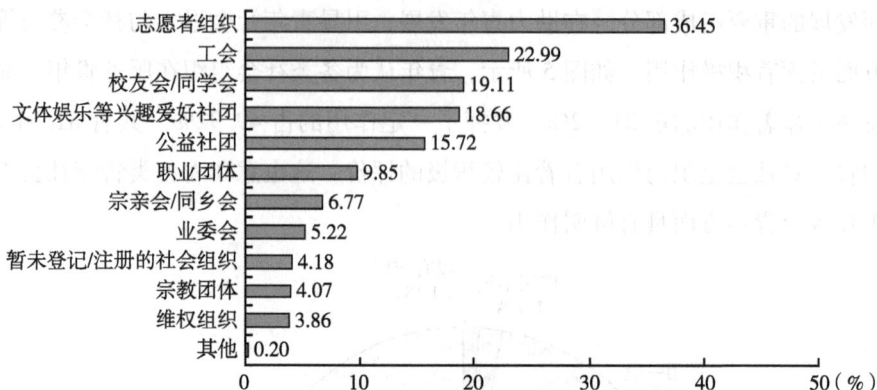

图6　参加社会组织的情况（N=10436，多选）

闲娱乐等，同时趣缘、业缘、地缘、学缘等因素也对青年参与社会组织
产生了直接影响。青年社会组织具有多样化类型、多层性内涵和多元化
对象，对新时代青年进一步实现社会融入与社会参与具有不可忽视的引
领作用。青年社会组织蓬勃发展，已成为党推进国家治理体系和治理能
力现代化的重要内容、党的青年工作的重要阵地和团的基层组织的重要
形态。

（四）社会参与内容多样化

青年社会参与呈现参与类型多样化、参与途径多样化、参与层次多样
化、参与目标多样化的典型特征。越来越多的青年通过各种渠道参与社会事
务，在各类志愿服务项目中也普遍展现出较高的参与度。

1. 踊跃建言献策，聚力青年担当

青年作为社会变革的先锋力量，其政治参与是推动社会进步和政治文明
发展的重要动力。青年通过丰富生动的政治生活，在推动福建经济社会高质
量发展过程中充分建言献策、焕发青春风采，展现青年担当。

（1）踊跃参政议政

习近平总书记强调政府在日常工作中要积极取青年之意、纳青年之策、
圆青年之需。在每年的省两会上，都有来自各行各业的青年代表和委员积极

参政议政、履职尽责，结合工作实际对政府工作报告展开热议，展现出高度的责任感和使命感，积极反映青年呼声和需求，为政府决策提供富有价值的参考。自2008年起，"共青团与人大代表、政协委员面对面"活动已成为各级团组织代表和维护青少年权益、引导青年有序政治参与的关键平台。据统计，2022年福建省各级人大代表、政协委员深入各类青年群体中开展倾听活动并形成调研报告113份，提出人大建议议案和政协提案225份。[①]

党的二十大报告指出，全过程人民民主是社会主义民主政治的本质属性，是最广泛、最真实、最管用的民主。"模拟政协"活动作为一种创新性的实践活动，为青少年提供了一个了解、参与和体验政治协商、民主监督的便捷平台。2023年福建共有2万多名青少年报名参加青少年"模拟政协"活动，收到7688份模拟政协提案作品、331份红领巾小提案，有效推动青少年"模拟政协"活动持续深化[②]，为青少年有序参政议政奠定了沉浸式体验的实践基础。

（2）参与党团组织活动丰富

党团组织的活动是青年实现社会融入与社会参与的重要形式之一。如图7所示，在参加党团组织活动上，党团知识和会议精神学习（41.82%）位列第一，这显示出党团知识与青年学习型参与之间的双向奔赴。社会公益活动（33.78%）位列第二，体现出青年参与党团组织的志愿活动的积极性，其参与率较高。节日聚会、聚餐（22.62%）和文体娱乐、联谊（21.24%）等活动分别位列第三、第四，青年参与这两项活动的比例较高，反映出青年在参与同辈群体娱乐休闲类活动中的浓厚兴趣。"青年交流会议、论坛"（20.19%）、"业务知识培训"（19.34%）、"兴趣交流、摄影等"（15.66%）、"青年交流访问"（15.06%）、"竞赛、评比等"（13.72%）等选项表现出青年在趣缘型和业缘型社会参与方面的情感投射与行动投入。

---

① 《福建举办2023年"共青团与人大代表、政协委员面对面"活动》，http：//news. cyol. com/gb/articles/2023-01/09/content_X55yz2fpEx. html，2023年1月9日。

② 《我省举办青少年"模拟政协"活动》，http：//www. fujian. gov. cn/zwgk/ztzl/sxzygwzxsgzx/zx/202311/t20231103_6289871. htm，2023年11月3日。

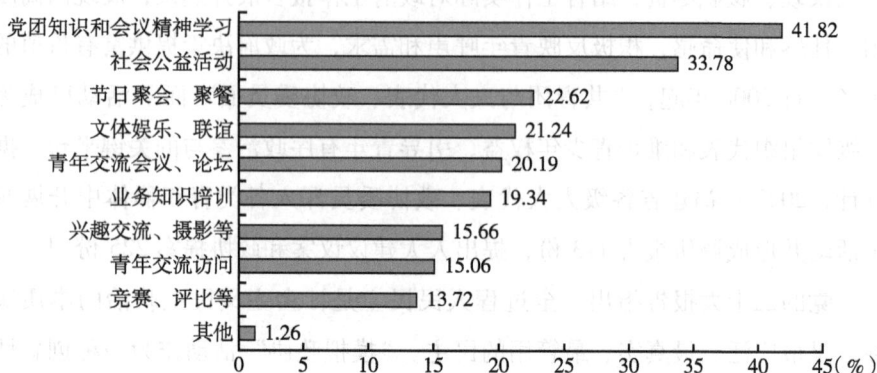

图 7　最近两年主要参与的党团组织的活动类型（N=11039，多选）

青年参与党团组织活动，主要集中在党团会议、公益慈善、文体休闲、社会发展等方面。可见，党团组织在引领青年政治思想学习、社会公益活动和群体交流互动方面获得了广大青年的积极参与，青年也通过党团组织获得众多参与机会，且在参与党团组织活动方面呈现多元化特征，进而有利于通过类型多样的党团组织活动更好地融入所在地的工作生活空间和经济社会体系中。

（3）政治参与多维度展现

党的二十大报告明确提出要"扩大人民有序政治参与"。[①] 青年既有浓厚的爱国主义情怀，也有积极的政治参与动力，这主要表现在"政策参与""表达参与""维权参与"三个主要方面。[②] 在回答"是否参与过政治相关事项"时，72.82%的青年表示参与过，显示出大部分青年在政治参与方面具有一定的积极性。

在参与过政治相关事项的青年中，如图8所示，在政策参与方面，通过党（团）组织发表意见（18.72%）位列第三，充分显示了党（团）组

① 《习近平：高举中国特色社会主义伟大旗帜 为全面建设社会主义现代化国家而团结奋斗——在中国共产党第二十次全国代表大会上的报告》，https://www.gov.cn/xinwen/2022-10/25/content_5721685.htm，2022年10月25日。

② 杨江华、杨思宇：《青年网络社交圈群特征与政治参与》，《青年研究》2023年第5期。

织在青年政治生活中的引领和凝聚作用。党（团）组织通过组织活动、开展教育、提供平台等方式，为青年提供了发表政治意见、参与政治生活的有效途径，使青年能够更好地理解党的方针政策，增强政治认同感和归属感。参与居委会、村委会等基层组织的管理工作（17.44%）位列第四，表明基层民主管理实践在青年政治参与中扮演着重要角色。通过参与基层组织的管理工作，青年能够直接参与到社区、村庄的公共事务中，推动基层民主的发展。参与校园选举和学校管理（16.68%）位列第五，这说明校园既是青年成长的重要场所，也是政治社会化的重要阵地。通过参与校园选举和学校管理，青年能够锻炼自己的政治素养和实践能力，同时也能够为学校的民主管理和决策贡献自己的智慧和力量。参与各类选举投票（8.15%）表明部分青年积极行使自己的政治权利，参与国家事务管理。参加各种公开征求意见活动（12.35%）也是青年实现利益表达与政治参与的有效途径。如福建组织开展"我为福建高质量发展献策""我为强省惠民建言"线上大调研，广大群众包括青年群体通过问政平台、专题网站等渠道，以主人翁的姿态、谋划者的身份，踊跃建言献策，提出了一系列富有建设性、创新性的意见建议。[1] 为更好地倾听民声，反映民意，在各地市人大会议、市政协会议召开前夕，公布两会来信来访地址等联络方式，接收市民意见和建议。

在表达参与方面，通过和家人或朋友的聊天来发表意见（39.43%）位居第一，这体现了青年在日常生活中对政治话题的关注和讨论。在数字化时代，网络成为青年表达政治意见的重要平台（20.70%），青年通过社交媒体、博客、论坛和短视频平台可以迅速地将自己的观点和想法传达给广大网友，这种便捷性和即时性使得网络成为青年表达意见的主要渠道。在数字化浪潮的推动下，通过 BBS 讨论，青年能够围绕政治议题展开热烈讨论，分享观点，深化对政治问题的理解。网络留言则为青年提供了一个

---

① 《福建："四下基层"强作风"三张清单"聚民心》，https://www.gov.cn/lianbo/difang/202305/content_6883469.htm，2023 年 5 月 28 日。

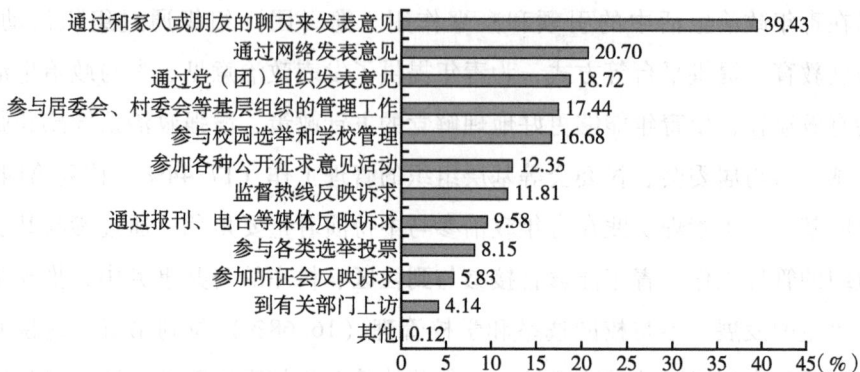

图 8 近两年参与过的政治相关事项类型（N＝9563，多选）

直接、便捷的渠道，用以表达个人政治见解和诉求，进而引起社会关注和讨论。

在维权参与方面，青年通过监督热线（如 12345）反映诉求（11.81%），将自己的问题和诉求及时传达给相关部门，期望得到快速有效的回应。参加听证会反映诉求（5.83%）也是重要方式，青年在公正公开的环境中阐明自己的观点和诉求，避免过于主观的判断和武断的决策。另外，通过报刊、电台等媒体反映诉求（9.58%）也表明部分青年会借助媒体监督。可见，传统维权方式和新型维权方式均成为青年捍卫自身权益、合法表达诉求的重要方式。

2. 深度社区参与，迸发青年活力

社区是青年生活场域的基础空间，也是青年社会参与的重要场景。青年社区参与整体上呈现类型多元、行动活跃的特点，成为青年参与基层社会治理、实现自我发展价值的重要渠道。

（1）社区参与类型多样

青年社区参与是福建省共青团及各地团组织积极倡导并重点推动的工作。通过广泛组织各类社区活动，社区参与不仅激发了青年的社会责任感和参与意识，还促进了青年更好地融入社区生活，充分发挥自身的积极性和创造力，共同为构建美好家园贡献力量。青年在社区参与中展现了多样化的活动形式,涵盖政治、治理、社交、公益及文化娱乐等多个领域(见图9)。其中,社区文化娱乐活动(49.58%)高居榜首,这充分说明青年对于文化生活的强烈渴望和追求。文化娱乐活动不仅为青年提供了放松身心、享受生活的平台,更在无形中增进了社区居民之间的友谊与团结。社区公益活动(46.74%)位居第二,显示了青年对于社会责任的积极担当。在助学、扶贫济困、扶老助残等公益活动中,青年纷纷伸出援手,用自己的行动传递爱心与温暖。社区邻里交往活动(36.61%)位居第三,通过参与邻里活动、交流互动,青年可以增进对社区的了解和认同,也建立了良好的社区关系网络。社区治理、社会事务活动(30.83%)以及社区政治活动(23.22%)也深受欢迎,反映出青年对于社区治理和政治生活的关注,愿意通过参与这些活动来表达自己的意见和诉求,推动社区治理的民主化和透明化。

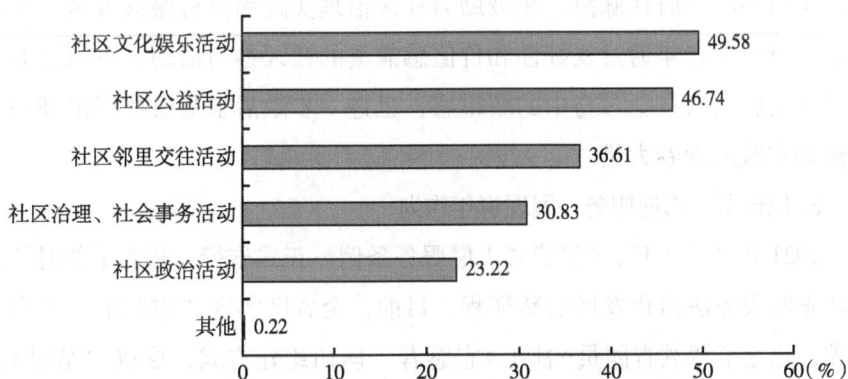

图9 社区参与的主要类型(N=8812,多选)

(2)社区参与成效显著

青年通过积极社区参与,有效促进了个人成长与社区治理。福州市台江区曙光社区巧用"加减乘除"工作法,融通辖区各方资源,聚焦青年公共服务、公共参与等需求,在青年参与社区治理方面探索出"最优解"。厦门市思明区以社区需求为导向、以青年参与为主体、以多方联动为基础、以"青春合伙人"项目化运作为理念,实施"青年团聚""青春领航""青萤微光""青春无忧""益青发展""青听青声"六项计划，有力推进了青年参与社区治理创新。漳州市龙文区龙江社区落细落实"党建带团建"，用好用足社区"青年之家"，以青年团员及青少年社工为支撑，实施"青春铸魂行动""青春建功行动""青春护航行动"三大行动，展现了青年风采担当，提升了社区治理实效。龙岩市新罗区通过精准定位传统领域、扩大社会领域覆盖、强化两新组织团建、把握毕业关键时期，积极探索社会领域高质量发展团员新路径，引导青年深度参与社区共建共治共享，更大力度助推乡村振兴。此外，福建全省已有 328 支青年服务队伍与 442 个社区建立结对关系，区校结对共建为促进青年社区参与拓展了有效渠道。各高校在暑期常态组织青年大学生开展"三下乡"社会实践活动，通过奔赴基层城乡一线社区，充分发挥高校青年学子的知识才干，引领学生用脚步丈量祖国大地，用眼睛发现中国精神，用耳朵倾听人民呼声，用内心感应时代脉搏，积极助力社区治理实践和乡村振兴发展。各领域、各行业的青年通过友好性和价值感兼具的社区参与活动，不断提升个人在社会融入与社会参与中的获得感，也进一步激活了基层社区治理和乡村振兴实践的青春力量。

3. 积极参与志愿服务，展现青年作为

2021 年 7 月 1 日，《福建省志愿服务条例》正式施行，开启了新时代新福建志愿服务法治化发展的新征程。目前，全省已实现"志愿汇"平台全覆盖，建立了"共青团员+社工+志愿者"队伍组建方式，形成"结对+接力"的项目运作基本模式，完善以服务时间和服务成效为标准的志愿者星级认证评价体系，实现 100% 的县（市、区）建立青年志愿者协会。截至 2022 年底，福建实名注册青年志愿者数量达到 560 万人，各类志愿服务组织达到 4 万多个，累计发布各类志愿服务活动 57.1 万场（次），提供志愿服务时长超过 6400 万小时。福建以项目大赛为抓手，建立项目展示交流、孵化培育、资源对接等工作机制，推动志愿服务常态化。2018~2022 年，福建青年志愿服务项目在全国青年志愿服务项目大赛中获得金奖 10 个、银奖

25 个、铜奖 31 个的好成绩。[①]

（1）追求积极价值成为青年志愿服务的重要底色

实践先行、青年先行、活动先行和榜样引领是青年志愿服务的鲜明特点。青年志愿者积极响应社会需求，无论是助力乡村振兴、参与社区建设，还是为特殊群体提供关爱服务，都能够迅速投入各类志愿服务活动中去，以实际行动践行志愿精神。在价值导向上，青年志愿者行动始终坚持习近平新时代中国特色社会主义思想的指导，始终将人民放在心中最高位置。青年志愿服务还致力于达成政治引领、精神引领和文化引领的使命，通过参与各类志愿服务活动，不仅加深自身的政治觉悟和思想认识，还传递积极向上的价值观和正能量，影响和带动更多的人积极参与到志愿服务事业中来。福州积极践行"马上就办、真抓实干"优良作风，发展壮大青年志愿者队伍，深化拓展志愿服务领域，持续提升志愿服务成效，有力促进了志愿服务、青年发展与城市建设之间的有机融合。莆田市组建"红领巾讲师团"，深入红色场馆开展志愿讲解，通过发挥"小手拉大手"的作用，引导青年主动参与基层社会治理，在"创建全国文明城市"、助残助老、邻里活动、法律宣传、基层矛盾纠纷化解等方面提供各类青年志愿服务支持。龙岩市深入挖掘闽西红色资源，打造"一县一精品"青少年研学路线，吸引超过 10 万名青年大学生来岩开展社会实践。青年以丰富具体的志愿服务和实践行动，在志愿精神的深刻践行中，不断实现个人成长目标和社会价值，有力促进了个人发展与社会发展的同步跃升。

（2）助力社会发展成为青年志愿服务的重要方向

2023 年 6 月 26 日，习近平总书记同团中央第十九届领导班子成员集体谈话时强调，共青团要坚持围绕中心、服务大局，主动对接国家重大战略和重大任务，组织动员广大青年立足本职岗位，积极投身中国式现代化建设。共青团福建省委实施"福建省大学生志愿服务欠发达地区计划"，

[①] 《经验交流 | 团省委：弘扬志愿精神 推进社会文明 为新时代新福建建设汇聚青年志愿者磅礴力量》，https://roll.sohu.com/a/647185507_121106994，2023 年 2 月 27 日。

以"志愿+接力"的方式，每年招募一定数量的大学生志愿者到三明、南平、龙岩、宁德四市37个县开展支教、支医、支农、青年工作等志愿服务。福建已有8138名大学生志愿者赴宁夏、西藏、新疆、新疆生产建设兵团及省内各地，投身脱贫攻坚、乡村振兴、绿色发展、基层治理等领域①，成为推动基层建设与社会发展的一支生力军，充分彰显了福建青年的责任担当。

弱势群体的关爱帮扶工作是政治经济社会大局行稳致远的现实需求，已成为青年志愿服务的重要内容，是青年传递爱心的重要途径和践行责任的具体体现。青年志愿服务以"一老一少"为主要关注点，深入推进关爱行动、助残行动，不断扩大项目有效覆盖面。通过"情暖童心"关爱农村留守儿童行动，2018~2022年，共有7.7万名青年志愿者赴全省140个服务点服务农村留守儿童，实现全省83个县全覆盖。通过"青春之光"爱老计划，以"社工+青年志愿者团队+帮扶老人"的模式，2018~2022年，全省"青春之光"累计注册志愿者6.96万名，已结对老人1.23万名。通过深化实施助残阳光行动，超过6.2万名青年志愿者结对服务残疾青少年，帮助青年残疾人解决困难和参与社会生活。

青年志愿者在应对社会突发事件和自然灾害时也显示出响应迅速和有效行动能力。福建作为一个多台风的省份，每年都会迎来数次台风考验。如2023年台风"杜苏芮"期间，福建各地不同岗位上的青年志愿者迅速集结，形成了超30000名的防汛防灾志愿者队伍。青年志愿者积极投入物资储备、人员转移、排险加固、物资抢运、应急救援、避灾安置点管理、老弱病残关心关爱等志愿服务。台风"杜苏芮"侵袭过后，福建各地市青年志愿者、各级青年志愿服务组织以有效、快速、严格的措施，冲锋在第一线，有序开展台风过后的道路整修、暖心帮扶等灾后志愿服务活动，显示出青年志愿者的青春风采和使命担当。

---

① 《我省累计8138名大学生参加西部、欠发达地区志愿服务》，http：//fujian. gov. cn/zwgk/ztzl/sxzygwzxsgzx/zx/202307/t20230731_6216808. htm，2023年7月31日。

4. 青年参与国内外交流互鉴，彰显青年风采

青年是推动社会发展最具创造力的有生力量，也是文明对话中最具活力的群体。青年通过参与国际国内交流，可以为社会治理、文明互鉴和文化交流作出积极贡献。

（1）海上丝绸之路交流活动内容丰富

随着共建21世纪海上丝绸之路的提出，国家明确提出支持福建建设21世纪海上丝绸之路核心区，福建全域深入推动海上丝绸之路核心区建设，举办一系列海上丝绸之路（以下简称"海丝"）主题活动，为青年搭建了一个深入了解海上丝绸之路历史文化、感受多元文化交融的广阔舞台。在曾经参与过的"海丝"主题活动类型中（见图10），"海丝"主题文化调研、传承、研学活动（34.44%）这一类型占比最高，反映出海丝文化对青年的吸引力。"海丝"青年志愿服务（33.46%）这一类型排在第二位，体现出"海丝"系列活动中的青春光彩。"海丝"主题书画、短视频、歌唱比赛等（33.23%）这一类型排在第三位，显示出青年在兴趣类、艺术类活动中的积极参与意愿。另外，"海丝"主题青年交流活动（31.18%）、"海丝"主题线路宣讲活动（29.06%）、"海丝"主题青年创新大会（27.93%）、"海丝"主题青年嘉年华活动（26.63%）等类型也占有一定比例，整体上呈现青年参与海上丝绸之路国际国内交流活动内容的多样性与丰富性，反映了青年通过多元社会组织活动，不断促进社会融入与社会参与的发展趋势。

（2）国际国内交流活动形式多样

除了常态化组织海上丝绸之路国际国内交流活动之外，福建还努力拓宽青年参与国际交往的渠道，为青年开展国际交流与合作搭建更广阔的平台。2023年举办中国（福建）—东盟青年论坛，有效发挥福建优势和青年作用，拉近中国与东盟的人文纽带和青年情感，深化同东盟国家友好互信和利益融合。目前，福建已与马来西亚、印度尼西亚、菲律宾、泰国、越南、老挝、柬埔寨等7个东盟国家建立国际友城关系24对、意向友城7对，为深入拓展福建青年国际交流与合作搭建了重要的平台。同年，举办首届海外青少年

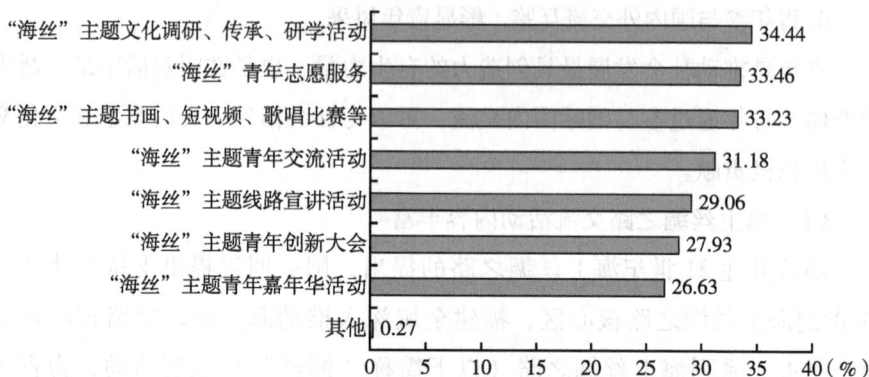

**图10　参与过海上丝绸之路国际国内交流活动的青年
所参加活动类型（N＝4776，多选）**

国际研学营活动，福建青少年与来自吉尔吉斯斯坦、乌兹别克斯坦、马来西亚以及泰国的40名海外青少年欢聚一堂。通过游览名胜、非遗体验、戏曲观摩、艺术欣赏、美食品尝等方式，大家相互熟悉、分组结对，通过交换礼物、才艺表演等形式交流互动，促进了中外青少年情感相知和心灵相通。福建主办的其他系列活动，如第六届海外华裔青少年"印象·福州"大赛获得马来西亚教育部认可，被列为国际等级大赛，以国际交流活动切实推动了青年之间的文化交流。

国际国内交流活动进一步拓展了青年社会参与的重要平台。青年参与内容丰富、形式多样的国际国内交流活动，进一步拓宽了社会参与的渠道，丰富了社会参与的价值，有效激发他们参与21世纪海上丝绸之路核心区建设热情，展示出具有地方特色和时代气息的社会融入与社会参与气象，成长为经贸合作与人文交流的重要参与者和积极贡献者。

二　社会融入与社会参与存在的主要问题

作为中国东南沿海的一个重要省份，福建以其独特的地理优势和经济发展潜力，全面推进中国式现代化福建实践，给青年社会融入与社会参与带来了更多机遇，也提出了更高要求。在社会发展环境变化和个人发展目标变动的交织影响下，青年更好实现社会融入与社会参与方面仍面临多重现实困难。

（一）公共服务供需不够均衡

在新时代，人口高频率、大规模流动日益成为经济社会发展的重要特点之一，需要更具全面性与发展性的社会支持服务。青年发展诉求不再局限于劳动报酬的稳步提高，对社会环境、生活品质与工作条件也有着更高的要求，需要就业创业、职业发展、子女教育、社会保障等方面的全方位支持。虽然福建近年来出台了基本公共服务相关措施，但调查数据显示，在闽省外青年认为福建发展环境"比较不友好"和"非常不友好"的分别占比1.85%和1.27%，虽然比例相对较低，但仍然揭示了一些存在的问题。福建经济社会发展、公共服务设施建设还需不断加强和完善，在面向青年发展的公共服务的系统性、全面性与协同性方面仍有提升空间，以更好回应新时代青年的多元化实际需求，为青年社会融入与社会参与提供更好的基础设施和发展条件。

（二）全面社会参与水平有待提高

在政治参与方面，新时代背景下传统政治参与形式在聚焦青年需求、凝聚青年力量、服务青年发展等方面面临多元化参与形式的挑战，尤其是移动技术的普及和线上媒体的推广，使得网络投票日益成为一种新型政治参与方式，虽然网络政治参与有助于形成更加开放、多元的政治环境，然而需要注意的是，青年在网络参与中不仅会受到线上社交圈群化现象的不确定性影响，也面临参与信息容易失真、网络舆论难以控制等挑战。

在社区参与方面，青年也面临着多方面梗阻。首先，主动参与缺失，许多青年对社区事务的关注度和参与度较低，缺乏主动参与社区建设和活动的积极性。其次，参与渠道不畅，青年在参与社区事务时，难以获取社区活动的信息，也无法有效表达自己的意见和建议。再次，社区活动的吸引力不足。一些社区活动的内容和形式较为单一，缺乏创新和吸引力，难以引起青年的兴趣和参与热情。最后，社区与青年之间的沟通和互动不足，导致双方对彼此的需求和期望了解不足。

在志愿参与方面，青年志愿者注册人数众多，但真正活跃在志愿服务一线的青年志愿者数量仍然有限。而只有当志愿者真正投入其中，将志愿精神转化为实际行动，才能真正发挥其社会价值。志愿服务组织在创新服务内容和拓展服务领域方面尚显不足。目前，许多志愿服务项目仍然停留在传统的扶贫帮困、环境保护等领域，缺乏与时俱进的创新。这不仅限制了志愿服务的发展空间，也降低了志愿者参与的积极性。此外，志愿服务经费保障的不确定性也制约了一些青年志愿服务项目的可持续发展。

（三）社会组织专业能力仍需提升

青年社会组织仍处于早期发展阶段，面临着不少客观现实问题。一方面，受薪资待遇、发展空间等方面的限制，青年社会组织人员流动性较强、人才流失率较高、未能为专业人才构建符合预期的成长空间，在招聘和吸引高层次人才方面存在困难，大量优秀人才不愿投身到社会组织领域的工作。青年社会组织在全面发展水平和专业深耕能力方面的欠缺使其无法快速适应新时代多元化社会治理需求。另一方面，青年社会组织在社会融入与社会参与中的信息整合水平和技术支撑能力不足，未能及时跟进社会治理需求，在参与社会治理时难以获取全面、准确的信息，容易出现信息不畅、资源浪费的局面，导致青年社会组织难以有效带动青年适应社会参与的现实场景和社会治理的工作需要。

三 促进青年社会融入与社会参与的对策建议

福建要多措并举，着力提升青年归属感和参与感，持续推动公共服务优质发展，有力促进青年在社会融入与社会参与中接续奋斗、再立新功。

（一）进一步推动公共服务优质发展

一是深化青年公共服务需求响应机制建设。围绕青年发展型省份建设，优化促进青年社会融入与社会参与的政策体系和工作机制，定期开展青年需求调研，利用线上线下多种渠道收集青年真实需求，特别关注偏远地区、低收入家庭及残疾青年等弱势群体的特殊需求。依托城乡社区网格化服务管理信息平台，实现重点青年分类管理和跟进帮扶，确保政策内容、覆盖范围和服务方式贴近青年发展实际，促进广大青年显著提升社会融入与社会参与的获得感。

二是加快优化青年公共服务供给结构。加大对青年公共服务领域的财政支持力度，推动实现青年公共服务资源在山海、区县、城乡之间的均衡覆盖，加强对新生代农民工、青年企业家、青年社会组织骨干、青年新媒体从业人员、高校青年教师、归国留学青年等群体的服务保障，有力促进不同类型青年享有同等水平公共服务待遇。通过政府购买服务、公益创投等方式，鼓励社会力量广泛参与青年服务事业，引导社会组织、慈善资源、企业等多元主体参与青年公共服务项目，推动青年党团组织、用人单位、基层社区、社会组织开展青年关爱行动。

三是加大力度推进青年公共服务创新。促进文化、旅游、体育、休闲等不同类型青年公共服务的创造性融合，满足青年对多元服务的追求和美好生活的向往。关注社会热点问题和新兴趋势，及时推出青年喜闻乐见的新型公共服务。营造鼓励青年主动融入、多样参与及个性发展的社会氛围，帮助青年舒缓社会压力、拓展社会关系、扩大社会参与、强化社会融入，促进更多青年实现个人成长与社会发展的同频共振。

（二）进一步丰富社会参与渠道和方式

一是拓展多元化、便捷化的青年参与渠道。进一步推进全过程人民民主中的"青年在场"，建立青年议事会、青年代表座谈会等常态化机制，推动青年在发展规划、民生政策、公共服务等各个领域建言献策，确保青年充分合理表达意见。利用数字福建建设的基础优势，推广厦门"鹭青 e"做法，积极搭建线上线下融合互通的青年参与平台，开发具有当地特色的青年 App 或小程序，整合政治参与、社区参与、志愿服务参与等功能模块，为青年提供便捷、全面的参与渠道。

二是丰富贴近青年需求的社会参与形式。定期举办以青年为主题的论坛、研讨会、工作坊、夜校等活动，邀请学者、企业家及青年代表共同参与，围绕青年关心的议题进行深入探讨，提升青年参与的存在感和价值感，进一步激发青年参与热情。结合福建丰富的文化资源，如福文化、闽南文化、莆仙文化、客家文化等，开展具有地方特色的青年参与活动，增强参与内容的创新性。结合福建数字经济、海洋经济、绿色经济和文旅经济的发展优势，开发新型志愿服务项目，如海洋生态保护、乡村旅游推广、数字普惠服务等，吸引更多青年志愿者参与。

三是搭建多元青年社会参与服务阵地。创立青年创业服务中心与青年志愿服务中心，健全会长轮值、会员管理及活动孵化机制。发挥新时代青年知识基础好、学习能力强、行动意愿高的优势，鼓励青年以更多元的方式、更畅通的渠道参与社会治理，为福建的繁荣发展注入青春活力，展现青年的责任与担当。

（三）进一步激发社会组织发展活力

一是加强对青年社会组织的政治引领。完善各级各地党委和政府与青年社会组织的沟通交流机制，高质量建设县级团属青年社会组织，加大新兴领域青年社会组织建设力度，培育发展形态多样的社区青年社会组织，把对青年社会组织的管理和引导纳入法治化轨道。推动青年社会组织在共青团组织的引领下，在社会融入与社会参与中，不断将青年优势转化为社会服务效能。

二是提升青年社会组织的专业水平。健全青年社会组织骨干人才培养机制，建好青年社会组织骨干人才队伍，强化面向青年社会组织人才的政治吸纳和成长激励。依托福建高校资源，结合福建发展实际和青年发展需求，围绕重点群体帮扶、基层治理、乡村振兴、生态环保等领域，开设青年社会组织运营管理、项目服务、公共关系等培训课程，提升青年社会组织的专业素养。同时，搭建海峡两岸青年社会组织交流平台，通过举办论坛、研讨会、项目合作等形式，吸引两岸青年社会组织人才交流互鉴，开阔人才视野，提升专业能力。

三是强化数字技术赋能青年社会组织发展。鼓励青年社会组织利用大数据、云计算、人工智能等现代信息技术，开展更多具有创意性和交互性的沉浸式青年服务项目，提升项目管理、会员管理、资源调配等方面的效率，推动新时代青年社会组织在新福建建设中担当有为。

参考文献

陈光金主编《中国青年发展报告 No. 1——社会融合与社会参与》，社会科学文献出版社，2018。

林李月、朱宇、柯文前：《城镇化中后期中国人口迁移流动形式的转变及政策应对》，《地理科学进展》2020 年第 12 期。

杨江华、杨思宇：《青年网络社交圈群特征与政治参与》，《青年研究》2023 年第 5 期。

陈宇恒、魏志鹏、徐辰烨：《饭圈行为与网络政治参与》，《当代青年研究》2022 年第 5 期。

田丰：《中国青少年志愿服务的参与状况和影响机制分析》，《社会科学辑刊》2023 年第 6 期。

何辉、赵小玲、李杨：《大学生参与社区养老志愿服务的影响因素研究》，《中国青年社会科学》2023 年第 2 期。

陈树志、王伶鑫：《就业质量与青年流动人口参与志愿服务研究》，《中国青年社会科学》2022 年第 6 期。

邓智平、郑黄烨：《流动青年的社会参与及影响因素研究》，《中国青年社会科学》2023 年第 4 期。

郭元凯：《新形势下我国新兴青年群体的特征变化、风险挑战及对策思考》，《中国青年研究》2022 年第 1 期。

黄海平：《文化共融、网络共建与资源共享：进城务工青年从"城市融入"到"城乡共生"的实践探索》，《南京农业大学学报》（社会科学版）2021 年第 4 期。

张龙、苏世天：《身份的自我审视与主动嵌入——以大学生村官的乡村社会融入为例》，《湖北民族大学学报》（哲学社会科学版）2023 年第 1 期。

B.9
2024年福建青少年权益保护研究报告

王明磊 吴 彬 朱艳钦*

摘 要： 本报告从法律法规、规章政策、保护机制、打击侵害行为等维度，分析福建青少年权益保护工作的主要成效。研究结果显示，福建依法维护青少年权益工作取得显著成效，青少年权益维护的法律法规和政策体系更加完善，得到全面贯彻实施。青少年权益保护的工作体系和工作机制更加健全，合法权益得到切实维护。侵害青少年合法权益的行为受到有效打击和遏制。总体上，当前福建维护青少年权益工作获得青年广泛认可且满意度高，但仍然存在工作合力有待进一步加强等薄弱环节。为此，福建要持续健全工作机制，合力撑起未成年人保护"幸福伞"，进一步加大打击涉未成年人违法犯罪力度。

关键词： 福建 青少年 权益保护

党的十八大以来，习近平总书记高度重视、亲切关怀青少年健康成长，指出："全社会都要了解少年儿童、尊重少年儿童、关心少年儿童、服务少年儿童，为少年儿童提供良好社会环境。对损害少年儿童权益、破坏少年儿童身心健康的言行，要坚决防止和依法打击。"① 青少年身心发育尚未成熟，自我保护能力较弱，且易受外界的不良影响，因此，保护青少年免受不法侵

---

* 王明磊，上海锦天城（厦门）律师事务所，合伙人/律师，研究方向为网络信息法学、少年司法与未成年人保护；吴彬，集美大学2024级社会工作专业，硕士研究生，研究方向为城乡社区服务与治理；朱艳钦，福建江夏学院公共事务学院，讲师，研究方向为司法社工。
① 习近平：《论党的青年工作》，中央文献出版社，2022，第86页。

害，保障其合法权益具有重要意义。

本报告从法律法规、规章政策、保护机制、打击侵害行为等维度，分析福建青少年权益保护工作的主要成效及存在不足，提出有针对性的对策建议。

一　青少年权益保护工作的主要成效

福建省委、省政府始终将青少年权益保护作为核心任务，聚焦青少年所思所盼所忧，不断深化对青少年成长环境的优化工作。经过持续不懈努力，福建青少年权益保护工作取得良好成效。

（一）青少年权益保护法律法规得到全面贯彻实施

青少年健康成长，关乎亿万家庭幸福安宁，关乎中华民族伟大复兴。福建全面贯彻实施有关青少年发展的法律法规，全力为青少年健康成长保驾护航。

1. 加强青少年发展法律法规的贯彻实施，切实保障青少年合法权益

福建加强《中华人民共和国未成年人保护法》《中华人民共和国预防未成年人犯罪法》《福建省实施〈中华人民共和国未成年人保护法〉办法》以及教育、卫生、就业创业、社会保障等领域涉及青少年权益法律法规的贯彻实施，出台《福建省家庭教育促进条例》等地方性法规，切实保障青少年合法权益，在全社会营造关爱保护未成年人健康成长的浓厚氛围。

2023 年，各级人大组织成立检查组，针对全省各地贯彻实施《中华人民共和国未成年人保护法》及《福建省实施〈中华人民共和国未成年人保护法〉办法》的情况开展执法检查，紧扣法律规定，对照检视未成年人保护工作中存在的薄弱环节，找准影响法律法规实施的症结原因，推动重点难点问题得到有效解决。

截至 2023 年底，全省公安机关在校园及周边设立警务室 2313 个、治安岗亭 2712 个，校园周边每日巡逻力量达 3.8 万余人次，重点整治校园欺凌

等问题，精心呵护中小学生身心健康，全力维护校园治安稳定。①

福建省人民检察院（以下简称"省检察院"）、福建省司法厅等部门深化宪法学习教育活动，抓好以宪法为核心的法治宣传教育课堂主渠道，采用送法下乡、专题讲座等形式，深入村居社区，宣传《中华人民共和国未成年人保护法》《中华人民共和国预防未成年人犯罪法》等法律法规，并组织开展相关法律咨询活动，增强青少年自我保护意识，学会用法律武器维护自身合法权益。

福建省教育厅先后召开全省中小学幼儿园安全工作视频会议、全省教育安全形势分析会、全省教育系统重点工作推进会，层层压实教育行政部门监管责任和学校主体责任、第一责任人责任。着力推进全省中小学幼儿园安全防范建设，2023 年以来，全省中小学幼儿园专职保安员配备、封闭化管理、一键式紧急报警和视频监控系统达标建设、"护学岗"设置"4 个 100%"目标任务已全面完成。②

2. 青少年权益保护法律法规落实得到青年认可，满意度评价高

《新时代的中国青年》白皮书显示，党的十八大以来中国青年发展事业取得了巨大成就，青年受教育权、生命权、生存权、劳动权、居住权等得到更充分保障。③ 调查数据显示，青年对青少年权益保护法律法规的总体落实情况给予高度评价。如图 1 所示，评价为"很好"的青年占 35.24%，评价为"较好"的青年占 43.90%，合计 79.14%。相对而言，分别仅有 0.68% 和 0.34% 的青年对青少年权益保护法律法规总体落实情况的评价为"较差"和"很差"。可见，福建在青少年权益保护方面的工作成效得到了广大青年的认可。

如图 2 所示，总体而言，青年对青少年合法权益保护的满意度高。他们对

①《福建省公安厅关于省十四届人大二次会议第 1044 号建议的协办意见》，http：//gat. fujian. gov. cn/zwgk/zxwj/stwj/202403/t20240320_6417082. htm，2024 年 3 月 20 日。

②《福建：编织高水平高质量校园安全"防控网"》，http：//jyt. fujian. gov. cn/jyyw/jyt/ 202212/t20221216_6080521. htm，2022 年 12 月 16 日。

③《让青年受教育权、生命权、生存权、劳动权、居住权等得到更充分保障——国新办发布会解读〈新时代的中国青年〉白皮书》，https：//www. gov. cn/xinwen/2022 - 04/21/content_ 5686566. htm，2022 年 4 月 21 日。

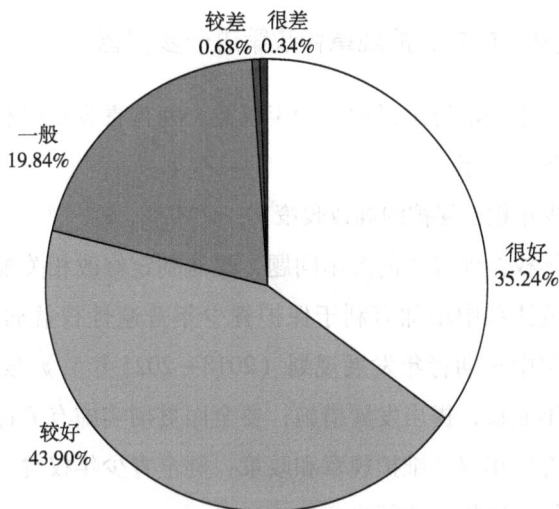

较差 0.68%　很差 0.34%

一般 19.84%

很好 35.24%

较好 43.90%

图1　青年对青少年权益保护法律法规总体落实情况的评价（N=15831）

当前所享有受抚养权、受教育权、生命健康权、人身自由权、劳动权的满意度均在80%以上①。对于肖像权，77.80%的青年表示"满意"，18.78%表示"一般"；对于隐私权，77.12%的青年表示"满意"，19.09%表示"一般"。

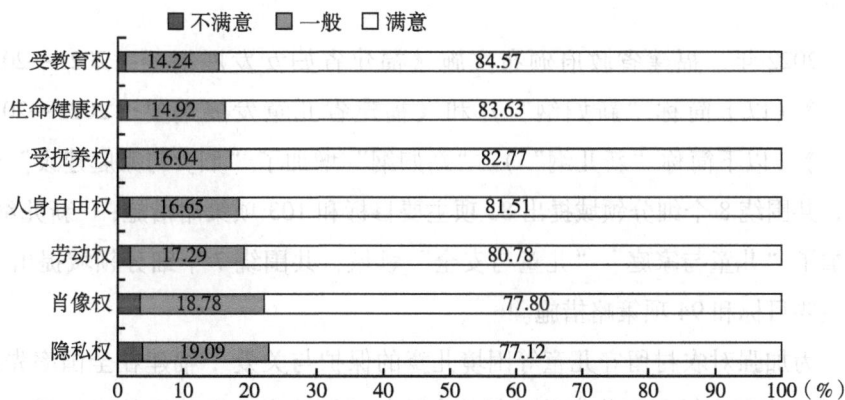

■不满意　▩一般　□满意

	不满意	一般	满意
受教育权		14.24	84.57
生命健康权		14.92	83.63
受抚养权		16.04	82.77
人身自由权		16.65	81.51
劳动权		17.29	80.78
肖像权		18.78	77.80
隐私权		19.09	77.12

0　10　20　30　40　50　60　70　80　90　100（%）

图2　青年对当前青少年享有合法权益的满意度评价

---

① 青少年享有合法权益的满意度调查在问卷中设计为五级计分，统计时排除"不了解该权益"的人数后，把"非常满意""比较满意"合并为"满意"，把"非常不满意""比较不满意"合并为"不满意"。

（二）青少年权益保护规章和政策进一步完善

福建充分运用法治思维保护青少年权益，完善青少年权益保护规章和政策，更好地服务青少年。

1. 完善青少年权益保护的规章政策

针对青少年权益保障中的突出问题，福建制定修改相关规章和政策，在现有规章和政策体系中增加有利于保护青少年普遍性权益的内容。2018年12月，《福建省中长期青年发展规划（2018—2025年）》发布，重视青年工作、关心青年成长，提出发展措施，要全面贯彻实施有关青少年发展的法律法规，完善青少年权益维护规章和政策，健全青少年权益保护机制，依法打击侵害青少年合法权益的行为。

2021年9月，福建省未成年人保护委员会通过《福建省未成年人保护委员会关于加强未成年人保护工作的实施意见》，明确了福建省未成年人保护工作的指导思想、基本原则和总体目标，并从家庭、学校、社会、网络、政府、司法六个方面部署了25条工作要求，从政策层面构建了多方合力"六位一体"的未成年人保护格局，有效提升了福建青少年权益保护的水平。

2022年，福建省政府颁布实施《福建省妇女发展纲要（2021—2030年）》（以下简称"新妇纲"）和《福建省儿童发展纲要（2021—2030年）》（以下简称"新儿纲"）。"新妇纲"增加了"妇女与家庭建设"领域，共围绕8个细分领域提出81项主要目标和103项策略措施；"新儿纲"增加了"儿童与家庭""儿童与安全"领域，共围绕7个细分领域提出74项主要目标和94项策略措施。[①]

为加强对农村留守儿童等困境儿童的保护与关爱，福建在全国率先出台《福建省农村留守儿童关爱保护办法》《福建省人民政府关于加强农村

[①]《新"两纲"护航让妇女儿童生活更美好　福建首次提出鼓励支持创建妇女、儿童友好城市（社区）》，https://www.fujian.gov.cn/jdhy/hygq/202201/t20220114_5814995.htm，2022年1月14日。

留守儿童关爱保护工作的实施意见》《政府购买农村留守儿童和困境儿童关爱服务项目暂行实施办法》等法规政策；2019 年出台《福建省民政厅等 10 部门关于进一步健全农村留守儿童和困境儿童关爱服务体系的实施意见》《福建省民政厅等 12 部门关于进一步加强事实无人抚养儿童保障工作的实施意见》，2024 年出台《福建省农村留守儿童和困境儿童关爱服务质量提升三年行动实施方案》；在全国率先实施政府购买服务方式为服刑在押人员未成年子女提供关爱服务等民生政策。这些法规政策为福建做好留守儿童、困境儿童关爱保护及帮扶服务，加强事实无人抚养儿童保障提供了重要支撑。

2. 司法机关出台加强青少年权益保护的规范性文件

福建省高级人民法院（以下简称"福建省高院"）高度重视少年审判工作，将少年审判作为贯彻实施民法典、"我为群众办实事"、完善民生权益保障机制、打击整治拐卖妇女儿童犯罪专项行动等工作举措的重要内容进行谋划部署和推动。2021 年 6 月，福建省高院发布《关于加强新时代未成年人审判工作的实施意见》，其中第 5 条至第 10 条，对涉及未成年人案件的受案范围作出统一、明确规定，将与未成年人权益保护和犯罪预防关系密切的涉及未成年人的刑事、民事、行政诉讼以及部分执行案件纳入少年法庭受案范围。第 11 条至第 21 条，对办理未成年人案件充分考虑未成年人身心特点、开展社会调查、社会观护、心理疏导、法庭教育、司法救助、回访帮教等延伸工作机制进行了细化规定。[1] 此外，福建省高院制定《关于进一步加强未成年人国家司法救助工作的通知》等多份规范性指导文件，并会同省委宣传部、省教育厅、省民政厅、省检察院、省妇联等 23 个部门联合印发《贯彻落实〈中华人民共和国家庭教育促进法〉〈福建省家庭教育促进条例〉职责分工方案》，联合省妇联推动将《中华人民共和国家庭教育促进法》《福建省家庭教育促进条例》纳入省人大常委会执法监督检查，为青少年权

---

① 《守护"少年的你"，一起关注这场新闻发布会！》，https：//www.fjcourt.gov.cn/Page/Court/News/ArticleTradition/616e639a-9f4c-43e6-bb3b-36cbc7d3f61c.html，2022 年 5 月 30 日。

益维护、家庭和睦、社会安宁、人民幸福提供了有力的司法保障，并且主动融入家庭、学校、社会、网络、政府、司法"六位一体"的新时代未成年人保护格局，推动未成年人保护资源聚合、力量融合、功能整合、手段综合。2023 年 6 月，福建省委政法委、省法院、省检察院、团省委、省妇联等八部门出台《关于对困境未成年被害人及被害人未成年子女开展"阳光桥"关爱行动的实施方案》，对困境未成年被害人及被害人未成年子女开展多元司法救助。

（三）青少年权益保护机制更加健全

福建在全国率先调整建立了省、市、县未成年人保护工作协调机制，上下衔接贯通、部门协调联动的未成年人保护工作体制机制正在形成。

1. 强化组织领导，完善未成年人保护工作协调机制

福建不断完善优化未成年人保护工作。2019 年，为加强对农村留守儿童关爱保护和困境儿童保障工作的组织领导和统筹协调，强化部门协作配合，及时研究解决工作中面临的重大问题，福建建立农村留守儿童关爱保护和困境儿童保障工作联席会议制度。联席会议由省政府分管领导担任总召集人，省政府办公厅分管领导和省民政厅主要负责同志担任召集人，由省委政法委、网信办、省人大社会委、省法院、省检察院、省发改委、省教育厅、省公安厅、省民政厅等 25 个部门单位组成，各成员单位明确职责分工。

2021 年，为持续加强未成年人关爱保护工作，福建调整建立全省未成年人保护委员会，由 35 个部门单位组成，办公室设在福建省民政厅，进一步强化未成年人保护工作保障，加强组织领导和部门之间的协调联动，夯实未成年人保护工作基层基础，扎实推动未成年人保护各项措施落实落地。全省 9 个设区市和平潭综合实验区本级全部建立未成年人保护工作协调机制。

2024 年，根据《国务院妇女儿童工作委员会关于设立流动儿童和困境儿童权益保护工作小组的通知》（国妇儿工委字〔2024〕50 号），福建省妇儿工委设立流动儿童和留守儿童权益保护工作小组，进一步加强对全省流动儿童和留守儿童权益保障工作的统筹、协调、指导和督促，成员单位有省妇儿工委办、省委社会工作部、省委网信办等 22 个部门，办公室设在福建省民政厅儿童福利处。

2. 打造福建12355青少年服务台，为青少年权益保驾护航

福建省 12355 青少年服务台成立于 2014 年，2022 年被认定为全国十大12355 区域中心，是福建共青团直接面向青少年提供成长咨询和权益服务的工作阵地。该服务台配备心理、法律、社会工作三种类型专职工作人员及志愿服务团队，为青少年提供心理咨询、法律咨询与个案维权、社工事务等方面的咨询和帮助，在青少年健康成长和权益服务工作方面取得良好成效。[1]福建省 12355 青少年服务台于 2020 年入选团中央 "12355 青少年健康守护行动项目" 首批实施试点单位；2023 年被团中央等 15 个部门确定为 2023～2024 年度全国维护青少年权益岗创建单位，被全国妇联授予全国维护妇女儿童权益先进集体称号，被福建省妇联授予巾帼文明岗。[2]

总体上，福建 12355 服务对象涵盖各中小学学生、教师、家长及存在困扰人群，主题涉及儿童安全自护教育、中高考减压、法治课堂等，累计服务人数近百万。2023 年以来，福建 12355 共接听各类青少年咨询诉求 9907通，其中心理咨询问题 5475 通，法律咨询问题 435 通，心理和法律热线的咨询量较 2022 年同期上升 37%，开展线上及线下服务活动 58 场，服务各类青少年 800701 人次，处理危机干预事件 580 人次；2023 年度共接听接待来电来访 9907 人次，接通率达 100%。[3]

3. 深化创建 "维护青少年权益岗"，健全基层青少年维权工作机制

2023 年是维护青少年权益岗创建活动开展 25 周年，共青团中央联合中央宣传部、中央政法委等 14 个部门修订《全国维护青少年权益岗创建管理

---

[1] 《福建：将青春摆渡到星辰大海》，https://www.cnwomen.com.cn/2024/01/27/99513659.html，2024 年 1 月 27 日。

[2] 《福建省 12355 青少年服务台：纵横联动　打造双向一体化运作服务机制》，https://qnzs.youth.cn/jsxw/202311/t20231123_14925228.htm，2023 年 11 月 23 日。

[3] 数据来源：共青团福建省委。

办法》，将原"青少年维权岗"调整为"维护青少年权益岗"，对创建标准、创建程序、分类创建项目等进行了规范、完善，进一步推动维护青少年合法权益工作。福建已获命名和正在创建的全国维护青少年权益岗共计 142 家，其中政法委系统 3 家、法院系统 22 家、检察院系统 24 家、教育系统 6 家、公安系统 19 家、民政系统 7 家、司法行政系统 10 家、人力资源和社会保障系统 12 家、市场监督管理系统 18 家、文旅系统 4 家、广电系统 5 家、共青团组织 4 家、宣传系统 2 家、网信系统 2 家、妇联组织 2 家、其他系统 2 家，不断增强创建活动的普遍性和实效性，推动创建活动向深向实发展，切实营造有利于青少年健康成长的良好社会环境。

关于青少年合法权益保护的了解渠道，调查数据显示，福建青年了解权益保护的渠道日益多样化，尤以网络媒体为主。如图 3 所示，"网络媒体"（微博、抖音、微信、QQ 等）（51.37%）排在第一位。可见，随着信息时代的快速发展，青少年"互联网原住民"特征在权益保护了解渠道中同样有着明显体现。"学校或工作单位的权益部门"（29.58%）排在第二位，共青团 12355 青少年服务台、青联、学联等组织（25.30%）排在第三位，报纸、杂志等书面媒体（24.22%）排在第四位。另外，家庭或社区、政府青少年保护专项行动、青少年社工组织、法律援助中心，以及公安、检察院、法院等部门也是福建青年所了解的合法权益保护渠道。

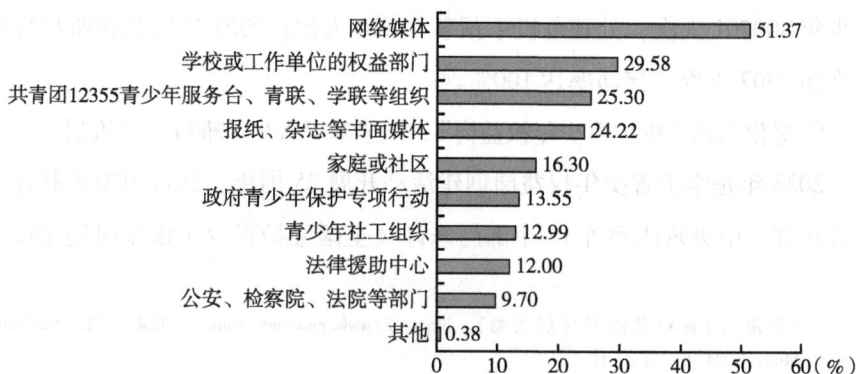

图 3 了解青少年合法权益保护的渠道选择（N=15831，多选）

4. 完善法律援助工作网络，依法为未成年人提供公益性法律服务

福建省司法厅畅通法律援助申请渠道，构建纵向到底、横向到边的未成年人法律援助体系，建立未成年人法律援助工作站，实行网络申请和全域申请受理，形成省、市、县三级未成年人法律援助服务网络。严格执行"一次性告知制""首问责任制"等制度，对未成年人申请法律援助，推行优先接待、优先受理、优先指派，实现未成年人申请法律援助"零等待"。对未成年人因家庭暴力、虐待、遗弃等严重侵权行为主张权利申请法律援助的，免于家庭经济状况证明。指派善于和未成年人交流、业务水平高、具有丰富办案经验的律师或基层法律服务工作者办理未成年人法律援助案件。福建省司法厅与省财政厅联合出台《省级法律援助转移支付资金管理办法》，从2016年起，每年拨付法律援助转移支付资金700万元，用于支持各地办理未成年人法律援助案件。2018年以来，全省共办理涉及未成年人权益保护法律援助案件18604件，其中未成年人刑事法律援助案件13496件。① 2022年，全省各级法律援助机构共为6579名未成年人提供法律援助。② 2023年，全省各级法律援助机构共为7915名未成年人提供法律援助。③

5. 关爱重点青少年，加强特殊青少年群体的关爱和权益保护工作

福建加强对困难青年群体、进城务工青年及其未成年子女等群体的关爱和权益保护工作。聚焦困难大学生青年群体，福建开展"助学"行动。针对参加高考并被全日制普通高等院校录取的专科及以上的大一新生，共青团福建省委围绕中心、服务大局，开展"希望工程 圆梦行动"。该行动于2006年起实施，在全省各级团组织、希望工程实施机构以及社会各界共同

---

① 《福建省司法厅关于省政协十二届五次会议第20223095号提案的答复》，https://www.fujian.gov.cn/zwgk/zdlyxxgk/jytabl/jytabl/202207/t20220712_5952502.htm，2022年7月12日。

② 《福建省司法厅关于省十四届人大一次会议第1124号建议的协办意见》，http://sft.fujian.gov.cn/zwgk/zfxxgkzl/zfxxgkml/qtyzdgkdzfxx/202303/t20230303_6124664.htm，2023年3月3日。

③ 《福建省司法厅关于省政协十三届二次会议第20242032号提案的会办意见》，http://sft.fujian.gov.cn/zwgk/zfxxgkzl/zfxxgkml/qtyzdgkdzfxx/202404/t20240410_6426666.htm，2024年4月10日。

努力下，累计筹集捐款近 2 亿元，精准资助家庭困难大学生近 7.7 万名，帮助他们筹集从家门到校门的费用，助力圆梦大学。针对成年孤儿、成年事实无人抚养者，福建开展"福彩助学"，对年满 18 周岁后仍在高校、大中专院校在读的孤儿提供每人每年 1 万元的助学金，直至其毕业；对没有纳入助学工程的已成年事实无人抚养者，则采取动员民政系统党员干部、社会组织和社会爱心人士结对帮扶的方式，每人每年资助 3000～5000 元，直至大学毕业。2022 年共资助 522 名成年孤儿上大学。①

聚焦农村留守儿童群体，福建实施农村留守儿童关爱服务工程，要求健全完善县、乡、村三级关爱服务网络，每个村（居）配备 1 名儿童主任，每个乡镇政府（街道办事处）配备 1 名儿童督导员。目前，全省乡镇（街道）共有儿童督导员 1291 名、村（居）儿童主任 17564 名。全省 3.77 万名农村留守儿童全部落实监护责任，实行实名制登记并加强动态管理。②

聚焦困境儿童群体，福建深入推进"福蕾行动"计划。2020 年，福建省民政厅出台"福蕾行动计划"实施方案，通过关爱网络建设、假期关爱、结对帮扶、亲情关爱、心理健康等"十项工程"，针对社会散居孤儿、事实无人抚养儿童等困境儿童开展心理辅导、结对帮扶、亲情陪护等关爱服务。该计划已打造成为具有福建特色的儿童关爱服务品牌，自 2020 年开始，省级财政连续三年每年下达专项资金 2000 万元，各地已开展关爱服务活动 1860 余场次，为农村留守儿童、困境儿童提供精准、精细化、有品质的关爱服务，惠及 16.5 万名困境儿童，帮助 1220 余名儿童走出困境。③

聚焦受侵害未成年人群体，福建省民政厅、省检察院、省妇联在全国首创"春蕾安全员"机制。该机制从解决留守儿童遭受侵害发现难、发现晚等问题入手，由春蕾安全员对辖区留守未成年人、服刑人员子女、孤儿、单

---

① 《〈中国民政〉杂志：护航特殊儿童群体幸福成长》，https：//mzt.fujian.gov.cn/yw/mzdt/202302/t20230208_6106821.htm，2023 年 2 月 8 日。

② 《我省全面建立未成年人保护工作协调机制》，https：//fujian.gov.cn/xwdt/mszx/202106/t20210601_5605007.htm，2021 年 6 月 1 日。

③ 《关于省十四届人大二次会议第 1283 号建议的答复》，http：//www.fj.gov.cn/zwgk/zdlyxxgk/jytabl/jytabl/202405/t20240517_645041.htm，2024 年 5 月 16 日。

亲或非原生家庭子女等困境未成年人进行摸排登记，推动强制报告制度落实落地落细，强化主动救助意识，变"坐等送案"为"上门问案"，对司法实践中容易遭受侵害的农村留守儿童和困境儿童进行主动保护，筑牢其安全"防火墙"。全省现有以妇联主席、儿童主任、一线教师、医生为主体的春蕾安全员36601名，累计发现侵害未成年人线索1343条，其中已刑事立案71件。省妇联联合省法院、省检察院、省司法厅、省总工会发布"福建省2024年度依法维护妇女儿童合法权益十大案例"，为解决性侵未成年人、家庭暴力等同类案件和维权难点问题提供指导。

（四）有效打击和遏制侵害青少年合法权益的行为

福建深入贯彻落实涉及青少年权益保护的法律法规，严厉打击拐卖、性侵害、遗弃、虐待等侵害未成年人合法权益的违法犯罪行为。

1. "零容忍"严惩侵害未成年人违法犯罪行为

福建省公安厅始终保持对侵害未成年人违法犯罪行为的严打高压态势，持续专项打击突出犯罪行为，全力维护青少年合法权益。严格落实国务院未成年人保护领导小组办公室《未成年人文身治理工作办法》，依法严厉打击查处因胁迫、引诱、教唆未成年人文身引发的违法犯罪案件。2022年以来，全省公安机关共办理涉未成年人文身引发的案件6起，其中刑事案件2起。①

福建省检察院坚持零容忍态度，从严惩治性侵害未成年人、严重暴力伤害未成年人、侵害农村留守儿童和困境儿童、成年人拉拢迫使未成年人参与犯罪组织等严重侵害未成年人犯罪，加强立案监督，积极引导侦查，从严从重追诉，强化审判监督，确保打击有力。对其中重大、疑难、复杂、社会反响强烈的案件，实行层报上级院挂牌督办机制。2020~2023年，福建全省检察机关分别批准逮捕侵害未成年人犯罪1324人、1866人、1442人、1567

---

① 《福建省公安厅关于省十四届人大二次会议第1592号建议的协办意见》，http://fujian.gov.cn/zwgk/zdlyxxgk/jytabl/jytabl/202403/P020240320390502122365.pdf。

人，同期提起公诉 2178 人、2444 人、2045 人、2065 人①，依法严厉处罚，保持有力震慑。

福建全省法院坚持从有利于未成年人健康成长的角度出发，在案件审理中不断强化"特殊、优先保护"和"双向、全面保护"理念，综合运用社会观护、心理疏导、司法救助、教育引导等制度，保护未成年人利益最大化。依法严惩侵害未成年人权益犯罪。2021 年至 2022 年 5 月，判决拐卖妇女儿童、收买被拐卖的妇女儿童、拐骗儿童及猥亵儿童犯罪案件 769 人，判处五年以上有期徒刑 156 人，对其中罪行严重、情节恶劣的犯罪分子，坚决依法从严惩处。②

2. 开展侵害未成年人案件专项行动

福建省公安厅积极开展网络不良信息专项整治行动。严格落实 7×24 小时网上巡查制度，强化网络安全监管，指导直播、短视频等平台企业提升技术防控能力，从源头上遏制有害信息；强化对社交平台的监管，督促企业落实个人信息安全等网络安全管理制度和技术措施；保持对省内吉比特、网龙、四三九九等游戏运营企业的重点监督检查力度，督促指导游戏运营企业全面开展自查自清。2023 年共侦办相关案件 1000 余起，清理各类违法信息近 40 万条、关停网络账号 20 余万个。③

福建省检察院在总结宁德地区经验做法的基础上，开展性侵害未成年人案件立案监督专项工作，共对 2019 年以来公安机关予以行政处罚的三类性侵害未成年人案件调卷审查 982 件，已开展立案监督 78 人，依法追究刑事责任 35 人。依托侦查监督协作办公室、建立联席会议制度，加强诉侦衔接和协作配合，强化提前介入和自行补充侦查，凝聚打击合力。厦门市检察院联合厦门市公安局出台《关于加强检警协作进一步规范性侵害未成年人案

---

① 数据来源：根据 2020~2022 年福建省检察机关检务公开的主要办案数据整理。
② 《守护"少年的你"，一起关注这场新闻发布会！》，https://fjfy.fjcourt.gov.cn/article/detail/2022/05/id/6713057.shtml，2022 年 5 月 30 日。
③ 《福建公安：谱写安全新篇 守护丝路繁华》，http://gat.fujian.gov.cn/jwdt/tsdt/202310/t20231026_6285804.htm，2023 年 10 月 25 日。

件办理工作的意见（试行）》，明确侦查阶段性侵害未成年人刑事案件统一由大队以上办案单位办理，并交由办案经验丰富、熟悉未成年人身心特点的侦查员承办。

福建省网信部门深入实施清朗网络、网课平台、游戏账号非法售卖、网络直播治理等专项行动，利用福建省互联网举报辟谣平台，设立线上举报入口；同时，组织相关网站平台在页面底部设置"12377 违法与不良信息举报中心""12321 网络不良信息与垃圾信息举报受理中心"等投诉举报平台链接，接受网民对涉侵害未成年人权益行为的举报。①

二 青少年权益保护工作存在的主要问题

虽然福建各地各部门在各自职责范围内，共同配合、共同努力，构建了多层次的青少年权益保护之网，但仍然存在一些薄弱环节，相关法律法规和规章政策在实施中仍存在不少堵点难点，需进一步加强青少年权益保护工作。

（一）青少年权益保护工作合力有待进一步加强

当前，各部门在衔接联动、共同推动政策落实方面还有一定差距，社会化支持体系建设有待进一步推进。如针对困境儿童的入户探访，"扶蕾行动"计划要求每季度至少 1 次，妇联也有相类似的儿童关爱服务活动，教育局要求班主任每学年至少进行 1 次全员家访，然而部门之间衔接联动不足，可能导致部分家庭被重复探访，而另一些家庭则未能得到应有的关注和照顾。

在社会保护方面，《未成年人保护法》第十一条明确规定了侵害未成年人合法权益报告制度，但由于宣传、培训指导力度不足，多数人并不了解该制度，因此日常生活中对未成年人造成伤害的行为，不少被认为是"家务

---

① 《关于省十三届人大六次会议第 1237 号建议的答复》，https：//www.fujian.gov.cn/zwgk/zdlyxxgk/jytabl/jytabl/202304/t20230426_6156523.htm，2022 年 5 月 18 日。

事";而部分义务报告人不知晓强制报告,不知道该如何报告、向谁报告。《未成年人保护法》第五十七条明确规定了旅馆、宾馆、酒店等住宿经营者接待未成年人入住,或者接待未成年人和成年人共同入住时,有询问核实报告的义务。但公安部发布的案事例显示,2021年6~8月,福建共查处未落实"五必须"要求的旅馆38家,可见酒店经营从业者对未成年人的保护意识还有待增强。①

在人员队伍建设方面,福建全省未成年人保护的市、县、乡、村四级工作网络虽基本建成,但专业社工机构和人才在基层还比较紧缺,一线工作人员的能力素质还不能完全适应未成年人帮扶的精准化、专业化关爱服务需求,由此削弱了未成年人保护合力。

(二)侵害未成年人合法权益行为时有发生

2023年12月发布的《第5次全国未成年人互联网使用情况调查报告》显示,未成年网民在上网时遭遇的各类网络违法、不良或消极负面信息中,血腥暴力或教唆犯罪内容的比例为24.2%,利用谐音词表情符号传播的不良内容比例为23.1%;未成年人实际遭遇网上诈骗的比例则达到12.7%。由于未成年人自我保护意识不足、性防范意识薄弱,难以辨别他人行为的真实意图,遭遇胁迫或性侵后不知或不敢向家长、老师反映情况,更不懂得报案,导致侵害行为的发生和持续,从而影响身心健康成长。

三 进一步优化青少年权益保护的对策建议

维护青少年合法权益,服务青少年健康成长,需要各方共同努力,这也是一个不断探索、不断优化的过程。为此,可从健全工作机制、加大打击力度等方面进一步优化,从而推动青少年权益保护工作再上新台阶。

---

① 《福建警方全力护航未成年人入住旅店安全》,https://www.fjdaily.com/app/content/2021-09/14/content_1140116.html,2021年9月14日。

（一）健全工作机制，合力撑起青少年权益保护"幸福伞"

为未成年人健康成长保驾护航，离不开各有关部门的有效合力。福建要进一步整合资源，加强各有关部门的联动配合，推进未成年人的关爱保护和权益保障工作。

首先，各未成年人保护委员会既要强调责任主体履职尽责，还要加强有关部门协作配合，推动更多未成年保护政策落地落实，注重将专业化工作与社会化保护相结合，全面推行"春蕾安全员""督促监护令"等特色工作模式，营造全社会共同关心关注未成年人成长的良好氛围。

其次，进一步扩大未成年人保护工作的社会参与面。加大对强制报告制度的普法宣传力度，在人流量多的广场商场显示屏、电视广告上，滚动播放或以海报、短视频等方式多渠道宣传强制报告制度，提高知晓度。同时，将强制报告制度纳入政府工作人员、医疗卫生工作人员、基层组织工作人员和教育工作人员的入职培训内容，增强他们履行强制报告义务的发现识别能力和报告意识。

再次，持续推进青少年法治教育。学校是未成年人的集中地带，也是加强青少年权益保护教育宣传的重要阵地。各地教育局要持续联合公安局、检察院、法院等有关部门，深入开展"法治进校园"巡讲活动，如预防校园欺凌、性侵害、校园贷，防诈骗及自我保护等法治宣传。持续引导青少年增强自身权益保护意识，既要让青少年知道什么是侵害其合法权益的行为，更要让他们懂得面对不法侵害行为如何有效地自我保护以及寻求帮助，以进一步减少侵害青少年权益行为的发生。

最后，加强相关专业人才的培育和引进工作，做到专业人才愿意来、留得下、用得上。同时，从事未成年人相关工作的公职人员等也要提升自身专业综合素养，尤其是要加强教育学、心理学、社会学等方面知识的学习，全面提高未成年人综合工作业务素养。

（二）加大打击力度，全力保护青少年合法权益

《未成年人保护法》第三条规定："国家保障未成年人的生存权、发展

权、受保护权、参与权等权利。"针对侵害青少年权益的非法行为发生率仍然较高的问题,福建要进一步加大打击涉未成年人违法犯罪力度。

首先,强化打击涉未成年人犯罪活动。发挥公安机关打击违法犯罪职能优势,坚持重拳出击、露头就打,持续深入开展"打拐"、打击性侵以及涉未成年人违法犯罪等专项工作,加大打击整治力度,督促指导快侦快破一批案件,对重大案件挂牌督办,形成震慑。全面排查梳理侵害未成年人权益线索,重点排查疑似被拐儿童以及来历不明的流浪乞讨、智力障碍、精神疾病、聋哑残疾等妇女儿童,对失踪未成年人立即启动快速查找机制,力争现案全破、盗抢儿童案件必破,最大限度体现打击效果,努力遏制各类犯罪向未成年人群体蔓延。全省法院系统要依法惩处侵害青少年合法权益的行为,严肃查处审理侵害未成年人合法权益的违法犯罪行为。

其次,从严打击网络侵害未成年人合法权益行为。网信部门应联合公安部门聚焦针对未成年人网络违法犯罪的新问题、新情况,重拳出击、精准施策。如针对一些未成年人集中的频道板块、兴趣圈子,指导网站平台持续加大对各类违规暗语的识别及打击力度,深入清理涉未成年人违规外链信息;加强对严重影响甚至扭曲青少年人生观、价值观的网络游戏的查处和惩戒;加强对网站、论坛、微博、微信、新闻客户端等互联网信息传播的管理,持续净化未成年人上网环境。

最后,健全完善防范打击工作机制。建立涉青少年警情、案(事)件定期研判机制,规范公安机关提出建议制度;研究制定公安机关家庭训诫、办理性侵害和暴力伤害未成年人案件等规定;建立健全性侵未成年人"快速受理、快速立案、快速侦查、快速破案"处置机制,从严从重打击。检察机关要加强监督职能,若发现相关单位在涉未案件中存在履行不当或怠于履职的情况,应依法要求相关单位和部门依法履职,相关单位和部门应加强配合,优化保护未成年人的大环境。

参考文献

孙云晓主编《新中国儿童事业 70 年（第七册）》，新世纪出版社，2023。

王鹏飞：《新时期儿童受保护权的法律保障》，《社会科学家》2022 年第 5 期。

冉源懋、汤文丽、孙庆松：《家庭教育立法：困境儿童权益保护路径探析》，《教育学术月刊》2021 年第 3 期。

高杭：《用制度筑牢未成年人保护的学校"主阵地"》，《人民教育》2021 年第 12 期。

郭开元：《论〈民法典〉与最有利于未成年人原则》，《中国青年社会科学》2021 年第 1 期。

刘金霞主编《青年权益及其法律保护》，人民法院出版社，2020。

田相夏、王志民：《我国未成年人法律体系的现状、问题及完善构想》，《南昌大学学报》（人文社会科学版）2019 年第 6 期。

王建敏：《新中国 70 年来青少年权益保护变迁与发展》，《中国青年社会科学》2019 年第 3 期。

B.10
2024年福建预防青少年违法犯罪研究报告

吴乐 欧渊华*

摘 要： 本报告从立法、司法、执法等维度，总结福建预防青少年违法犯罪工作取得的成效。研究结果显示，福建预防青少年违法犯罪工作稳步推进，取得良好成效，充分保障青少年健康成长。注重法治宣传教育，青少年法治素养大幅提升；做好重点青少年群体服务管理工作，帮扶措施明显奏效；积极完善司法保护制度，扎牢防范全链条篱笆。然而，当前预防青少年违法犯罪工作面临新的挑战：协同工作质效不足、法律法规不健全、专业社会力量发挥不够、家庭监护职责措施成效不佳等困境亟须突破。因此，福建应持续在提升联动合力、严密预防法网、推进司法保护升级、抓好重点人群、压实监护教育责任、强化科技赋能等方面下足功夫，进一步为青少年发展保驾护航，推进平安福建、法治福建建设。

关键词： 福建 青少年 预防违法犯罪

　　预防青少年违法犯罪工作关乎社会和谐稳定和国家长治久安。党的二十大提出要进一步加强社会公共安全治理，提升社会大众的安全感，推进法治中国建设，预防青少年违法犯罪工作为应然之义。随着社会不断发展和治理良善的推动，我国社会大众安全感稳步上升。近年来，福

---

* 吴乐，福建警察学院刑罚执行系，讲师，研究方向为犯罪学；欧渊华，福建警察学院刑罚执行系，教授，研究方向为犯罪学。

建深入贯彻习近平法治思想，深入分析青少年违法犯罪的最新趋势，以犯罪动态为抓手，在工作的内容和方法上不断创新，形成了新时代预防青少年违法犯罪工作的新格局，打造了安全、健康、和谐的青少年成长环境。但随着时代的发展，预防青少年违法犯罪工作面临更为复杂的环境，遭受前所未有的挑战。本报告从立法、司法、执法等维度，总结福建预防青少年违法犯罪工作取得的成效，探究潜存问题，就如何提质增效提出优化建议。

一 预防青少年违法犯罪工作的主要成效

福建省委、省政府对青少年违法犯罪预防工作给予高度重视，持续致力于加强法治宣传教育、优化青少年成长环境、做好重点青少年群体服务管理工作、完善未成年人司法保护制度。

（一）预防青少年违法犯罪法治宣传教育取得显著实效

福建历来重视青少年法治宣传教育工作，建机制、聚合力、优方式，积极落实"谁执法谁普法"责任制，创新打造"蒲公英"普法模式，拓展法治宣传渠道，在预防青少年违法犯罪法治宣传教育方面取得显著实效。

1. 积极落实"谁执法谁普法"责任制

福建将未成年人相关法律法规纳入《福建重点省直机关普法责任清单》《重点省直机关重要节点普法宣传清单》，指导督促重点省直相关普法责任单位开展未成年人法律法规的宣传教育活动，明确未成年人的普法宣传内容和工作安排。加大未成年人相关法律宣传力度，每年度开展"情暖童心·法治护航"等主题宣传活动。同时，积极推进信息化平台建设，打造全省"谁执法谁普法"动态智能管理平台，确保高质高效落实到位。[1]

---

[1] 《福建省司法厅关于省政协十二届五次会议第 20223095 号提案的答复》，http://www.fujian.gov.cn/zwgk/zdlyxxgk/jytabl/jytabl/202207/t20220712_5952502.htm，2022 年 7 月 12 日。

2. 创新打造"蒲公英"普法模式

福建率先在全国成立"蒲公英"普法志愿者联盟,充分运用社会力量开展公益普法。福建省委依法治省办、省司法厅联合印发《关于在全省开展"蒲公英"普法志愿服务的实施意见》,大力培育未成年人"蒲公英"。省委依法治省委员会守法普法协调小组印发《关于开展"关爱明天、普法先行"暨"蒲公英"普法志愿者进校园活动的通知》,对"蒲公英"普法志愿者进校园活动进行专项部署,原创制作推出"蒲公英"普法系列《守护少年的你》之校园欺凌篇、电信诈骗篇、守护心灵篇。① 组织"大学生蒲公英"普法志愿者队伍,深入全省农村基层地区开展《预防未成年人犯罪法》《家庭教育促进法》等法律法规普法活动,在实践活动中检验青少年法治教育成效,推动"蒲公英"品牌和法治教育一体推进、共同发展。②

3. 拓展线上线下融合宣传渠道

福建认真贯彻落实"八五"普法要求,通过多种形式加大对青少年的普法宣传力度。巩固拓展宣传阵地,充分利用微信公众号等新媒体矩阵,加强新闻宣传策划,针对青少年成长特点,积极推送禁毒教育、国家安全、网络文明、反诈知识、交通安全等普法信息。持续选派业务能力强、工作经验丰富的优秀政法干警担任全省中小学幼儿园法治副校长。深入推进"全民禁毒宣传月"活动,制作《正青春,不"毒"行》系列禁毒动漫宣传片,组织部署在校学生毒品预防教育"五个一"活动,积极参与全国青少年学生禁毒知识竞赛。持续加强毒品预防教育阵地建设,截至2024年底,福建已建成禁毒教育基地79个、禁毒品牌村居258个、禁毒宣教点(室)3514个。③

---

① 《福建省司法厅关于省政协十三届二次会议第20242032号提案的会办意见》,http://sft.fujian.gov.cn/zwgk/zfxxgkzl/zfxxgkml/qtyzdgkdzfxx/202404/t20240410_6426666.htm,2024年4月10日。

② 《福建在全国青少年法治教育工作会议上作交流发言》,https://jyt.fujian.gov.cn/jyyw/ttxw/202402/t20240205_6392233.htm,2024年2月5日。

③ 《连续多年全国前列!福建通报禁毒工作情况》,"福建发布"公众号,https://mp.weixin.qq.com/s/hfZvhsar-q1C7SvIeozcRQ,2025年5月26日。

4. 将法治教育纳入国民教育体系

福建坚持以课堂教学为主渠道，设立法治知识课程，积极开拓第二课堂，配齐配强中小学校兼职法治副校长、辅导员。开展"福建省法治教育示范校"推选工作，进行学校法治工作测评，把加强青少年法治教育作为创建全国依法治校示范校的重要任务和工作要求。通过整合凝聚多部门力量，实现全省 7674 所中小学法治副校长全覆盖，截至 2024 年 2 月，全省共有 5420 名干警、834 名法官、1240 名检察官受聘担任法治副校长。[①] 省内教育、法院、检察院、公安、司法等部门就法治副校长的工作任务和要求进行总体设计，明确工作任务和要求，并定期对法治副校长的履职情况进行考评。同时，通过新闻媒体制作《〈新闻启示录〉：法治副校长护航青春助成长》教育宣传片，激励法治副校长不断提升履职能力和水平。全省检察机关积极制作大量普法微电影、微视频、微动漫等平安校园题材的新媒体内容，同时通过编写法治宣传书籍，开展法治手绘、模拟法庭、法律知识竞赛、普法"剧本杀"等形式传播法治意识，筑牢守法底线，取得了良好宣传效果。[②]

（二）青少年成长环境持续优化

福建将青少年成长环境作为预防的重点，从易诱发青少年违法犯罪情境的不良环境出发，防患于未然，打击影响青少年成长的违法犯罪活动，护航青少年健康成长。

1. 清理和整治社会文化环境

福建每年举办侵权盗版及非法出版物集中销毁活动暨"绿书签行动"系列宣传活动。2022 年，福建"扫黄打非"领导小组办公室检查校园周边出版物经营场所 4424 家次，监测与未成年人相关的网站平台 1825 个，开展"护苗"宣传活动 966 场，查办"护苗"相关案件 16 件，新建"护苗工作

---

① 《福建在全国青少年法治教育工作会议上作交流发言》，https：//jyt. fujian. gov. cn/jyyw/ttxw/202402/t20240205_6392233. htm，2024 年 2 月 5 日。
② 《强化未成年人犯罪预防与治理 福建检察"六大保护"协同发力》，http：//fj. people. com. cn/n2/2024/0530/c181466-40862410. html，2024 年 5 月 30 日。

站"175 个，全省教授"护苗"网络安全课 7244 场次，受教育的中小学生达 118475 万人次。① 福建检察机关部署开展住宿场所、营业性娱乐场所整治专项监督工作，共督促排查旅馆宾馆、电竞酒店、私人影院、共享 KTV 等场所 4380 家，推进整改问题 632 项，有效预防和减少青少年违法犯罪在上述场所发生。② 福建省公安厅严格落实国务院未成年人保护领导小组办公室印发的《未成年人文身治理工作办法》，依法严厉打击查处因胁迫、引诱、教唆未成年人文身引发的违法犯罪案件。2022 年以来，全省公安机关共办理涉未成年人文身引发的案件 6 起，其中刑事案件 2 起。

2. 加强校园及其周边环境整治

福建着力打好"防范+打击""教育+惩戒"组合拳，重点整治校园欺凌等问题，严格依法查处到位。同时，严密周边巡防，把校园周边巡逻防控纳入社会治安防控体系建设范畴，严格落实"高峰勤务"和"护学岗"机制。截至 2023 年 3 月，福建公安机关在校园及周边设立警务室 2313 个、治安岗亭 2712 个，校园周边每日巡逻力量达 3.8 万余人次。③ 福州通过政府购买社会服务方式，启动"小红伞"护蕾行动反校园欺凌项目，走进校园、社区、乡村等，通过举办校园反欺凌讲座、"零欺凌"自我防御技能培训、"拒绝暴力·快乐童行"公益讲堂、反校园欺凌电台直播等形式多样的活动，向中小学生宣传预防校园欺凌相关知识，直接受益人数达 20000 多人。④

福建持续推进中小学"护校安园"专项工作，加强校园安防设施建设，建设校园一键式紧急报警和视频监控系统，配备校园专职保安员和护学岗。持续开展校园周边交通违法专项整治与宣传，配备校园周边交通协管员与志

① 《福建：举办 2022 年侵权盗版及非法出版物集中销毁活动暨"绿书签行动"系列宣传活动启动仪式》，https：//www. shdf. gov. cn/shdf/contents/2849/446135. html，2022 年 6 月 2 日。
② 《强化未成年人犯罪预防与治理　福建检察"六大保护"协同发力》，http：//fj. people. com. cn/n2/2024/0530/c181466-40862410. html，2024 年 5 月 30 日。
③ 《关于省十四届人大二次会议第 1044 号建议的协办意见》，https：//www. fujian. gov. cn/zwgk/zdlyxxgk/jytabl/jytabl/202403/t20240320_6417057. htm，2024 年 3 月 20 日。
④ 《福州市教育局关于市十五届人大四次会议第 0053 号建议的答复》，https：//jyj. fuzhou. gov. cn/zfxxgkzl/gkml/yzdgkdqtxx/202003/t20200323_3226251. htm，2023 年 3 月 23 日。

愿者，有力维护校园及周边治安、交通秩序。建立健全省、市、县、校四级安全工作体系，建立健全在校未成年人安全防护、关爱帮扶、控辍保学等工作机制和以"三防"为重点的督查问责机制。深化校园安全专项整顿工作。定期开展安全教育、校园欺凌专项排查整治，加大对重点未成年学生群体关爱帮扶力度，对留守儿童、困境儿童、进城务工人员子女等实施"一对一""一对多"日常跟踪包干，及时提供救助。

调查数据显示（见图1），青少年对本地校园周边环境治理效果评价"很好"的占29.75%，"较好"的占40.90%，两者合计70.65%，说明总体评价较满意。

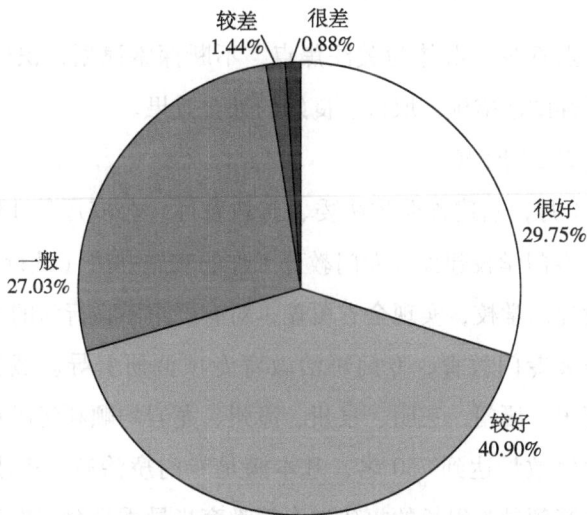

图1　青少年对本地校园周边环境治理效果的评价（N＝15831）

3. 强化网络空间监管

一是查处违规网站、账号，守护清朗网络空间等。福建公安机关加大网上巡查力度，严厉打击传播涉未成年人淫秽物品等违法犯罪，妥善处置淫秽色情等违法有害信息，管控违法网站、栏目，有效净化网络空间。2021～2023年，福建巡查处置违法违规网站600个，处置各类违法违规互联网账号18.5万个，指导下架违法违规App共600余款。同时，督促互联网企业落实主体责任、安全管理制度和技术防护措施，开展"预防未成年人沉迷网络游戏"专项治理，全省 337 家网络游戏运行企业接入防沉迷实名验证系统，监测涉未成年人重点网站 3482 家次。①

二是开展娱乐场所专项治理，筑牢未成年人安全"防护盾"。公安、工商、文旅等部门联合开展 KTV、网吧等娱乐场所违规接纳未成年人专项整治活动，重点针对无证无照经营、未悬挂未成年人禁止或限制入内标语、未如实登记员工信息、未与员工签订劳动合同或签订阴阳合同、以"编外员工"的方式组织有偿陪侍等问题进行查处。

（三）重点青少年群体服务成效良好

福建以重点青少年群体为关注焦点，不断探索谋划，积极探索工作机制，采取针对性防治措施，取得了良好的社会效果。

1.探索建立专门学校

2023 年 11 月，福建省委政法委、省教育厅、公安厅等 13 部门联合发布《关于加强专门学校建设和专门教育工作的实施办法（试行）》，在全省加快速度建设专门学校，实现全省覆盖，对有严重不良行为的未成年人进行矫治教育，开展专门教育、专门矫治教育专项调研督导。截至 2024 年 12 月，福州、莆田、厦门、三明、泉州、漳州、龙岩均顺利建成专门学校，全省专门教育学生数量达到 750 名，基本满足专门矫治教育需求。成立以省委、省政府分管领导为组长的福建省专门教育指导委员会，推动市、县两级成立专门教育指导委员会，研究制定专门学校建设和专门教育有关规划和政策，统筹推进专门学校建设和专门教育改革发展。福建省委政法委、省教育厅等 14 部门制定《福建省专门教育指导委员会工作规则》《福建省专门学校建设基本标准（试行）》等文件，进一步健全专门教育工作制度。② 各地

---

① 《福建省人大常委会执法检查组建议网络素养纳入未成年人教育体系》，https：//news.fznews.com.cn/dsxw/20230726/45i92K89m1.shtml，2023 年 7 月 26 日。
② 《高质量代表议案建议办理进展情况摘登》，http：//fujian.gov.cn/xwdLfiyw/202501/120250112_6699390.htmo，2025 年 1 月 12 日。

市专门学校运行以来，形成震慑效应和社会宣传感召合力，有效遏制了未成年人违法犯罪态势，未成年人犯罪案件数同比下降超过30%。

2. 强化帮扶教育机制

福建省公安厅高度重视青少年帮扶教育工作，取得明显成效。一是组织发动社区民警、校园法治副校长、社区警务助理、网格员与有不良行为青少年"一对一""多对一"结对帮扶，将10387名35周岁以下青少年社区矫正对象纳入关注类重点人员管控，跟踪帮教、动态管控、及时回访，了解其思想动态和现实表现，严防再次误入歧途。二是持续推进"8·31"戒毒康复工程，将涉毒青少年群体纳入"平安关爱"行动，建立"综治—社区—网格员"三级服务管理体系，对重点青少年群体实行分级分类预警管理，健全完善涉毒未成年人心理咨询、行为矫治、技能培训机制，帮助一批涉毒未成年人回归正常学习和生活。三是针对不正确实施家庭教育的父母或者其他监护人出具《训诫书》，责令其接受家庭教育指导。协调人社等有关部门提供政策支持，优先保障一批有严重不良行为青少年参加免费技能培训，积极做好源头帮教工作。

福建各地先后建立未成年人帮教基地，不仅促进了未成年人犯罪社会化帮教体系建设，而且有利于强化对涉罪未成年人的教育和改造。截至2023年6月，福建省检察机关依托企业、社区、学校、商会等建立观护帮教基地364个，如厦门集美区"未成年人阳光帮教基地"、宁德蕉城区"未成年人观护帮教基地"、三明尤溪县"未成年人劳动观护基地"、漳州诏安县"未成年人观护帮教基地"等，为涉罪未成年人提供多样化的观护帮教，被帮教的近2.4万名罪错未成年人顺利复学就业、回归社会①，对预防未成年人违法犯罪起到了积极的作用。

3. 发挥青少年社工专门力量

福建大力推进青少年社工队伍建设，充分发挥其在重点群体困难帮扶、

---

① 《帮教涉罪未成年人，让迷途少年安全返航》，https：//baijiahao.baidu.com/s？id＝1767466283608493818&wfr＝spider&for＝pc，2023年6月1日。

法治教育、法律援助、心理疏导、行为矫治等方面的专业力量，保障青少年服务工作更具专业性、科学性。截至 2021 年，福建有青少年社工机构 160多家，青少年事务社工 7091 人。① 福建出台 20 多项政策文件，开展针对重点青少年群体的社会工作项目，服务 10 万多人次。"红苹果公益"帮扶援助服刑人员未成年子女已超 2 万人次，长期帮扶的 2343 个孩子无一人辍学和犯罪，接受帮扶的 417 名服刑人员刑满释放后未出现再犯罪行为，在预防二次犯罪、二代犯罪，降低重新犯罪率方面取得良好成效。② 龙岩市方圆社工服务中心设计开发"儿童成长服务""心理健康建设""禁毒法治宣传""综合实践教育""节日关爱""红色主题教育"等系列服务，帮助服务对象了解科技发展、情绪管理、毒品危害、垃圾分类、法规政策、体育竞技、团队合作、传统文化等方面的知识，受益对象 2829 人，直接服务 4245 人次。团泉州市委发挥"未保联盟"作用，积极探索建立罪错未成年人临界预防、家庭教育等制度。

（四）预防青少年违法犯罪司法体系不断完善

福建在全国首创督促监护令机制，全面实施家庭教育指导措施，积极开展审判延伸事务，推动未成年人检察工作社会支持体系的构建，稳步推动临界预防制度体系建设，深入推进未成年人关爱救助，预防重新犯罪行为，建立了较为完善的预防青少年违法犯罪司法体系。

1. 建立家庭监护和家庭教育预防机制

随着《家庭教育促进法》于 2022 年正式施行，家庭教育由传统"家事"上升为新时代"国事"。福建在全国首创督促监护令机制。福州市检察机关为敦促监护人切实履行监护职责，充分发挥家庭教育及家庭监护在预防未成年人违法犯罪中的关键作用，自 2019 年 10 月起，创新未检工作机制，

---

① 《解决青少年社工"四缺"问题》，https：//baijiahao.baidu.com/s？id=16900134033005 77176&wfr=spider&for=pc，2021 年 1 月 27 日。
② 《福建省司法厅关于省政协十二届五次会议第 20223095 号提案的答复》，https：//sft.fj. gov.cn/zwgk/gggs/202207/t20220712_5952502.htm，2022 年 7 月 12 日。

探索实施督促监护令机制。该机制将附条件不起诉案件，包括但不限于拟不批捕、不起诉案件以及涉及留守儿童、单亲家庭、残疾智障等特殊群体未成年被害人的案件，纳入适用"督促监护令"的范围。2021年6月，最高人民检察院决定在全国范围内推广并实施督促监护令制度。至2022年底，福建省检察机关共发出督促监护令2443份，助力1779个家庭改善亲子关系，帮助1806名涉案未成年人纠正不良行为。这一举措对于保护未成年人权益、促进家庭和谐具有积极意义。① 2017年4月，泉州市检察院整合两级检察院未成年人检察部门人员组建"刺桐花"团队。对侵害未成年人犯罪"零容忍"，坚持"重其所重、罚当其罪"，对侵害未成年人犯罪"零容忍"，保持高压震慑态势；宽严相济办理未成年人犯罪案件，坚持宽容而不纵容，注重引入社会专业力量开展针对性矫治帮教。泉州市检察院积极落实《家庭教育促进法》，联合市妇联在全市成立"泉家福·刺桐花"家庭教育驿站，推行"泉家福·刺桐花"家庭教育指导机制，对未成年人家庭教育需求进行精准研判并开展分类家庭教育指导，截至2024年1月，已帮助702名涉案未成年人改善亲子关系、534人改正不良行为习惯、98人重返校园。②

福建省法院秉持"家事纵有千结，柔性审理也能解"的理念，扎实做好家庭教育指导工作，促进家庭家教家风建设。2023年至2024年6月，全省法院共发出家庭教育指导令1997份，未成年人关爱提示卡1620份。全省家庭教育指导司法品牌效应不断显现，福州"茉莉姐姐"家庭教育指导暨家事辅导调解项目，建立"两中心四融合"工作模式；泉州"泉心护"家庭教育指导暨心理观护中心，聚焦"分门分类、分层分级、分阶分段"开展家庭教育指导；南平"百合花开"馨课堂，创立"司法+家教"家庭教育

---

① 《帮教涉罪未成年人，让迷途少年安全返航》，https：//baijiahao.baidu.com/s？id=1767466283608493818&wfr=spider&for=pc，2023年6月1日。

② 《［两会特辑丨泉州晚报］刺桐护"未"：织密未成年人保护网》，泉州市人民检察院公众号，https：//mp.weixin.qq.com/s？__biz=MzA5MTEyMDI4MA==&mid=2653832284&idx=1&sn=580f0d973cad849818c79d e34f56dadb&chksm=8bdbd3abbcac5abd4693035c29cd3a2bf28b4bef5cd572bd14b89fc28d8a898e802263f8681f&scene=27，2024年1月10日。

指导培训公益项目，有效推动家庭教育责任落实到位。①

2. 构建未检工作社会支持体系

福建高度重视未成年人检察工作，全省各级检察机关积极开展未成年人检察工作，构建强大的社会支持体系。2019 年 7 月，宁德市检察院、共青团宁德市委签署《关于构建未成年人检察工作社会支持体系的合作协议》，在福建首创预防青少年违法犯罪工作社会支持体系，该体系以宁德市蕉城区和福鼎市为试点推进相关工作。聘请青少年司法社工参与未成年人刑事检察工作，创新司法社工提前介入制度，明确采用未检科主导推动、司法社工全程参与、政府提供物质和环境支持的合作模式。2021 年 11 月，泉州市检察院、石狮市检察院被最高检、团中央列为全国未成年人检察社会支持体系示范建设单位。② 两级检察院全面引入青少年司法社工，介入帮教涉案未成年人 1161 人次，开展心理疏导 438 次，走访面谈 487 人次，开展不公开听证 11 场，对 264 个未成年人家庭开展亲职教育。2019~2023 年，泉州借助社工专业服务，帮助 29 名涉案未成年人重回校园，57 名涉案未成年人找到了稳定工作，促进涉案未成年人顺利回归社会。③ 2023 年，漳州市诏安县检察院办理的 "涂某盗窃附条件不起诉案——畅通家庭和社区再社会化渠道" 被最高人民检察院列入未成年人检察社会支持体系示范建设典型案例。④

3. 全面推进临界预防工作机制

福建公安、检察、教育等相关部门共同推进临界预防工作，有效预防罪错未成年人再犯罪。针对那些曾受到行政处罚、存在违纪行为及品行不良记录的未成年在校生及辍学青少年，特别是那些可能走向犯罪道路的青少年，

① 福建省高级人民法院新闻发布会，https：//fjfy. fjcourt. gov. cn/article/detail/2024/05/id/7965001. shtml，2024 年 5 月 30 日。

② 《工作亮点纷呈 泉州市未成年人检察 "刺桐花" 团队第三次被写入最高检工作报告》，https：//baijiahao. baidu. com/s？ id=1748438459906904696&wfr=spider&for=pc，2022 年 11 月 3 日。

③ 《构建未成年人保护大格局 司法社会工作服务首项国家标准出台》，https：//baijiahao. baidu. com/s？ id=1763149300240326053&wfr=spider&for=pc，2023 年 4 月 14 日。

④ 《最高检发布未成年人检察社会支持体系示范建设典型案例》，https：//baijiahao. baidu. com/s？ id=1763134011474740799&wfr=spider&for=pc，2023 年 4 月 14 日。

福建检察机关采取切实措施。例如，福安市检察院与市公安局、司法局、关工委、教育局等单位协调配合，制定符合未成年人特点的全链条闭环"临界预防帮扶计划"，截至2023年6月，共筛查出140余名有不良记录的未成年人，全部登记在册，并开展动态跟踪、分级预警。①

4. 扎实有效开展审判延伸工作

福建各级法院通过与相关行政部门、群团组织、公益团体、基层组织建立联动机制，一方面，对犯罪的未成年人及时开展轻罪记录封存、判后回访、社会观护、家庭教育指导等工作，防止再犯；另一方面，对未成年被害人及其家庭视情开展心理辅导、法律援助、司法救助、一对一帮教等措施，体现关怀保护，形成具有福建省法院特色的"扶苗式"涉少司法模式。"时代先锋"詹红荔总结提炼的少年审判"三三九不工作法"，在南平市两级法院深入推行。2022年，南平市两级法院审结未成年人犯罪案件55件93人，分别同比下降48%和72%。②

5. 着力构建预防再犯罪体系

一是构建司法社会工作帮扶救助体系。福建始终坚持"教育、感化、挽救"原则，不断提升教育改造质量，有效预防和减少未成年人重新违法犯罪。全面落实《社区矫正法》，加强未成年社区矫正对象教育、就业指导。发挥司法厅直属机关工青妇等组织力量，整合司法、民政、教育、社会组织等资源，构建司法社会工作帮扶救助体系。

二是建立"四访四防"工作机制。③公安、检察、司法、教育、共青团等相关部门密切协作，构建涉罪未成年人"四访四防"工作体系，深入推

---

① 《帮教涉罪未成年人，让迷途少年安全返航》，https：//baijiahao.baidu.com/s？id＝1767466283608493818&wfr=spider&for=pc，2023年6月1日。

② 福建省高级人民法院新闻发布会，http：//www.fjcourt.gov.cn/Page/Court/News/PublishNewsDetail.aspx？nrid=62f61d34-4cd3-4f84-9d1c-9b2383aca266，2023年5月21日。

③ "四访"即对每个涉罪未成年人，都要走访个人、家庭、学校、社区。"四防"即从心理、环境、教育、约束四个方面着手，针对未成年人生理和心理特点，加强思想道德建设，净化涉罪未成年人接触的环境，强化社区矫正力度，积极引导涉罪未成年人尽早回归社会，做一个对社会有用的人。

进预防再犯罪工作，实施巡回考察教育预防措施，有效实现涉罪未成年人"零重新犯罪"。如东山县检察院不定期针对性开展涉罪未羁押未成年人帮教预防工作，加强防控工作，督促涉罪未成年人思想转变，悔过自新、重新做人，回归社会、学校，充分发挥检察职能作用，积极参与社会治安综合治理。①

二 预防青少年违法犯罪工作存在的主要问题

当前，福建预防青少年违法犯罪工作突出重点，结合当前形势主动补短板、破难题，夯实了工作基础，具有较强的工作能力。但不可否认的是，相关工作还存在一些问题，制约预防青少年违法犯罪工作的持续有效开展。

（一）预防青少年违法犯罪工作协同质效不足

预防青少年违法犯罪工作是一项系统性工程，有赖于各职能部门通力合作，构建有效的联动工作机制，形成整体联动、齐抓共管的工作格局。综观当前预防青少年违法犯罪工作，各部门各展其长，在职责范围内开展了大量工作，却始终缺乏明确的协同机制，各单位、各部门的职责定位不够清晰，一些机制在部门衔接、共同推动落实方面还存在不足，联动效果有待进一步提升。在重点青少年管理服务方面，各部门充分发挥职能优势，深度参与和积极作为，但也存在"各自为政"的困境，组织协调议事机构作用发挥不够突出，在解决关键性难题上还需要进一步凝聚合力和共识。在完善司法保护制度方面，部分政策的衔接有待进一步畅通，实现一体化司法保护的路径还有待拓宽。

（二）预防青少年违法犯罪法律法规不够健全

法律法规是开展预防青少年违法犯罪工作的重要保障。为保障未成

---

① 《建立"四访四防"工作机制预防重新犯罪》，http：//www.fjdongshan.jcy.gov.cn/djdt/201901/t20190102_2455309.shtml，2019 年 1 月 2 日。

年人身心健康，培养未成年人良好品行，有效预防未成年人违法犯罪，全国人大常委会于 2020 年 12 月修订《预防未成年人犯罪法》，我国其他省份如贵州、云南和湖北等均出台了关于预防未成年人犯罪的地方性法规，虽然福建省公安厅于 2022 年 12 月出台《关于加强公安机关未成年人保护和预防犯罪工作的实施意见》，但该意见仅属于一般规范性文件，还达不到地方政府规章或地方性法规的层级，截至 2024 年 5 月，福建尚未针对预防青少年违法犯罪作出地方性立法，《福建省实施〈中华人民共和国预防未成年人犯罪法〉办法》已纳入立法计划，需加快立法进程，尽早实施。

（三）社会力量发挥作用不够

社会力量是预防青少年违法犯罪的重要力量，是其他政府性力量的补充。当前在预防青少年违法犯罪工作中，还存在以下两个方面的问题：一是专业性社会服务机构在数量和质量上均呈现供给不足的状态。青少年社工力量相对薄弱，专业水平有待提高，特别是青少年司法社工的力量还需要加强。目前，全省青少年社工组织中专门从事司法社会工作的组织较少，从而难以提供较高质量的服务。政府在社工组织培育、专业人才队伍建设等方面还需要进一步整合资源。二是政府购买服务还不够完善。涉及预防青少年违法犯罪的项目通过政府采购的数量不多，广度和深度也有待拓展。

（四）家庭监护职责措施成效不佳

当前，家庭监护职责方面的监督制度还不健全，在法律适用过程中较少采取训诫、剥夺监护权等强制性措施，对于未成年人违法犯罪的监护人责任追究还不够到位，产生监护缺失困境。同时，在管理过程中，依赖现有的户籍制度，工作重点主要放在户籍人口上，对流动人口的有效管控缺失。而流动人口是当前违法犯罪青少年的重点人群，其生活保障、家庭教育等方面的公共服务仍有待完善。

三 预防青少年违法犯罪工作的努力方向

福建在预防青少年违法犯罪方面做了很多卓有成效的开创性工作，但当前青少年违法犯罪的形势仍然较为严峻，需在现有工作的基础上，持续推动工作内容和方法创新，为青少年发展保驾护航，推进平安福建、法治福建建设。

（一）进一步强化多部门联动，提升工作合力效能

各职能部门要根据各自职责，主动融入社会治安防控体系建设，创新工作机制和模式，从理念观念上形成共识，积极推动建立预防未成年人犯罪工作协调机制，努力从根本上防范青少年违法犯罪，合力构建预防青少年违法犯罪工作的大格局。

公安机关要严格落实管理好各个场所，结合大数据对青少年违法犯罪行为进行重点跟踪与巡查，及时切断或者阻隔未成年人与社会不良群体的接触渠道，对青少年违法犯罪群体经常出没的网吧、游戏厅等场所进行监管，避免没有社会经验的未成年人受其感染。同时，学校需要对有犯罪苗头的学生进行家访或者寻找公安机关协作，由学校与社区向公安机关报告，严肃处理校园内学生欺凌事件，打击校外敲诈团伙，为学生营造良好的校园环境。此外，要充分发挥检察机关的法律监督作用。对于预防青少年违法犯罪工作涉及的所有主体、所有措施，检察机关都有法律监督权。针对在预防青少年违法犯罪工作方面不尽职尽责的行政单位，检察机关可以提起行政公益诉讼有效保证预防青少年违法犯罪工作和综合治理各项工作顺利开展。《互联网信息服务管理办法》《网络信息内容生态治理规定》等规范在概括性的安全保护义务基础上，为平台设定了专门的犯罪控制义务，要求平台针对利用其服务实施的违法犯罪，履行以主动控制和响应控制为内涵、以犯罪风险规避为目标、以非法内容审查为路径、以勤勉尽责为标准的法定注意义务。互联网平台应主动履行责任，对涉及未成年人话题、未成年人活跃的论坛等进行重

点关注，对已发现有问题的手机应用、平台进行约谈、整改，督促其第一时间进行调整。对涉及暴力、色情、毒品等影片进行有效管控，避免过早进入未成年人接触的信息范围。

（二）进一步健全完善地方性法规体系，构建底层设计保障

应根据国家上位法制定福建地方性法规，更好适应福建地方预防青少年违法犯罪本土工作，回应本地青少年违法犯罪突出问题，以良法促善治。应推动《预防未成年人犯罪法》《家庭教育促进法》等法律法规的贯彻实施，加快制定《福建省预防未成年人犯罪条例》，将"福建省专门学校建设实施意见"纳入立法规划或立法调研项目。在立法原则上，要秉承未成年人福利最大化原则，最大限度保障未成年人权益，制定具有指导性和可操作性的地方条例。在当前未成年人立法强调保护的基础之上，也应增加惩罚性的条款，在制度设计上向成人刑事司法程序靠拢，更加注重对少年犯罪人公正且合目的性的惩罚。在立法内容上，要从完善预防未成年人犯罪法律体系的角度进行设计，明确各预防主体的职责与分工，科学合理设置程序与处遇分类，融入本地较为成熟的典型做法，探索新的少年司法制度。

（三）进一步完善司法保护制度体系，夯实社会支持根基

加强未成年人警务工作机制建设，推进创新未成年人检察工作模式，深化未成年人审判体制改革，完善未成年人社区矫正体系，从而推动健全未成年人司法工作社会支持体系。

一是建立未成年人警务制度。专业性的警察队伍是公安机关处理青少年犯罪行为的重要保障力量。在整个少年司法的链条中，就处遇青少年事件的司法机关，我国检察机关设有少年检察部、审判机关设有少年法庭等，而少年警务仍然处于较为落后的阶段，尚未真正形成少年警察制度，唯独缺少年警察这一环，不能充分发挥警察在少年犯罪中的前线作用。警察在处理少年案件时仍按照普通程序进行。《刑事诉讼法》第二百七十七条规定：办理未成年人刑事案件，应当保障未成年人行使其诉讼权利，保障未成年人得到

帮助，并由熟悉未成年人身心特点的审判人员、检察人员、侦查人员承办。这就要求在未成年人案件的侦查过程中警察需要熟悉未成年人的情况，在组织建设、服务供给等方面不断加强。根据《关于办理少年刑事案件建立互相配套工作体系的通知》《公安机关办理未成年人违法犯罪案件的规定》等，建立专门的少年警察部门非常有必要，有利于预防少年犯罪，保护未成年人合法权益，完善我国未成年人司法体制。在公安机关的业务部门成立专门负责青少年案件的机构，从法律法规上作出明确规定，包括职能、人员构成等，委派年轻且具有犯罪学、社会学、心理学、教育学等专业背景的可胜任犯罪防治工作的人员担任，建立以办案质量和司法保护效果为核心，涵盖帮扶教育、感化挽救、落实特殊制度、开展犯罪预防等内容的专业化评价机制。

二是创新未成年人检察工作。通过"检察+多部门"的合作模式，深入开展社会调查、帮教工作，制定个性化评估方案，提供精细化帮教服务，从根本上摒弃事后监督、被动司法的模式，实现从"治已病"向"治未病"的转变。同时，协调解决基层未成年人检察力量较为薄弱、专门机构设置仍显不足的困境，提升干警素质。还需全面推进未成年人检察业务统一集中办理，充分运用"四大检察"监督手段，依法严惩侵害未成年人犯罪活动，加大对涉案未成年人的帮教和救助力度。注重将专业化办案与社会化保护相结合，全面推行"督促监护令"等特色工作模式，做到"办理一案、治理一片"。

三是创新未成年人审判工作。在审判过程中，进一步发挥"教育、感化、挽救"作用，落实宽严相济刑事政策。通过诉源治理、综合治理的途径，建立更为成熟、完善的少年法官队伍，探索建立工作延伸至预防的体制，深化矛盾纠纷诉前化解。针对审判中发现的未成年人违法犯罪预防的薄弱环节，向相关行政管理部门、企事业单位发送司法建议，促进相关行业治理和社会管理水平提升。

四是健全未成年人社区矫正工作。积极调动现有资源，充分发挥青少年社会工作服务机构的作用，不断完善"青少年社区矫正教育帮扶基地"及"青少年社区矫正教育帮扶工作室"等专项设施。同时，构建"青少年社会工作服务机构库"，通过政府购买服务的形式，采取项目化运营模式，推动社会工作服务机构为青少年社区矫正对象提供全面的专业服务，包括但不限于观护帮教、亲情教育、爱国教育、心理疏导、行为矫治、技能培训及困难救助等。力求实现实体化运作、专业化帮扶和项目化落地，从而更有效地促进青少年社区矫正工作的深入开展。

五是加快未成年人帮教基地建设进程。尽快实现福建未成年人帮教基地全覆盖，妥善安置附条件不起诉、适用非监禁刑、特赦的未成年人及其他刑满释放的青少年。加大对未成年人帮教基地建设的财政支持力度，确保基地建设、运营和维护的资金需求；整合社会资源，推动未成年人帮教基地与其他相关机构的合作，实现资源共享、优势互补；加强未成年人帮教基地工作人员的培训和选拔，提高队伍的专业化水平；鼓励企业、社会组织和个人捐赠资金、物资或参与基地志愿服务，共同为未成年人帮教基地建设贡献力量。

（四）进一步做好重点青少年群体服务管理工作，抓牢关键环节成效

一是加强专门学校建设，推进分级干预。在《预防未成年人犯罪法》相关规定的基础上，制定专门教育的相关办法，细化有关保障专门学校的政策法规，明确界定专门学校的性质和职能，厘清部门之间的职责分工。充分发挥专门教育指导委员会的作用，强化统筹协调，完善各项程序。制定统一的办学评价标准，明确个案评估的操作细则，对专门学校进行全面升级改造，从基础设施、校园环境、教学设备、经费投入、人员编制等方面改善办学条件。加大对专门学校教师的培训力度，建设汇集法律、心理、教育等交叉学科知识背景的专业师资队伍和人才储备。优化与改进教育矫治方法和内容，通过课程设置专门化、体系化以及明确必要的约束性措施，进一步提升教育矫治的科学性、精准性和有效性。在内容方面可重点围绕法律理论和理念教育，涵盖法律价值、法律功能、法律信仰、权利义务关系等；法律权利教育，涵盖未成年人的生存权、发展权、受保护权、参与权等；犯罪预防教

育，旨在向未成年人讲解犯罪行为的社会危害性、犯罪成本、刑罚的惩罚性、不良行为的预防和矫治。在教育方式上，采取渗透式、情境植入式的教学方法，让学生亲身参与，增强参与感和互动性，并体会到其精髓，将知识内化并吸收，如模拟法庭、情景剧等。将触法未成年人纳入专门矫治教育的适用对象范围后，应采取分校区、分班级等方式设置专门场所对其进行教育矫治，以免与其他有严重不良行为的未成年人出现交叉感染的现象。要建立"离校"评估机制和跟踪监管机制。通过社区劳动、就业安置、帮教小组观护以及家庭教育指导等措施，引导和促进失足未成年人逐步适应并重新回归社会。

二是严厉打击校园欺凌等违法犯罪行为。深入实施学生欺凌防治专项行动，并形成长效治理机制。强化教育惩戒举措，健全责任追究机制。学校、学生、家长要充分认识校园欺凌和暴力的危害和后果，认真学习相关法律法规，深入研究和落实校园欺凌和暴力问题的防控措施，履行法定责任，为青少年营造安定祥和的成长环境。

（五）进一步推进青少年司法社会工作队伍建设，筑牢专业力量屏障

充分发挥青少年事务社会工作专业人才和社会工作服务机构作用，推动多领域社会工作协调发展，优化社工人才发展环境，对重点青少年群体提供困难帮扶、法治教育、法律援助、心理疏导、行为矫治等专业服务。一要加强青少年司法社会工作组织的培育，提升专业队伍素质。根据专业化、标准化、规范化建设的要求，建立和完善青少年司法社工的薪资待遇、考核评估、奖励晋升等机制。成立区域行业协会，建立专业人才库，开展业务交流、资源共享、对接帮扶，实现协同发展。二要强化政府购买司法社工专业服务的制度保障。确保财政预算资金充足稳定，顺利开展政府购买服务，保障青少年司法社会工作服务项目开展。进一步要求公、检、法、司等部门在执法活动中引入社会工作服务，使其覆盖警务、检察、审判、执行等各个领域，实现全链条系统性的帮助。

（六）进一步强化家庭教育指导，压实监护管教责任

青少年犯罪的背后，往往存在管教缺失、监护不力、教育不当等问题。在预防青少年犯罪问题上，监护人的责任重大且无可替代。最高人民法院相关意见明确提出，人民法院在审理涉未成年人刑事、行政案件中，发现未成年人的父母或者其他监护人不依法履行监护职责、侵犯未成年人合法权益，或者存在其他因家庭监护管教缺失、不当等可能影响未成年人身心健康情形的，根据情况，对未成年人的父母或者其他监护人予以训诫，并可以责令其接受家庭教育指导。应进一步落实最高人民法院相关意见，引导父母树立正确的教育观念，摒弃落后的教育方法，拒绝对孩子实施"强制""体罚"行为，也不要溺爱未成年人，要采取适合未成年人的教育方法，让他们正确认识这个世界，耐心引导未成年人，给予他们关心与呵护，创建良好、融洽的家庭氛围。在《家庭教育促进法》的规定下，有序推进家庭教育的开展。特别是在流动家庭中，更应做好相关的统计工作、家校衔接等，督促家庭履行教育的责任和义务。对于缺乏管教能力和条件的，应当赋予司法机关转移监护权的权力，将监护权交由社区或其他有能力承担责任的机构或个人承担。

（七）进一步探索科技赋能驱动，推动智能预警系统建设

当前青少年较早接触网络，他们的认知和行为已深刻地烙印着网络痕迹。在大数据时代，青少年违法犯罪现象呈现鲜明的网络化特征，加强大数据技术在预防青少年违法犯罪工作中的应用势在必行。科技赋能预防青少年违法犯罪工作旨在通过整合原本离散、碎片化的海量数据和信息，识别研判社会治理中可能存在的影响未成年人健康成长的风险因素，并进行精准化的预防和干预，推动溯源治理。一是要整合各部门相关数据，链接线上与线下，实现线上线下系统性监管，做到精准预防。可充分运用执法办案信息、视频监控综合应用、旅馆住宿登记等系统，利用大数据自动分析发现青少年违法犯罪线索。二是要动态更新青少年数据库，建立健全预警指令分级分

类、落地核查处置机制，实现精准智能分级分类预警，形成常态化数字预警模式。

参考文献

宋英辉、苑宁宁：《完善我国未成年人法律体系研究》，《国家检察官学院学报》2017 年第 4 期。

姚建龙、柳箫：《〈预防未成年人犯罪法〉的修订及其进步与遗憾》，《少年儿童研究》2021 年第 5 期。

马雷、吴啟铮：《收容教养制度废除后专门学校教育的继受与转型》，《青少年犯罪问题》2022 年第 2 期。

李红侠：《罪错未成年人临界预防制度研究》，吉林大学硕士学位论文，2021。

安琪：《保护、惩治与预防——我国少年司法制度变迁七十年（1949—2019）》，《中国青年研究》2020 年第 2 期。

叶小琴：《未成年人保护立法的理念与制度体系》，《中外法学》2022 年第 3 期。

刘聪荣：《我国少年法庭发展现状及优化研究》，华北理工大学硕士学位论文，2023。

陈子航：《论〈预防未成年人犯罪法〉的"司法法化"》，华东政法大学硕士学位论文，2023。

席小华：《"两法"修改背景下未成年人司法社会工作服务体系建设研究》，《华东理工大学学报》（社会科学版）2021 年第 5 期。

郑博文：《国家亲权理论指导下未成年人专门教育制度适用问题研究——基于解释论的三维分析》，《青少年犯罪问题》2024 年第 1 期。

B.11

2024年福建青年社会保障研究报告

涂富秀　黄亚南*

摘　要： 本报告从青年社会保险、社会福利、社会救助、社会优抚四个维度，分析福建青年社会保障发展现状及特征。研究结果显示，福建不断推进社会保障体系建设，社会保险制度逐步完善，参保扩面工作扎实推进；青年住房保障工作稳步推进，残疾人福利事业全面发展；社会救助体系和社会优抚体系更加健全。但仍存在社会保障均等化程度不高、新就业形态劳动者参保机制和残疾青年帮扶机制不健全、政策宣传不到位等问题。为此，福建应进一步完善青年社会保障体系，推动社会保障由兜底型向普惠型转变，强化新就业形态劳动者权益保障，为福建青年的全面发展提供更加坚实的社会保障支持。

关键词： 福建青年　社会保障　政策体系

　　社会保障是社会的安全网，旨在保障和改善民生、维护社会公平、增进民生福祉，是化解社会矛盾、促进经济社会发展、实现广大人民群众共享发展成果的重要制度安排。党的二十大作出"健全社会保障体系"的重要部署，提出"健全覆盖全面、统筹城乡、公平统一、安全规范、可持续的多层次社会保障体系"的要求。这一战略部署为福建青年社会保障工作指明了方向。《福建省中长期青年发展规划（2018—2025 年）》明确福建青年社会保障的发展目标是：社会保障体系充分覆盖青年急需的保障需求，并在各类青年群

---

* 涂富秀，福建江夏学院法学院，副教授，研究方向为经济法学、劳动法学；黄亚南，福建江夏学院公共事务学院，讲师，研究方向为基层治理。

体之间逐步实现均等化。社会保障与青年发展密切相关，是青年生存发展"兜底"的安全网，为青年成长发展可能面临的疾病、教育、就业、创业等提供全面保障，能够有效维护青年在发展过程中的合法权益，促进青年的可持续发展。因此，深入了解福建青年社会保障的发展状况，研究存在的问题，明确发展思路，有助于促进福建青年社会保障事业高质量发展。

本报告从青年社会保险、社会福利、社会救助、社会优抚四个维度，分析福建青年社会保障发展现状、特征及面临的问题，提出有针对性的对策建议。鉴于目前公开的统计年鉴或数据库未单列青年人群的细分数据，且主管部门相关的数据也缺乏按年龄结构的完整分类信息，故本报告部分数据以全省整体数据为基础展开分析。但政策具有普适性，因此，本报告结合调研数据得出的研究结论，仍能较为客观地反映福建青年社会保障事业发展的现状和趋势。

一 社会保障现状分析

福建稳步推进青年社会保障体系建设，先后出台《福建省中长期青年发展规划（2018—2025年）》《福建省工科类青年专业人才支持暂行办法》《福建省高层次人才和青年人才培养资助资金管理办法（试行）》《福建省人民政府关于推行终身职业技能培训制度的实施意见》等青年专项政策，持续优化青年成长发展的良好社会环境，为青年的发展提供全方位的支持，社会保险、社会福利、社会救助、社会优抚事业成效显著。

（一）社会保险事业取得明显成效

社会保险是社会保障体系的重要组成部分，在整个社会保障体系中居于核心地位。调查数据显示，福建社会保险事业呈现良好态势，社会保险制度逐步完善，社会保险参保扩面工作稳步推进，社会保险事业成效显著。

1. 社会保险制度逐步完善

在福建省委、省政府的高度重视下，福建社会保险制度体系不断健全。

一是社会保险制度逐步完善，青年参加社会保险和享受待遇的制度体系不断健全。2018年3月，福建省人社厅、福建省民政厅等三部门联合印发《福建省工伤保险辅助器具配置机构条件》，完善工伤康复的配套政策。2019年2月，福建省人社厅、福建省财政厅联合印发《福建省工伤保险实行省级统筹实施意见》，明确在福建全省行政区域范围内实行"五统一、一调剂"的工伤保险省级统筹管理体制。2019年3月，福建省人社厅、福建省财政厅联合印发《福建省就业补助资金管理实施办法》，为符合条件的高校毕业生、就业困难群体、农民工等重点群体提供社会保险补贴。2019年8月，福建省人社厅、福建省财政厅、福建省卫健委、福建省应急厅等四部门联合出台《福建省工伤预防费使用管理实施办法（试行）》，落实各项工伤保险政策。2022年11月，福建省人社厅、福建省财政厅等三部门出台《福建省失业保险基金省级统筹实施方案》，规定失业保险基金从2023年1月1日起实施省级统筹。《福建省失业保险基金省级统筹实施方案》进一步完善了失业保险制度，提高了失业保险基金使用效率和抗风险能力。2022年3月，福建省人社厅、福建省邮政局联合印发《福建省推进基层快递网点优先参加工伤保险工作实施方案》，着力解决快递员群体工伤保险保障问题。2023年12月，福建省人社厅、福建省财政厅等三部门联合印发《福建省工伤保险基金省级统收统支实施方案》，实现了工伤保险省级统筹。同月，福建省人社厅、福建省财政厅还联合印发《关于调整全省工伤保险定期待遇的通知》，统一调整全省参保工伤职工伤残津贴、生活护理费、供养亲属抚恤金等三项定期待遇。

二是全省经办管理服务标准化建设取得实效，青年办理各项社会保险业务更加便捷。近年来，福建社保经办机构把经办管理服务标准化建设作为实现现代化管理服务的重要手段和必要条件，创新服务方式、优化服务流程、强化服务监督，加速推动经办管理服务转型升级，经办服务更加精细便捷。2019年12月，福建省人社厅办公室印发《关于统一全省工伤保险经办流程的通知》，专门对全省统一工伤保险经办流程的有关问题作出规定。2022年6月，福建省人社厅对《福建省城乡居民基本养老保险经办规程》进行修订，旨在为城乡居民提供更加方便快捷的服务。福建不断拓宽失业保险金申领渠道，采用"线上+线下"申领模式丰富渠道选择，实现"外网申请、内网审核、社银发放"，确保服务事项"畅通领、安全办"。推进医保经办服务标准化建设，截至 2023 年，全省乡镇（街道）、村（社区）均已实现医保基层服务全覆盖，医保服务线上可办率达到 93.1%。医保经办机构将严格管理与人性化服务有机结合，为包括困难青年在内的参保人员在参保登记、费用报销、医保关系转移接续、异地就医等方面提供高效、优质、便捷的服务。推进建立覆盖省、市、县、乡、村的五级医疗保障服务网络，增设医保服务渠道，依托全国一体化政务服务平台，通过省网上办事大厅、闽政通 App、福建医保微信公众号等公共服务平台，实现医保经办服务"掌上办""网上办""一网通办""跨省通办"。

2. 社会保险参保扩面工作扎实推进

一是社会保险参保人数稳步增长。深入实施全民参保计划，随着公民参保意识的提高和参保缴费制度的改革，福建社会保险参保人数大幅增加，基本实现各类人群制度全覆盖，正走向人群全覆盖。2018~2023 年，福建城镇职工基本养老保险参保人数从 1074.26 万人上升到 1788.90 万人，城乡居民基本养老保险参保人数从 1525.60 万人上升到 1594.95 万人，基本医疗保险参保人数从 3804.72 万人上升到 3833.46 万人，失业保险参保人数从 570.27 万人上升到 763.06 万人。生育保险参保人数从 2018 年的 651.90 万人上升到 2022 年的 741.70 万人（见表1）。

表 1　2018~2023 年福建社会保险参保情况

单位：万人

社会保险参保人数	2018 年	2019 年	2020 年	2021 年	2022 年	2023 年
城镇职工基本养老保险	1074.26	1137.34	1200.57	1329.66	1674.39	1788.90
1. 企业保参保人数	933.49	994.29	1053.70	1179.94	1521.69	1632.98
其中：在职参保人数	789.47	843.20	894.36	1010.81	1342.78	1441.95
离退休参保人数	144.02	151.09	159.34	169.13	178.91	191.03
其中：农民工参保人数	293.61	299.77	279.25	273.94	472.29	494.93

续表

社会保险参保人数	2018 年	2019 年	2020 年	2021 年	2022 年	2023 年
2. 机关保参保人数	140.77	143.05	146.87	149.72	152.70	155.92
①在职参保人数	94.19	95.00	97.24	99.23	100.23	101.62
②离退休参保人数	46.58	48.05	49.63	50.49	52.47	54.30
城乡居民基本养老保险	1525.60	1554.14	1588.16	1597.43	1598.77	1594.95
基本医疗保险	3804.72	3788.10	3840.48	3872.07	3863.49	3833.46
其中:参保职工	853.04	841.38	893.13	933.00	972.20	—
参保的城乡居民	2951.68	2946.72	2947.35	2939.00	2891.30	—
失业保险	570.27	610.62	664.41	716.70	761.34	763.06
工伤保险	853.94	891.15	936.85	984.39	1040.00	1064.61
其中:农民工参保人数	386.38	379.92	345.63	327.36	321.60	304.16
生育保险	651.90	621.70	676.60	711.10	741.70	—

数据来源：根据福建省人力资源和社会保障厅网站信息、2019~2024 年度《中国统计年鉴》整理。

由于社会保险制度体系建设有力，福建青年参加社会保险的比例较高。调查数据显示（见表2），职业青年参加的社会保险种类排名依次为基本医疗保险（75.28%）、基本养老保险（65.39%）、工伤保险（62.13%）、失业保险（57.54%）以及生育保险（56.83%）。这说明社会保险已经覆盖大部分青年群体。

表2　职业青年参加社会保险情况（N=10802，多选）

单位：%

类别	比重
基本养老保险	65.39
基本医疗保险	75.28
失业保险	57.54
工伤保险	62.13
生育保险	56.83

注：已剔除在校学生样本。

二是社会保险基金平稳运行。社会保险基金收支平稳，运行有序，保障能力持续增强，为福建青年享受各项保险待遇提供了资金保障。2018~2023

年,全省社会保险基金收入从1602.07亿元增加到2440.84亿元,社会保险基金支出从1379.94亿元增加到2149.66亿元(见表3)。2024年上半年,全省社会保险基金预算收入1332.60亿元,增长8.9%。省级社会保险基金预算收入604.26亿元,增长16.4%。总体上看,社会保险基金运行态势平稳,充分保证了各项社会保险待遇按时足额发放,社会保险基金可持续能力进一步提升。

表3 2018~2023年福建社会保险基金收支情况

单位:亿元

社会保险基金	2018年	2019年	2020年	2021年	2022年	2023年
全省社会保险基金收入	1602.07	1759.09	1870.02	2139.75	2210.37	2440.84
全省社会保险基金支出	1379.94	1649.44	1861.91	2052.69	1947.21	2149.66
城镇职工基本养老保险基金收入	886.40	931.80	790.80	1065.10	1220.70	1366.70
城镇职工基本养老保险基金支出	724.60	782.20	888.30	927.20	1014.80	1094.40
城镇职工基本养老保险基金累计结余	938.60	976.20	710.20	707.20	831.90	1005.80
城乡居民基本养老保险基金收入	103.60	120.10	130.80	132.90	144.90	153.50
城乡居民基本养老保险基金支出	82.00	90.20	95.30	102.30	115.00	129.50
城乡居民基本养老保险基金累计结余	165.50	195.50	231.00	261.60	291.50	315.60
基本医疗保险基金收入	537.90	607.50	624.80	715.40	789.60	867.60
基本医疗保险基金支出	455.10	539.50	554.50	618.70	652.40	741.20
基本医疗保险基金累计结余	713.80	796.70	866.90	963.60	1100.80	1227.30
失业保险基金收入	22.80	24.60	18.70	30.80	37.60	38.30
失业保险基金支出	16.40	20.00	66.90	45.10	36.70	37.30
失业保险基金累计结余	177.90	147.30	98.90	84.50	85.50	86.50
工伤保险基金收入	20.20	19.80	10.40	27.80	30.20	35.50
工伤保险基金支出	18.60	20.90	24.20	28.90	33.00	39.00
工伤保险基金累计结余	63.90	62.80	49.00	48.00	45.20	41.70

数据资料:根据福建省人力资源和社会保障厅网站信息、2019~2024年度《中国统计年鉴》整理。

3.职业年金缴纳工作有序开展

职业年金是一种补充养老保障制度,是机关事业单位及其工作人员在参加机关事业单位基本养老保险的基础上建立的补充养老保险制度。为加强职业年金基金监管工作，2020年4月福建省人社厅、福建省财政厅联合印发《关于加强职业年金基金监管的通知》，明确福建职业年金基金行政部门、职业年金基金管理机构的监管责任，确保年金基金安全。2021年福建职业年金缴费收入99.61亿元，待遇支付5.93亿元，期末基金累计结余423.22亿元。2022年福建职业年金缴费收入98.66亿元，待遇支付12.09亿元，期末基金累计结余500.30亿元。2023年福建职业年金缴费收入134.54亿元，待遇支付14.29亿元，期末基金累计结余625.57亿元。调查数据显示，38.01%的青年表示所在单位有为其缴纳职业年金。

（二）社会福利事业进一步发展

社会福利是国家为改善社会成员的物质、精神生活而建立的制度，目的在于通过提供资金和服务保证社会成员一定的生活水平并尽可能提高他们的生活质量。近年来，青年社会福利事业成效显著，青年住房保障工作稳步推进，残疾人福利事业全面发展。

1.青年住房保障工作稳步推进

住房问题是青年关切的重要问题。2021年，国务院在政府工作报告中首次将"青年人"纳入住房政策保障对象，提出"尽最大努力帮助新市民、青年人等缓解住房困难"。[①]

这表明，住房问题日益成为青年的核心利益关切和他们实现美好生活的重要制约因素。因此，解决青年住房问题不仅是青年的个别利益问题，更是党和国家、青年、家庭以及社会共同遭遇的利益难题。福建相继出台的相关政策在一定程度上缓解了青年住房困难。2022年2月，福建省住建厅印发《关于加快发展保障性租赁住房的实施意见》，聚焦"如

---

① 《政府工作报告里装满青年希冀》，https：//www.gov.cn/zhengce/2021-03/06/content_5591018.htm，2021年3月6日。

何指导各地发展保租房缓解新市民、青年人阶段性住房困难"等五个方面的工作。2022年12月，福建省住建厅等16部门联合印发《福建省公共租赁住房分配工作实施细则》。此外，福建各地通过统筹商品住房、市场租赁住房、人才公寓等社会资源和公共产品，多渠道解决高校毕业生就业创业居住问题，为符合条件的高校毕业生发放一定数额的租房补贴。

调查数据显示，青年住房的类型包括租住政府公租房/廉租房/保障房、市场租房、个人/家庭自有产权房、学校/单位宿舍、租住人才公寓、暂住亲戚朋友家、其他等7种类型。其中，占比最高的是个人/家庭自有产权房，为53.67%；占比第二的是市场租房，为18.15%；占比第三的是学校/单位宿舍，为16.35%。租住政府公租房/廉租房/保障房、租住人才公寓、暂住亲戚朋友家、其他类别占比总和为11.83%（见图1）。这说明青年住房以自有住房、宿舍和市场租房为主，政府公租房/廉租房/保障房和人才公寓等住房形式占比较小。

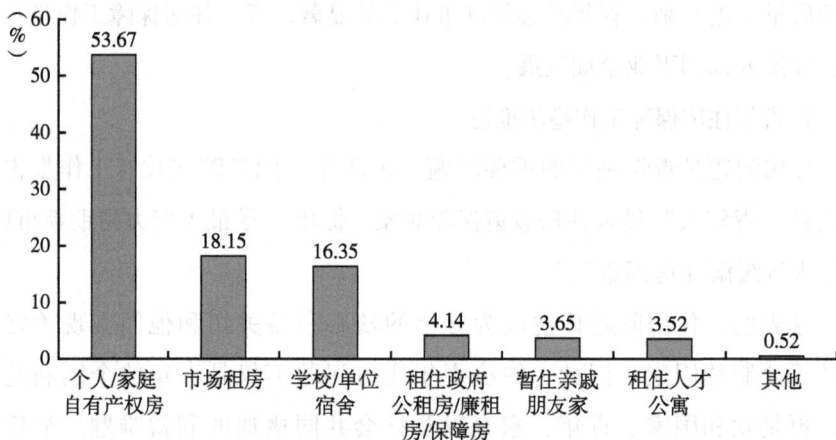

图1 青年住房情况（N=8825）

调查数据显示，42.36%的青年对自身住房状况表示满意。其中，10.13%的青年对住房情况表示非常满意，32.23%的青年表示比较满意（见图2）。

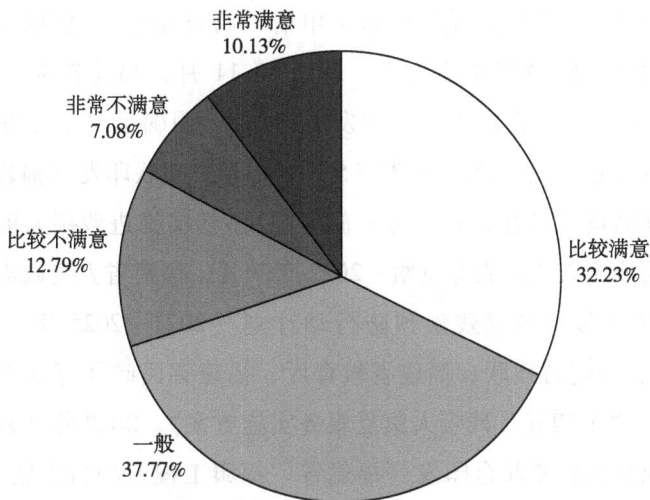

图2　对住房的满意度（N=8825）

2. 残疾人福利事业全面发展

扶残助残是社会文明进步的重要标志。习近平总书记强调，要"不断促进残疾人全面发展和共同富裕"。福建高度重视残疾人事业发展，对残疾人格外关心、格外关注。近年来，为进一步保障残疾人民生、促进残疾人发展，福建坚持弱有所扶，按照《福建省中长期青年发展规划（2018—2025年）》的要求，着力完善残疾人社会福利制度和关爱服务体系，增进残疾人民生福祉，促进残疾人共享经济社会发展成果。2018年6月，福建省民政厅等部门出台《关于加快精神障碍社区康复服务发展的实施意见》；2019年2月，福建提高了困难残疾人生活补贴和重度残疾人护理补贴标准，并建立与最低生活保障同步增长的动态调整机制；2020年5月，福建省民政厅、福建省残联联合印发《关于开展贫困重度残疾人照护服务试点工作的通知》，在厦门市思明区、闽清县等9个县（市、区）开展困难重度残疾人照护试点。2021年4月，福建省民政厅、福建省残联转发《民政部办公厅　中国残联办公厅关于全面开展残疾人两项补贴资格认定申请"跨省通办"的通知》，从4月22日起福建全面开展困难残疾人生活补贴和重度残疾人护理补贴资格认定申请"跨省通办",包括省内跨市通办、跨县通办、跨乡镇街道通办。2021年11月,福建省人民政府印发《福建省"十四五"残疾人保障和发展规划》,明确了"十四五"时期残疾人保障目标和实现路径。2022年5月,福建省残联印发《福建省残疾人基本型辅助器具村(社区)服务实施方案》,切实推进残疾人辅具服务下基层,扩大残疾人康复服务供给;2022年7月,福建省人民政府办公厅印发《福建省贯彻〈国家残疾预防行动计划(2021—2025年)〉实施方案》;同月,福建省残联、福建省教育厅、福建省民政厅等6部门联合印发《福建省"十四五"残疾人康复服务实施方案》。2022年7月,福建省民政厅、福建省残联联合印发《福建省"福康工程"项目实施办法》,三年内安排投入省级福利彩票公益金1500万元,为福建困难残疾人配置电动轮椅及假肢等康复辅助器不少于2500人次。2022年11月,福建省残联、福建省教育厅联合印发《福建省辅助器具进校园工程实施方案》,促进医疗康复和特殊教育融合,为义务教育阶段残疾学生科学提供辅助器具适配及相关服务,提高残疾学生学习生活的便利性和安全性。2023年11月,福建省民政厅、福建省财政厅、福建省残联等三部门联合印发《福建省困难残疾人生活补贴和重度残疾人护理补贴实施办法》,完善残疾人两项补贴制度,提高两项补贴精准管理水平。福建还重视开展残疾青年康复需求筛查工作,组织实施青年残疾人精准康复服务。

截至2022年底,全省参加城乡居民基本养老保险的残疾人数达72.9万人,35.5万名残疾人领取养老金。60岁以下参保的残疾人中,20.5万名重度残疾人和15.7万名非重度残疾人得到参保缴费资助。2022年,全省32.3万名残疾人得到基本康复服务,基本康复服务率为100%;3.8万名残疾人得到基本辅助器具适配服务,辅具适配率为99.91%。2023年第三季度,享受困难残疾人生活补贴36.3万人,享受重度残疾人护理补贴41.4万人。从2024年1月起,福建提高困难残疾人生活补贴标准,从每人每月107元提高到114元;同时,提高重度残疾人护理补贴标准,一级护理补贴从每人每月128元提高到137元,二级护理补贴从每人每月107元提高到114元。与

2016 年建立残疾人两项补贴制度时相比，分别提高了 128%、37% 和 128%。2024 年，福建省财政厅安排残疾人事业发展补助资金 2.5 亿元，落实残疾人自主就业创业社会保险补贴、扶持盲人保健按摩机构规范建设补贴、开展未成年残疾人康复救助、开展残疾人住房及其附属设施等无障碍改造。

在关于残疾人帮扶力度的调查中，选择"很好"的比例为 19.41%，选择"较好"的比例为 32.69%（见图 3），两者合计 52.10%。调查结果表明，青年对政府帮扶残疾青年的工作成效较为认可。

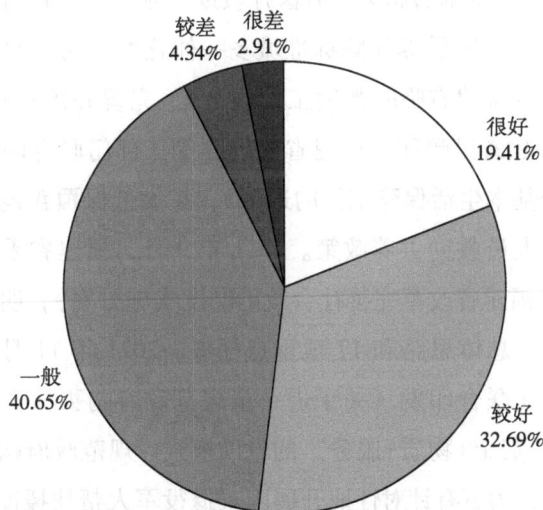

图 3　对政府帮扶残疾青年力度的认知情况（N=9944）

（三）社会救助体系不断健全

社会救助作为社会保障体系的组成部分，最根本的目的是扶贫济困，保障困难群体的最低生活需求。青年社会救助工作较好地发挥社会保障的再分配功能和为困难青年安康托底的作用，持续增进青年民生福祉，推动改革发展成果更多更公平惠及困难青年群体。总体上，青年社会救助工作呈现以下三个特点：制度体系不断完善、覆盖面和覆盖水平持续扩围提质、成效较为显著。

1. 社会救助制度体系不断完善

近年来，福建按照党中央、国务院的决策部署，坚持"兜住底、兜准底、兜好底"，不断完善社会救助制度，健全救助服务管理工作机制，做好分层分类社会救助工作。2018年1月，福建省民政厅、福建省广电网络集团联合印发《关于进一步落实优抚、低保和特困对象收视优惠政策的通知》，落实优抚、低保和特困对象基本收视费减免优惠政策。2018年12月，福建省民政厅等五部门印发《福建省贫困唇腭裂患者医疗救助项目实施方案》，在全省开展"贫困唇腭裂患者医疗救助"项目。2019年福建成为全国第五个实现低保和特困供养保障标准城乡一体化的省份。2019年9月，福建省民政厅印发《福建省临时救助工作规范》，完善并落实社会救助政策。2020年8月，福建省民政厅、福建省财政厅等三部门联合印发《关于进一步做好困难群众基本生活保障工作的通知》，扩大低保覆盖范围和临时救助范围，落实特困人员救助供养政策。2021年9月，福建省委办公厅、省政府办公厅印发《福建省改革完善社会救助制度实施方案》，明确了福建社会救助的总体目标、总体思路和17项重点任务。2021年11月，福建省民政厅、福建省财政厅联合印发《关于进一步规范政府购买社会救助服务的通知》，创新发展"资金+物质+服务"的救助模式，规范政府购买社会救助服务。2021年9月，为更有针对性地开展困难退役军人帮扶援助工作，福建省退役军人事务厅等五部门联合印发《关于加强困难退役军人帮扶援助工作的实施意见》，开展困难退役军人一次性临时救助工作。2021年10月，福建省民政厅印发《福建省特困人员认定办法》，将无劳动能力的认定条件放宽至"二级视力残疾人"。同月，福建省民政厅修订《福建省最低生活保障工作规范》，对生活困难的重度残疾人和三级智力、精神残疾人实施单人纳保，加强对精神障碍患者的救助帮扶。2022年7月，福建省政府办公厅制定出台《关于健全重特大疾病医疗保险和救助制度的实施意见》及其实施细则，整合归并各地救助政策，自2023年起统一实行五类困难群体精准救助。符合救助条件的困难青年，经相关职能部门认定后纳入相应救助范围，同时符合多重救助身份的，按待遇就高原则给予救助。2023年11月，福建省民政厅等五部门联合印发《进一步加强社会救助兜底保障若干措施》，从 10 个方面对现有社会救助制度进行完善。在全国率先出台低收入人口救助帮扶措施，福建省民政厅、福建省财政厅、福建省教育厅等 12 个部门建立了低收入人口动态监测和救助帮扶联动机制，建成了分层分类的社会救助体系。并根据有关规定，将符合基本生活救助条件的困难青年个人或家庭纳入低保、特困供养等兜底保障范围；对遭遇突发性、紧迫性、灾难性困难，以及生活陷入困境、靠自身和家庭无力解决、其他社会救助制度暂时无法覆盖或救助之后生活仍有困难的青年个人或家庭给予临时救助。推动发展服务类社会救助，满足低收入人口多样化救助需求，形成了"资金+物质+服务"的救助模式。截至 2023 年底，全省基本建成分层分类的社会救助体系。

2. 覆盖面和覆盖水平持续扩围提质

2022 年，福建加强对因疫因灾受困群众的救助帮扶，取消户籍地限制，由急难发生地乡镇或县级民政部门按急难型实施临时救助。2022 年，全省实施临时救助 22.3 万人次、支出资金 3.8 亿元；发放一次性生活补贴 6741 万元、惠及 61.8 万人；发放价格临时补贴 9422 万元、惠及困难群众 265 万人次。2022 年，福建全力提升基本民生保障水平，社会救助持续扩围提质。全省低保、特困供养保障覆盖 63.9 万人，同比增长 4%，及时足额发放低保和特困供养金 46.8 亿元。城乡低保平均标准从每人每年 8580 元提高到 9999 元，同比增长 16.5%；特困人员平均供养标准由每人每年 21888 元提高到 25008 元，同比提高 14.3%。2022 年，福建省医疗保障局继续执行精准扶贫医疗叠加保险政策，防止出现"政策悬崖"，维护好脱贫人口（原建档立卡贫困人口）的健康权益。截至 2022 年底，共有 10.66 万人享受精准扶贫医疗叠加保险，补助金额达 0.99 亿元，报销比例从政策执行前的 77.19% 提高到 90% 左右，切实减轻了农村脱贫人口的医疗费用负担。截至 2024 年 6 月，全省近 70 万名低保对象、特困人员享受基本生活保障，28 万名低保边缘家庭成员被纳入专项社会救助范围，低保、特困人员每年人均保障标准分别达 10112 元和 25380 元。近 5 年来，全省累计救助临时遇困群众 110 万人次，支出临时救助金 17.3 亿元，各类困难群体的基本生活得到了有力保障。

3. 社会救助成效较为显著

根据有关规定，福建将符合基本生活救助条件的困难青年个人或家庭纳入低保、特困供养等兜底保障范围；对遭遇突发性、紧迫性、灾难性困难，以及生活陷入困境、靠自身和家庭无力解决、其他社会救助制度暂时无法覆盖或救助之后生活仍有困难的青年个人或家庭给予临时救助。2018～2023年，福建全省被纳入城市最低生活保障的人数为38.76万人，被纳入农村最低生活保障的人数为275.32万人（见表4）。截至2023年底，福建全省城乡低保年平均标准为10112元/人，特困供养年平均标准为25380元/人。据统计，"十四五"以来，福建省级财政累计安排困难群众救助补助资金92.26万元，年均增幅达8.6%，显著高于一般公共预算支出增速。仅2023年第三季度，福建全省救助城乡特困人员6.7万人，救助生活无着的流浪乞讨人员1万人次。截至2023年第三季度，福建全省临时救助10.79万人次，发放各类救助资金40.55亿元。

表4 2018～2023年福建困难群体情况

单位：万人

类型	2018年	2019年	2020年	2021年	2022年	2023年
城市最低生活保障人数	6.08	6.07	6.24	6.50	6.78	7.09
农村最低生活保障人数	37.81	40.68	45.24	48.40	50.46	52.73
城乡特困人员数量	6.97	6.79	6.79	6.70	6.70	6.83

数据来源：根据2018～2023年福建省国民经济和社会发展统计公报数据整理。

福建自2022年开始全力加强青年社会救助工作。主要措施包括：①落实重特大疾病医疗救助制度。2022年，福建省医疗保障局共资助包括困难青年在内的医疗救助对象参加城乡居民医保101.49万人，救助金额3.34亿元。2022年，城乡医疗救助资金支出14.29亿元，共救助613.56万人次。②建立防止因病返贫致贫动态监测和帮扶机制。福建全面开展包括青年在内的参保人员高额医疗费用支出预警监测，重点监测经基本医保、大病保险等支付后个人年度医疗费用负担仍然较重的低保边缘家庭成员和农村脱贫人口，将预警监测情况信息推送给同级民政、乡村振兴等认定部门，及时核实确认后纳入医疗救助范围，由"人找政策"优化为"政策找人"，畅通医疗救助申请渠道，增强救助时效性。③加强医疗救助制度衔接。实行分类资助参保政策，全面落实医疗救助工作。至2022年底，对符合条件的医疗救助对象在基本医保、大病保险的基础上，开展特殊门诊救助、住院救助、一次性定额救助和重特大疾病补助等多层次救助。2022年，福建城乡医疗救助资金支出14.29亿元，共救助613.56万人次，筑牢守护困难群体的医疗保障安全网。

调查数据显示，青年对社会救助服务效果的评价较高，选择"很好"的比例为20.09%，选择"较好"的比例为32.14%（见图4），两者合计52.23%。这说明政府部门开展的社会救助工作取得了较好的社会效应。

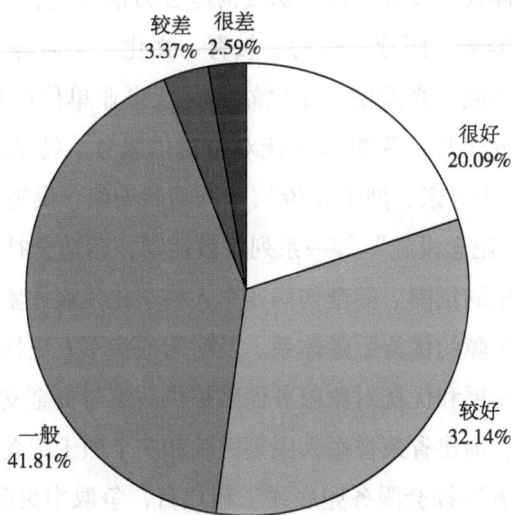

图4　对社会救助服务效果的评价（N=10194）

（四）社会优抚体系不断完善

社会优抚是针对军人及其家属所建立的社会保障制度，是指国家和社会对军人及其家属所提供的各种优待、抚恤、养老、就业安置。福建坚持现役与退役衔接、优待与贡献匹配、关爱与管理结合、当前与长远统筹的原则，强化行政部门主体责任，社会优抚制度体系不断完善。注重从省级层面细化政策措施，加强制度设计，先后出台《关于〈伤残抚恤管理办法〉的实施细则》《关于开展社会优抚工作"质量提升年"活动的通知》《退役军人、其他优抚对象优待证申领发放实施方案》《关于加强军人军属、退役军人和其他优抚对象优待工作的实施办法》，细化完善优待政策制度、逐步健全优待工作体系。2018年，福建成立退役军人事务部门，标志着福建退役军人优抚工作迈入了一个全新的发展阶段。2021年，福建被列为全国零散烈士纪念设施保护管理和设施数据校核工作试点省份。2022年，福建推动将烈士纪念设施保护标准纳入《福建省红色文化遗存保护条例》，在全国率先制定下发《关于设立烈士纪念设施保护标志的通知》，统一烈士纪念设施保护标志牌的内容、样式、设置。福建积极构建合力落实优抚优待的工作机制，扎实推动生活、养老、医疗、住房、教育、文化、交通等其他优待政策落实。福建将优抚医院、光荣院、军供站等优抚事业单位的建设纳入"十四五"规划民生兜底工程，为更多优抚对象提供服务。持续开展常态化联系慰问烈属、"为烈士寻亲、烈士立传"、"八闽烈士纪念设施巡礼"主题采访和"互联网+烈士纪念设施"等一系列宣教活动，营造全社会崇尚英雄、学习英雄、关爱英雄的氛围。健全伤病残军人科学化残疾评鉴、制度化退役安置、标准化待遇保障的优待服务体系。及时为残疾军人更换辅助器具。为优抚事业单位建设发展和优抚对象服务保障提供政策与资金支持，先后将三明市宁化县光荣院、福建省荣誉军人康复医院和7个烈士纪念设施建设项目等列入国家"十四五"社会服务兜底线工程项目，争取中央财政资金6000多万元。在国家116项优待项目基础上，福建细化实化涉及荣誉、生活、养老、医疗、住房、教育、文化交通和其他优待等8个方面具有福建特色和拥军尊崇的153项优待项目，推动省内63家A级旅游景区推出优待证减免门票政策，54个县（市、区）推出1426条公共交通路线持优待证免费乘坐；全省71个二级以上道路客运站、17个港口客运站设置军人（退役军人）优先售票窗口和优先通道，在各级医保服务窗口落实"军人、退役军人优先"要求，开设"绿色通道"，为享受国家定期抚恤补助的 20 多万名优抚对象免费配送机顶盒、智能卡，免收基本收视维护费等优待政策落实落地。规范化开展为烈属、军属和退役军人等家庭悬挂光荣牌、办理优待证，截至 2023 年 10 月，全省累计悬挂光荣牌 97 万面，发放优待证 75.64 万张。2024 年，福建省财政持续加强退役军人工作资金保障，统筹省级以上资金 30.12 亿元。

调查数据显示，福建社会优抚工作取得了较好的成效，受到青年认可。其中，选择"很好"的比例为 21.74%，选择"较好"的比例为 33.20%（见图 5），两者合计 54.94%。

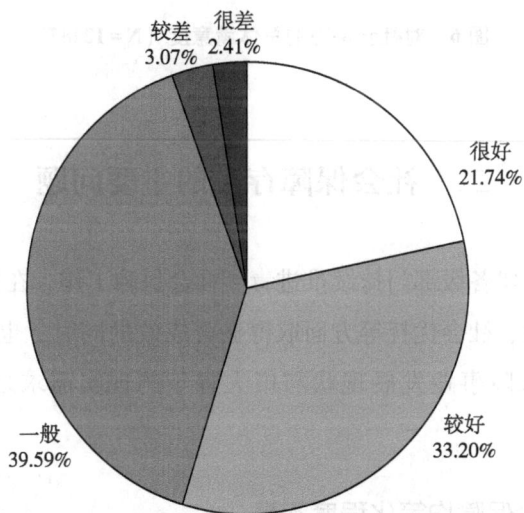

图 5 对社会优抚服务效果的认知情况（N=10296）

综上，福建青年社会保障事业取得明显成效。尤其是《福建省中长期青年发展规划（2018—2025 年）》实施以来，福建通过各种措施不断优化青年社会保障体系。从调查数据看（见图 6），青年对社会保障的总体满意度高，非常满意占 40.90%，比较满意占 33.02%。

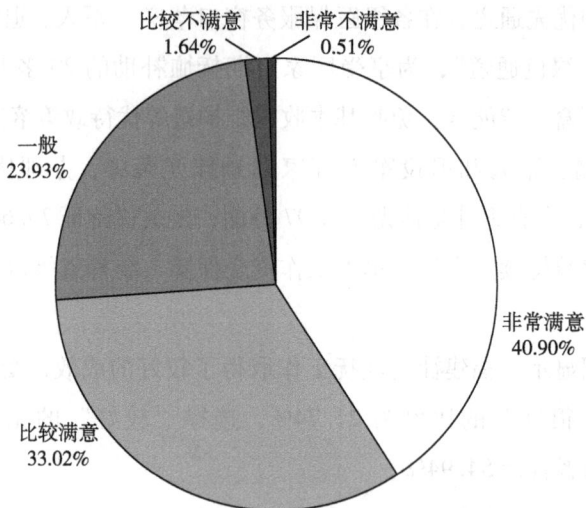

图6　对社会保障的总体满意度（N=12487）

二　社会保障存在的主要问题

近年来，福建各级部门持续推进青年社会保障工作，在社会保险、社会福利、社会救助、社会优抚等方面取得显著成效的同时，也要清醒地看到，福建青年社会保障事业发展现状与广大青年的现实需求之间仍存在一定差距。

（一）社会保障均等化程度不高

一是城乡青年享受的社会保险差距较大。城乡二元结构造成福建城乡青年享受的社会保险差距明显，对农村青年产生不利影响。目前，职工社会保险制度体系相对完备，包括养老保险、医疗保险、工伤保险、生育保险、失业保险五个险种。但是大部分残疾青年、农村青年因参保成本或者身份障碍，只能选择参加城乡居民社会保险。相比之下，城乡居民社会保险险种较少，且由于缴费标准、统筹层级的不同，享受的待遇也较低。由于跨制度转移接续存在制度壁垒，青年退保和重复参保的情况不同程度存在，导致不同类型青年对社会保障的满意程度不同。调查数据显示，在希望解决的社会保障问题中，"完善社会保障体系"（54.57%）排在第一（见表5）。二是面向进城务工青年等特殊青年的公共服务不够普及。在现行的城乡二元结构下，进城务工青年既不是真正意义上的农民，因户籍等原因也难以享受到城市青年的相应保障。受户籍和体制机制限制，进城务工青年及其随迁子女享受到的公共服务总量不足、分布不均衡，进城务工青年及其随迁子女就学就医、住房等多样化需求还没有得到充分满足。以住房保障为例，属高层次人才的青年能够享受人才房、住房补贴等保障，而普通的进城务工青年既不满足人才房的享受条件又难以满足廉租房等保障性住房的享受条件。由于住房问题和孩子教育问题难以解决，一部分进城务工青年选择回原籍工作和生活，但又遇到社保转移接续等难题。

表5　希望解决的社会保障问题（N=13132，多选）

单位：%

类别	比重
完善社会保障体系	54.57
完善社会化养老体系	49.98
建设公租房和经济适用房	41.01
其他	0.48

（二）新就业形态劳动者参加社会保险存在障碍

依法参加社会保险是劳动者的基本权利和义务。以云计算、互联网等新技术为依托，网约车出行、外卖送餐、网络直播、在线教育等新业态不断涌现。数字科技催生了新就业形态，吸引了大量青年就业，但也给社会保障制度带来新的挑战。新就业形态劳动者与平台企业之间的关系呈现灵活化和去雇主化的新特征，现行法律框架下双方难以建立传统意义上的劳动关系。由于现行社会保险体系是按照传统就业形态来设计的，与新就业形态的就业关系不适配。这样的背景下没有签订劳动合同的新就业形态劳动者难以以职工身份参保，只能参加城乡居民社会保险或灵活就业人员社会保险，且全部缴费由个人负担。调研发现，新就业形态青年对社会保险了解比较少，参保意识不强，参保率不高，存在"漏保""断保"的情况。目前，新就业形态劳动者的社会保障制度正在逐步完善中，但因户籍及身份等方面的限制，其参加职工社会保险或者就业地灵活就业人员社会保险仍然存在不少障碍，现行制度体系难以满足新就业形态劳动者的参保需求。此外，新就业形态劳动者的底数不够精准，在一定程度上影响政府部门对用工单位的监管力度，应引起足够重视。这种情况与青年的现实需求还有差距。调查数据显示，青年对第三类劳动者（平台经济从业者）的权益保护非常关注，在青年认为福建存在的权益保障短板中，第三类劳动者（平台经济从业者）的权益保护（43.79%）排在第一位（见表6）。

表6 对福建存在的权益保障短板的看法（N=13132，多选）

单位：%

类型	比重
第三类劳动者（平台经济从业者）的权益保护	43.79
大学生群体权益保护	36.12
自雇佣劳动者（如个体户等）的权益保护	35.87
女性群体的权益保护	30.21
其他	25.72
没有短板	1.01

（三）残疾青年的帮扶机制长效性不足

福建把改善残疾人民生、促进残疾人全面发展作为出发点和落脚点，

2018年以来出台了各级各类社会保障政策以解决残疾人急难愁盼问题。但是仍然存在一些问题：一是残疾人社会保障水平还不高，残疾人家庭人均收入与社会平均水平相比还存在不小差距；二是残疾人公共服务总量不足、城乡分布不均衡，就学就医、康复照护、无障碍等多样化需求还没有得到满足。农村和基层为残疾人服务的能力尤其薄弱。总体上残疾青年享受的各类社会保障呈现"低水平、广覆盖"的特点，且一些制度设计缺乏科学性。比如，一方面政府通过各种措施鼓励残疾青年就业创业，但另一方面一旦残疾青年实现就业创业就丧失低保享受资格，导致有些残疾青年在就业创业初期生活困难。此外，原本适用重度残疾人的补助政策在财政资金比较充足的时候有所扩面，但有的时期又有所限缩，政策的不稳定性造成残疾人预期的不确定性。

在关于残疾人帮扶效果的调查中，仍有少数青年认为帮扶效果不佳。尽管持不满意态度的青年比例较低，但仍然反映出帮扶机制的问题已经影响青年的获得感，应引起重视。

（四）政策和成效宣传不到位

数据显示，部分青年对政策的知晓率低，造成信息断层，导致政策的可获得性和可达性不足。尤其是农村青年、无业青年等青年群体，由于没有相对固定的政策获取渠道，且这些群体相对比较被动，难以及时享受到各类政策福利，造成这些群体对政策及其成效的评价也出现偏差。比如，福建省社会救助工作成效明显，但调查中选择"不清楚/不了解"的青年比例高达22.37%。社会优抚工作和残疾人帮扶工作也有类似的情况，在关于社会优抚服务效果和残疾青年帮扶效果的调查中，选择"不清楚/不了解"的青年比例分别为21.60%和24.28%（见图7）。调查数据显示，青年对社会政策效果认知状况不佳，说明在青年中进一步普及青年政策和成效应引起相关部门重视。

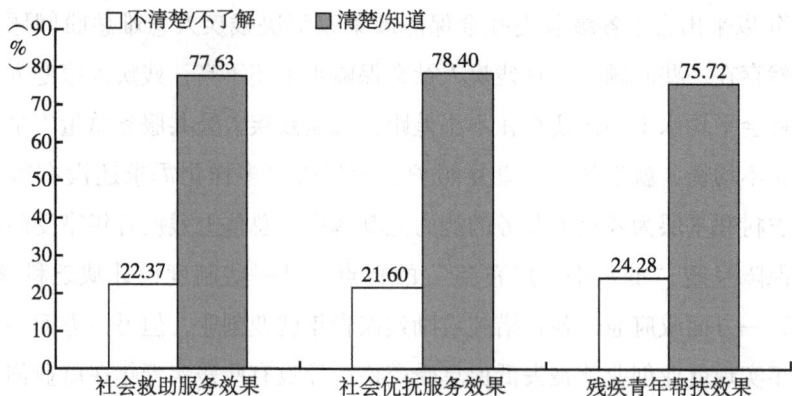

图7 对社会救助、社会优抚、残疾青年帮扶效果的知晓率（N=13132）

三 加强青年社会保障的对策建议

实践证明，社会保障制度是青年共享社会发展成果的基本途径与重要制度保障。调查数据显示，青年的权利主体意识不断觉醒、表达和参与意愿更加强烈，因此疏通利益表达渠道开始被更多青年关注。这些都预示着，随着青年世代更迭，青年社会保障的政策迭代和范式革新也越来越成为我国青年发展政策体系和工作机制完善进程中的重要目标。因此，必须立足新发展阶段、践行新发展理念、构建新发展格局，以推动青年社会保障事业高质量发展为主题，以促进青年全面发展和共同富裕为主线，完善青年社会保障制度体系，以满足青年美好生活需要。

（一）完善青年社会保障制度体系

完善青年社会保障体系，要坚持系统思维，注重顶层设计。在顶层设计上，要做到"整体推进"，明确改革路线图，全方位规划青年社会保障，做好时间计划表。要强化特殊青年群体的保障，重点关注青年医疗、教育、就业等方面的保障。一是健全多层次社会保险体系。改变基本养老保险"一支独大"的局面，完善个人养老金制度落地实施机制。建立养老保险工作考核机制和财政投入长效机制，完善企业职工基本养老保险个人账户制度。完善城乡居民基本养老保险与乡村振兴衔接制度，探索弹性缴费机制。探索建立企业年金自动加入机制，探索事业单位对编制外高层次人才实行企业年金中长期激励机制。调整社会保险费征缴滚存模式，允许企业根据经济状况逐步缴纳历年欠费。二是加快完善新就业形态青年的社会保障体系。推动各级政府部门整合地区优势资源，创新完善社会保障制度，建立符合现实情况、适合新就业形态青年的参保缴费制度。完善工伤保险制度，适时修订《福建省实施〈工伤保险条例〉办法》，将新就业形态劳动者纳入工伤保险范围，为新就业形态青年提供工伤保障。扩大新就业形态青年群体参加住房公积金的覆盖面。完善新就业形态劳动者的职业发展路径。推动完善新就业形态青年的医疗、养老、子女教育、住房等公共服务。三是健全社会保障基金监管体系。制定出台《福建省社会保险基金监管条例》，规范工伤保险、失业保险管理，扩大基本养老保险基金委托投资规模，加强职业年金基金投资运营管理，健全保险费和职业年金欠费清欠长效机制。加强社保内控体系建设，建立基金运行常态化预测预警机制，完善基金常态化监督检查制度。健全人社、医保、卫生健康、民政、税务等跨部门基金监管协作机制。四是完善青年基本住房保障制度。制定出台面向青年的普惠性专属住房政策，加大廉租房、共有产权住房等政策性住房的建设力度和覆盖范围，并对青年予以适当倾斜，使更多青年住房有保障，解除青年就业创业的后顾之忧。满足求职青年短期免费居住需求，积极打造"青年驿站"，为高校毕业生等求职青年提供短期免费居住服务。

（二）推动青年社会保障从兜底型转向普惠型

统筹推进基本公共服务均等化，推动青年社会保障从兜底型向普惠型转变。一是引导、鼓励非正规就业青年参加社会保险。在经济发展方式转变、产业结构调整加速以及更加重视民生保障的思路下，让城乡社会保险的阳光更大限度照耀到广大青年劳动者身上的条件已经基本成熟。通过社会保险优惠和补贴等方式鼓励青年劳动者特别是非正规就业青年劳动者参与社会保险并为其制定相对便利的缴费标准和享受资格条件。具体来说，可以采取多种措施提高青年社会保险覆盖率：按照青年劳动者的实际平均工资来确定青年社会保险的缴费基准；允许灵活就业人员按月选择缴费档次；给非全日制用工并依法参保缴费的就业困难人员发放社会保险补贴。继续推进快递员、网约车司机等灵活就业人员优先参加工伤保险。开展失业保险扩面征缴专项行动。二是重视特殊青年和普通青年的社会保障。社会保障要为高层次青年人才、残疾青年提供支持，也要为无业青年、困境青年、罪错青年、青年职业农民、退役青年等特殊青年群体和广大普通青年提供有力保障。总体来说，青年社会保障政策要由差异化、选择性向普惠化、功能性转变，政策红利惠及每个青年，注重从青年视角补齐补强基本公共服务短板弱项，结合福建实际出台青年可感知、可受益的住房政策。在全面推进乡村振兴的背景下，应加快社会保障城乡统筹步伐，加大对农村青年的保障力度，从制度上消除影响劳动力和人口合理流动的障碍，实现城乡青年社会保障均等化和一体化，助力青年成长成才。

（三）强化新就业形态劳动者权益保障工作

随着平台经济的快速发展，新就业形态劳动者大幅增加，维护好新就业形态劳动者权益成为促进平台经济规范健康发展、维护社会和谐稳定的必然要求。习近平总书记多次作出关于维护新就业形态劳动者权益的重要指示批示。建议对预防较大风险的险种强制参保，如工伤保险。对预防较小风险的险种，则通过政策引导鼓励参保。逐步取消参保限制，放开或取消参加各项社会保险的户籍限制，探索开展新就业形态劳动者线上缴纳社保。总结各地"一站式"新就业形态劳动纠纷调处机制的经验做法，实现案件集中受理、多元调处、裁审衔接，为新就业形态劳动者依法维权开通"快车道"。设立"省—市—县"三级保障新就业形态劳动者权益的专门机构。深化部门联动，构建"多元"机制。推动在新就业形态行业、企业建立健全协商协调机制，持续开展集体协商专项行动。落实平台企业用工主体责任，加强对新就业形态用工单位的日常巡查，明确投诉举报渠道。对重大典型违法案件，依法向社会公开。深化社会参与，发挥团委、工会等群团组织力量，共同推动解决新就业形态劳动者权益保障面临的突出问题。针对新就业形态劳动者及其未成年子女享受劳动保障、教育、生活等公共服务方面的难题，可通过优化社会保险经办、技能培训、子女教育等方面的措施予以解决。

（四）加强青年社会保障数字平台建设

深入贯彻数字强省战略部署，坚持把信息化、智能化建设作为提升青年社会保障效能的有效手段，为福建全省建设开放共享的数据资源体系和青年社会保障工作提供必要支撑。强化数字赋能，打造一体化青年社会保障服务数字平台，使服务项目、服务内容、服务流程、服务行为具有统一标准；加快推进社保数字化转型，全面融入信息化步伐，努力消除数据共享的难点与痛点，促进社保服务的升级换代。借助数智技术，加强青年社会保障数字平台建设，构建数智青年社会保障体系，实现互联互通和共建共享，为分层分类精准保障提供技术支撑。健全新就业形态劳动者监测服务系统，为线上线下一体化监管提供支撑。健全福建低收入人口动态监测机制，加快福建低收入人口动态监测信息平台建设，并与教育、医疗、工会、残联等部门建立共享机制，加强监测预警，为分层分类社会救助体系建设提供支撑，深度开发各类便民应用。开展风险防控数据筛查工作，加强对各类补贴、补助、社保基金等的有效监管，精准识别违法违规线索，实施高效协查处置。摸清青年社会保障的底数、动态，协调各部门以及各方力量，使闲散青年重新融入社会，帮助他们焕发出应有的青春光彩。同时，要为闲散青年提供更多的职业培训、信息咨询等，努力解决闲散青年失学、失业问题，引导闲散青年回归学校，提高技能，实现就业。建立专门的青年社会保障动态监测指标体系，及时充分掌握青年的社会保障情况和需求信息，为青年社会保障预警制度奠基。

（五）加强对残疾青年的关心关爱和扶持保障

坚持保基本、兜底线，着力完善残疾青年社会福利制度和关爱服务体系，织密扎牢残疾青年民生保障安全网。落实政府责任，提高残疾青年社会保险覆盖率。为重度残疾青年代缴城乡居民基本养老保险费，资助符合条件的残疾青年参加城乡居民基本医疗保险，对残疾青年个体工商户和安置残疾青年就业单位提供社会保险补贴等。保障残疾青年基本住房需求，支持符合条件的农村低收入残疾青年实施危房改造，对符合条件的城镇残疾青年优先配租公租房。推动城乡、区域残疾人事业均衡发展。推动残疾青年平等参与社会生活、共享经济社会发展成果，依法保障残疾青年政治、经济、社会、文化教育权利。积极培育残疾青年社会组织，对符合条件的依法进行登记。引导相关社会组织关心关爱残疾青年。在省人大代表、省政协委员中单列残疾青年的固定名额。帮扶有劳动能力的残疾青年就业创业，定期组织开展职业培训和创业培训。强化就业援助，加大对有劳动能力残疾青年的就业帮扶力度，为残疾青年提供求职补贴和托底安置，开发基层公共管理和社会服务岗位，推进居家灵活就业。精准设岗，支持引导党政机关、事业单位、国有企业带头设置残疾青年就业岗位。加强残疾青年法律服务，完善残疾青年法律救助工作协调机制。

强化残疾青年社会救助和照护服务。为符合条件的残疾青年提供特困人员救助供养或最低生活保障。加强对生活无着流浪乞讨残疾青年的救助安置和寻亲服务。强化医疗救助与基本医疗保险、大病保险的互补衔接。开展政府购买助残服务试点，建立指导性目录和标准规范。推进残疾青年托养服务体系建设，提高托养服务质量，缓解残疾青年家庭的照护压力，为残疾青年改善生活和全面发展提供有效途径。建立对返贫风险大的残疾青年的监测机制，及时发现特殊困难需求。持续推进残疾青年精准康复服务行动，重点开展残疾预防、困难残疾青年康复民生工程以及精准康复服务辅助器具适配等工作，有效满足残疾青年的基本康复服务需求。农业农村部门持续加大对有返贫风险的残疾青年家庭在生产生活等方面的扶持力度，帮助其家庭增加收入。大力开展面向残疾青年的专业社会工作和志愿服务，鼓励和引导社会各界参与、支持残疾青年权益维护，培育理解、尊重、关心、帮助残疾青年的社会风尚。

（六）加强青年社会救助工作

根据青年的特点，完善青年救助帮扶政策，健全"托底线、救急难"的临时救助机制。加强对流浪未成年人的救助保护、寻亲返乡和落户安置工作，促使其回归家庭，有针对性地解决流浪未成年人在心理健康等方面存在的问题。为家庭困难的失学、失业、失管青年提供就业、就学、就医、生活等方面的帮助。加大临时救助政策的落实力度，解决进城务工青年突发性、紧迫性、临时性生活困难。大力推进城镇基本公共服务向常住人口全覆盖，为进城务工青年与其未成年子女共同生活提供生活居住、日间照料、义务教育、医疗卫生等方面的帮助。强化医疗救助与医疗保险的互补衔接。健全农村社会救助制度，完善日常性帮扶措施。落实低保边缘青年常态化救助帮扶政策措施。推行政府购买服务，积极发展服务类救助。

（七）加大政策宣传力度

为提高青年对社会保障政策的知晓率和满意度，帮助福建青年理解、用好各类政策，各级政府部门应主动作为，多措并举加大青年社会保障政策宣传力度，进一步提高政策知晓度。一是利用媒体加强宣传。充分利用电视、报刊、政府官方网站、微信公众号、微信群等渠道，对各类社会保障政策进行广泛宣传，切实提高政策知晓率，营造全社会关心关注青年社会保障工作的良好舆论氛围。二是借力窗口服务平台加强宣传。发挥各地政务大厅"窗口"服务平台的优势，印制各类政策宣传手册，在政务大厅窗口摆放各种业务办理宣传材料，向前来办事的青年发放，做好政策宣传工作。通过各级便民服务大厅显示屏，播放政策宣传视频。三是主动调研上门送政策。针对不同青年群体，积极开展送政策上门活动。主动深入各级各类单位、社区、村庄开展宣传工作，"面对面"解读政策措施，扩大政策有效供给，强化政策精准服务，着力解决实际问题，及时回应不同青年群体的关切。

参考文献

陈文美、李春根：《我国社会保障高质量发展水平测度、区域差异与结构分解》，《中国行政管理》2023 年第 12 期。

张纪南：《开启社会保障事业高质量发展新征程》，《中国社会保障》2021 年第 7 期。

郑功成、周弘、丁元竹等：《从战略高度完善我国社会保障体系——学习习近平总书记关于完善社保体系重要讲话精神》，《社会保障评论》2021 年第 2 期。

徐明：《当代青年社会保障问题及对策研究》，《中国青年研究》2017 年第 3 期。

朱华鹏：《"获得感"语境下中国青年社会保障政策构建》，《中国青年研究》2019 年第 2 期。

林楠、黄丽萍、谢文珺：《基于利益相关者理论的青年住房政策主体关系研究——以广东"青年安居计划"为例》，《中国青年研究》2024 年第 1 期。

费孝通：《家庭结构变动中的老年赡养问题——再论中国家庭结构的变动》，《北京大学学报》（哲学社会科学版）1983 年第 3 期。

陈晨：《熬夜：青年的时间嵌入与脱嵌》，《中国青年研究》2021 年第 8 期。

刘程：《新时期青年优先发展理论与公共政策研究》，《青年发展论坛》2024 年第 1 期。

严新明：《基于人的脆弱性的社会保障元理论研究》，《社会保障评论》2023 年第 6 期。

附　录
福建青年发展状况调查技术报告

曹　彦*

习近平总书记指出，要深入研究当代青年成长的新特点和新规律，把准方向、摸准脉搏。① 为进一步精准把握福建青年的发展态势，全面落实好《福建省中长期青年发展规划（2018—2025 年）》（以下简称《规划》），共青团福建省委联合福建江夏学院青少年事务研究中心开展福建青年发展状况调查，为《福建青年发展报告（2024）》撰写提供科学有效的实证分析数据。

一　调查设计

为响应《规划》目标，本研究将福建青年发展状况调查内容确定为十个领域，即青年思想道德、青年教育、青年健康、青年婚恋、青年就业创业、青年文化、青年社会融入与社会参与、维护青少年权益、预防青少年违法犯罪、青年社会保障。

二　调查对象

依据《规划》规定，青年的年龄范围是 14～35 周岁，但涉及婚姻、

---

　*　曹彦，福建江夏学院金融学院，讲师，研究方向为人口统计、经济统计。
　①　习近平：《论党的青年工作》，中央文献出版社，2022，第 54 页。

就业、未成年人保护等领域时，年龄界限依据有关法律法规的规定。[①] 根据第七次全国人口普查数据，福建 14~35 周岁青年人口约 1204.85 万人，占全省总人口的 29.00%。

本次调查对象为在福建省内工作、学习和生活的 14~35 周岁青年，大致包括"90 后"和"00 后"这两个年龄阶段的青年群体，划分为中学生、大学生和职业青年三类群体。

中学生群体包括初二至高三在校生，中职学校（含技校）在校生。

大学生群体包括专科及以上院校在校生。

职业青年群体涵盖党政机关、国企、事业单位青年，农村青年，互联网从业青年，生产制造业从业青年，快递/外卖从业青年，社会组织青年，金融从业青年，房地产从业青年，餐饮住宿服务从业青年，创业青年，其他类型从业青年（如美容美发、商场超市、个体户等），待业或无业青年等 12 个类型。

三 抽样调查

本次调查范围涵盖福建 9 个设区市与平潭综合实验区，主要采用分层抽样、多阶段随机抽样、等概率整群抽样与非随机配额抽样相结合的方法进行抽样。抽样过程中，编写组结合福建各设区市（区）青年人口的分布情况[②]，按照 1‰的比例确定各设区市（区）的最低配额数（见表 1），并据此有序开展调查工作。其中，平潭以最低样本量 300 人进行配比，以确保该区调查结果的代表性和准确性。

[①] 《中共福建省委 福建省人民政府印发〈福建省中长期青年发展规划（2018—2025 年）〉》，http://www.fujian.gov.cn/zwgk/ghjh/ghxx/201901/t20190107_4734620.htm，2019 年 1 月 7 日。

[②] 数据来源：《福建省人口普查年鉴 2020》，https://tjj.fujian.gov.cn/tongjinianjian/rk2020/indexch.htm。

表 1 福建省各设区市（区）14~35 周岁青年人口数及配额数

设区市(区)	常住人口(万人)	14~35 岁常住人口(万人)	青年人口占常住人口比重(%)	配额数(人)
泉州市	878.23	264.07	30.07	2641
福州市	790.53	247.27	31.28	2473
平潭	38.60	12.38	32.07	300
厦门市	516.40	202.30	39.18	2023
漳州市	505.43	129.13	25.55	1291
莆田市	321.07	91.38	28.46	914
宁德市	314.68	80.13	25.46	801
龙岩市	272.36	62.47	22.94	625
南平市	268.06	58.68	21.89	587
三明市	248.65	57.05	22.94	570
全省	4154.01	1204.85	29.00	12348

注：福州市人口数据不包含平潭综合实验区的人口数据。

针对中学生群体，采用分层抽样、两阶段抽样、PPS 抽样与整群抽样相结合的抽样方法展开调查。首先，按照设区市（区）将福建省划分为 10 个层，以充分反映不同区域青年的差异性。其次，在每个设区市（区）内，进一步根据学校类型（初中、中职含技校、高中）划分为 3 个子层，以反映不同类型学校间学生的特点。在抽样过程中，每层采用两阶段抽样的策略。第一阶段，采用与学校在校生数成比例的 PPS 抽样方法选取代表性学校；第二阶段，在已入选的学校中，根据班级进行分群，遵循等概率整群抽样的原则抽取班级，并将所抽中班级内的所有学生纳入样本范围。

针对大学生群体，采用分层配额、等概率整群抽样的方法展开调查。首先，按照设区市（区）将福建省分为 10 个层；其次，每层确定配额人数，并兼顾专科与本科学生比例，指定各设区市（区）的入样学校；然后，在入样学校中根据班级进行分群，按照等概率整群抽样的方法抽取班级，并将班级中所有学生纳入样本范围。

针对职业青年群体，采用分层配额与简单随机抽样的方法展开调查。首先，按照设区市（区）将福建省分为 10 个层，每个设区市（区）再按照调查对象的 12 个类型划分为 12 个子层。然后，确定每个地市每个类别青年的配额人数，并采用简单随机抽样的方式进行抽样调查。

实际调查中，由于各种现实因素，如受访者的配合度、学生样本中部分班级的男女比例失衡等，部分样本未能完全按照预定比例精准抽取，导致样本的地域分布、结构分布与预设方案有所偏差。但编写组在整个问卷调查过程中通过严格的数据质量控制，确保调查结果具有较强代表性，基本可准确反映福建 14~35 周岁青年群体的真实情况。

四　样本分布概况

本次调查共发放问卷 17500 份，共收回有效问卷 15831 份，有效回答率为 90.46%。其中，大学生有效样本为 1977 人，中学生有效样本为 2330 人，职业青年有效样本为 11524 人。

在性别方面，男性青年 7080 人，占比 44.72%；女性青年 8751 人，占比 55.28%。

在年龄方面，14~15 周岁、16~17 周岁、18~20 周岁、21~25 周岁、26~30 周岁以及 31~35 周岁的青年人口分别为 860 人、1274 人、2176 人、4707 人、3806 人以及 3008 人，占比分别为 5.43%、8.05%、13.75%、29.73%、24.04%以及 19.00%，21 周岁及以上青年人口占比相对较高，而 14~15 周岁青年占比最低。

在民族方面，汉族为 15320 人，占比 96.77%，少数民族为 511 人，占比 3.23%。

在户籍方面，本省城市、本省农村、外省城市和外省农村的青年人口分别为 5174 人、8849 人、588 人以及 1220 人，占比分别为 32.68%、55.90%、3.71%以及 7.71%，省内户籍人数较多，农村户籍人数高于城市户籍人数。

在居住地方面，居住在农村、乡镇、县城和城市的青年比例分别为 24.27%、20.90%、22.65%以及 32.18%。即城镇青年占比达到 75.73%，比农村青年高出 51.46 个百分点。

在受教育程度方面,学历为高中/中专/技校及以下、大专、大学本科、硕士研究生及以上的人数分别为 1452 人、2917 人、6715 人以及 440 人,占比分别为 9.17%、18.43%、42.42% 以及 2.78%;另外,在校学生为 4307 人,占比 27.20%。

在职业分布方面,党政机关、国企、事业单位青年有 3019 人,占比为 19.07%;生产制造业从业青年有 1614 人,占 10.20%;农业从业青年、社会组织青年、金融从业青年、互联网从业青年、创业青年、快递/外卖从业青年、餐饮住宿服务从业青年以及房地产从业青年分别为 785 人、624 人、617 人、582 人、495 人、448 人、442 人以及 434 人,占比分别为 4.96%、3.94%、3.90%、3.68%、3.13%、2.83%、2.79% 以及 2.74%;其他类型从业青年有 1734 人,占比为 10.95%;待业或无业青年有 730 人,占比为 4.61%。学生共 4307 人,累计占比为 27.20%。其中,中学生有 2330 人,占比为 14.72%;本科在读学生有 1242 人,占比为 7.85%;大专/高职在读学生有 735 人,占比为 4.64%。

在愿生家庭生育孩子数方面,生育数量为 1 个、2 个、3 个和 4 个及以上的分别有 4225 人、8595 人、2403 人和 608 人,占比分别为 26.69%、54.29%、15.18% 和 3.84%。

在婚恋状况方面,除中学生外,单身青年有 6672 人,占 49.42%;恋爱中青年有 2170 人,占比为 16.07%;同居中青年有 193 人,占比为 1.43%;已婚青年有 4280 人,占比为 31.70%;离异青年有 140 人,占比为 1.04%;丧偶青年有 46 人,占比为 0.34%。

表 2　福建青年样本分布特征

单位:人,%

基本信息	选项	样本量	占比
性别	男	7080	44.72
	女	8751	55.28
年龄	14~15 周岁	860	5.43
	16~17 周岁	1274	8.05

续表

基本信息	选项	样本量	占比
年龄	18~20 周岁	2176	13.75
	21~25 周岁	4707	29.73
	26~30 周岁	3806	24.04
	31~35 周岁	3008	19.00
民族	汉族	15320	96.77
	少数民族	511	3.23
户籍	本省城市	5174	32.68
	本省农村	8849	55.90
	外省城市	588	3.71
	外省农村	1220	7.71
居住地	农村	3842	24.27
	乡镇	3308	20.90
	县城	3587	22.65
	城市	5094	32.18
受教育程度	高中/中专/技校及以下	1452	9.17
	大专	2917	18.43
	大学本科	6715	42.42
	硕士研究生及以上	440	2.78
	在校学生	4307	27.20
职业	党政机关、国企、事业单位青年	3019	19.07
	农业从业青年	785	4.96
	互联网从业青年	582	3.68
	生产制造业从业青年	1614	10.20
	快递/外卖从业青年	448	2.83
	社会组织青年	624	3.94
	金融从业青年	617	3.90
	房地产从业青年	434	2.74
	餐饮住宿服务从业青年	442	2.79
	创业青年	495	3.13
	其他类型从业青年	1734	10.95
	待业或无业青年	730	4.61
	中学生	2330	14.72
	大专/高职在读学生	735	4.64
	本科在读学生	1242	7.85

基本信息	选项	样本量	占比
愿生家庭生育孩子数	1 个	4225	26.69
	2 个	8595	54.29
	3 个	2403	15.18
	4 个及以上	608	3.84
婚恋状况	单身	6672	49.42
	恋爱中	2170	16.07
	同居中	193	1.43
	已婚	4280	31.70
	离异	140	1.04
	丧偶	46	0.34
	中学生	2330	—

五　调查实施过程

2023 年 9 月至 10 月,确定编写组成员,设计福建青年发展状况调查方案,形成初步调查问卷和抽样方案。经过多轮征求意见,进行预调查后,修改和调整问卷及抽样方案。

2023 年 11 月至 2024 年 3 月,采用定量与定性相结合的方法收集数据。由团省委牵头,编写组对参与调查的组织人员进行培训,委托各设区市(区)团委按照抽样方案实施问卷调查。同时,组织并开展实地座谈和访谈。

2024 年 3 月至 4 月,对所有收集到的数据进行数据清洗与统计分析。

2024 年 5 月至 11 月,根据相关文献资料与问卷数据分析结果,开展各分报告与总报告的撰写工作。经过七轮专家指导和论证,形成最终研究成果。

后 记

本书的顺利完成离不开各方鼎力支持和协助。在此，谨向所有为本书编写付出心血的单位和个人致以最诚挚的感谢！

感谢福建省各有关单位在问卷施测过程中给予的大力支持，为本书提供了真实、有效的基础数据，这为研究工作奠定了坚实的基础。

全书由朱四海指导，由邵雅利统稿。问卷发放由张城玮负责，问卷数据分析由邵雅利负责，文稿编辑由各报告的执笔人共同完成。编委会广泛征求国内知名专家学者的审核指导，先后吸纳意见建议 1000 余条，经过反复修改完善，最终完成本书编写工作。

特别感谢张良驯、邓希泉等专家从青年发展研究的专业性给予指导；谢珍萍、许金柜、刘双等同志从政治导向和价值观导向等方面提出指导意见；张旭华、吴国平、高华、林荣茂、曾丽凌、王慧、程慧琴、原霞、郭荣茂、李海林、孙柏璋、黄颖、王鹏等专家从书稿内容质量、研究深度、文字规范表述等方面提出修改意见；肖庆文、苗健青、杜生权等同志从文字校对方面精心把关；张云、唐琳、游志强、伍柔静等老师参与部分问卷设计。

特别感谢福建江夏学院科研处处长吴军梅、校团委书记张彩云、公共事务学院院长赖永波、党委副书记陈奥菲、副院长刘勇等领导的鼎力支持和帮助。郑孝钤、罗文盈等硕士研究生以及刘梧凤、阮舒婕、曾令甜、陈松艳等本科生为本书的图表、文字审核等工作付出了辛勤努力。

本书的完成，凝聚了团队的智慧与汗水，是多方协作的结晶。再次向所有支持与帮助我们完成这一研究的单位及个人表达由衷的感谢！

　　由于时间仓促及研究人员的能力所限，本书不足之处在所难免。欢迎广大读者提出建议，以便更好地改进后续研究工作。

本书编委会

2024 年 10 月 30 日

社会科学文献出版社

皮 书

智库成果出版与传播平台

✦ 皮书定义 ✦

皮书是对中国与世界发展状况和热点问题进行年度监测，以专业的角度、专家的视野和实证研究方法，针对某一领域或区域现状与发展态势展开分析和预测，具备前沿性、原创性、实证性、连续性、时效性等特点的公开出版物，由一系列权威研究报告组成。

✦ 皮书作者 ✦

皮书系列报告作者以国内外一流研究机构、知名高校等重点智库的研究人员为主，多为相关领域一流专家学者，他们的观点代表了当下学界对中国与世界的现实和未来最高水平的解读与分析。

✦ 皮书荣誉 ✦

皮书作为中国社会科学院基础理论研究与应用对策研究融合发展的代表性成果，不仅是哲学社会科学工作者服务中国特色社会主义现代化建设的重要成果，更是助力中国特色新型智库建设、构建中国特色哲学社会科学"三大体系"的重要平台。皮书系列先后被列入"十二五""十三五""十四五"时期国家重点出版物出版专项规划项目；自2013年起，重点皮书被列入中国社会科学院国家哲学社会科学创新工程项目。

权威报告·连续出版·独家资源

皮书数据库
ANNUAL REPORT(YEARBOOK)
DATABASE

分析解读当下中国发展变迁的高端智库平台

所获荣誉

- 2022年，入选技术赋能"新闻+"推荐案例
- 2020年，入选全国新闻出版深度融合发展创新案例
- 2019年，入选国家新闻出版署数字出版精品遴选推荐计划
- 2016年，入选"十三五"国家重点电子出版物出版规划骨干工程
- 2013年，荣获"中国出版政府奖·网络出版物奖"提名奖

皮书数据库 　"社科数托邦"
　　　　　　　微信公众号

成为用户

　　登录网址www.pishu.com.cn访问皮书数据库网站或下载皮书数据库APP，通过手机号码验证或邮箱验证即可成为皮书数据库用户。

用户福利

- 已注册用户购书后可免费获赠100元皮书数据库充值卡。刮开充值卡涂层获取充值密码，登录并进入"会员中心"—"在线充值"—"充值卡充值"，充值成功即可购买和查看数据库内容。
- 用户福利最终解释权归社会科学文献出版社所有。

数据库服务热线：010-59367265
数据库服务QQ：2475522410
数据库服务邮箱：database@ssap.cn
图书销售热线：010-59367070/7028
图书服务QQ：1265056568
图书服务邮箱：duzhe@ssap.cn

社会科学文献出版社 皮书系列
SOCIAL SCIENCES ACADEMIC PRESS (CHINA)
卡号：449469112831
密码：

S 基本子库
SUB DATABASE

中国社会发展数据库（下设 12 个专题子库）

紧扣人口、政治、外交、法律、教育、医疗卫生、资源环境等 12 个社会发展领域的前沿和热点，全面整合专业著作、智库报告、学术资讯、调研数据等类型资源，帮助用户追踪中国社会发展动态、研究社会发展战略与政策、了解社会热点问题、分析社会发展趋势。

中国经济发展数据库（下设 12 专题子库）

内容涵盖宏观经济、产业经济、工业经济、农业经济、财政金融、房地产经济、城市经济、商业贸易等 12 个重点经济领域，为把握经济运行态势、洞察经济发展规律、研判经济发展趋势、进行经济调控决策提供参考和依据。

中国行业发展数据库（下设 17 个专题子库）

以中国国民经济行业分类为依据，覆盖金融业、旅游业、交通运输业、能源矿产业、制造业等 100 多个行业，跟踪分析国民经济相关行业市场运行状况和政策导向，汇集行业发展前沿资讯，为投资、从业及各种经济决策提供理论支撑和实践指导。

中国区域发展数据库（下设 4 个专题子库）

对中国特定区域内的经济、社会、文化等领域现状与发展情况进行深度分析和预测，涉及省级行政区、城市群、城市、农村等不同维度，研究层级至县及县以下行政区，为学者研究地方经济社会宏观态势、经验模式、发展案例提供支撑，为地方政府决策提供参考。

中国文化传媒数据库（下设 18 个专题子库）

内容覆盖文化产业、新闻传播、电影娱乐、文学艺术、群众文化、图书情报等 18 个重点研究领域，聚焦文化传媒领域发展前沿、热点话题、行业实践，服务用户的教学科研、文化投资、企业规划等需要。

世界经济与国际关系数据库（下设 6 个专题子库）

整合世界经济、国际政治、世界文化与科技、全球性问题、国际组织与国际法、区域研究 6 大领域研究成果，对世界经济形势、国际形势进行连续性深度分析，对年度热点问题进行专题解读，为研判全球发展趋势提供事实和数据支持。

法律声明

"皮书系列"（含蓝皮书、绿皮书、黄皮书）之品牌由社会科学文献出版社最早使用并持续至今，现已被中国图书行业所熟知。"皮书系列"的相关商标已在国家商标管理部门商标局注册，包括但不限于LOGO（ ）、皮书、Pishu、经济蓝皮书、社会蓝皮书等。"皮书系列"图书的注册商标专用权及封面设计、版式设计的著作权均为社会科学文献出版社所有。未经社会科学文献出版社书面授权许可，任何使用与"皮书系列"图书注册商标、封面设计、版式设计相同或者近似的文字、图形或其组合的行为均系侵权行为。

经作者授权，本书的专有出版权及信息网络传播权等为社会科学文献出版社享有。未经社会科学文献出版社书面授权许可，任何就本书内容的复制、发行或以数字形式进行网络传播的行为均系侵权行为。

社会科学文献出版社将通过法律途径追究上述侵权行为的法律责任，维护自身合法权益。

欢迎社会各界人士对侵犯社会科学文献出版社上述权利的侵权行为进行举报。电话：010-59367121，电子邮箱：fawubu@ssap.cn。

社会科学文献出版社